Diffuses Licht

MännerschwarmVerlag

Olav Meyer-Sievers

Diffuses Licht

Roman

für Cara

die das Kunststück beherrscht, durch unerwartete Erscheinungsformen meine Wahrnehmung auszuschalten

Ola

Männerschwarm Verlag
Hamburg 2015

Bibliografische Information der Deutschen Bibliothek:
Die Deutsche Bibliothek verzeichnet die Publikation
in der Deutschen Nationalbibliografie;
detaillierte bibliografische Daten sind im Internet
über http://dnb.ddb.de abrufbar.

Olav Meyer-Sievers
Diffuses Licht
Roman

Umschlaggestaltung: Carsten Kudlik, Bremen,
unter Verwendung eines Fotos von
Kevin Russ, iStockphoto.com
Druck: Interpress, Budapest

1. Auflage 2015
ISBN Printausgabe 978-3-86300-189-6
ISBN Ebook-Ausgabe 978-3-86300-194-0

Männerschwarm Verlag
Steindamm 105 – 20099 Hamburg
www.maennerschwarm.de

Prolog

Der Mann ist klein und dicklich. In seinen Händen liegt ein Kissen aus schwarzem Samt. Darauf eine kupferfarbene Urne mit der Asche meiner Mutter. Der Mann trägt einen schwarzen Anzug, ein weißes Hemd, eine schwarze Krawatte. Seine Haare sind kurz und grau. Exakter Scheitel links, Fassonschnitt. Meine Haare sind lang und blond. Ich bin stolz darauf. Kein Junge an meiner Schule hat längere. Ich bin siebzehn. Ich trage einen schwarzen Umhang, ein besticktes Indienhemd und Jeans mit Flicken. Der Mann blickt mir in die Augen und hebt das Kissen leicht an. Ich bleibe stumm. Immer noch schaut er mich an. Worauf wartet er? - Stille. - Dann räuspert er sich und fragt: «Können wir?» Ich habe keine Ahnung, ob wir können. Aber ich nicke. Der Mann mit dem Kissen geht los, mit betont langsamen Schritten. Das sieht affig aus. Ich gehe hinterher. Genauso langsam. So gehe ich sonst nie. Kurz hinter mir, links, mein Freund Till, dann rechts meine Großmutter; dahinter, mit größerem Abstand, mein Vater. Wer sonst noch da ist, nehme ich nicht wahr. Ich starre auf den Rücken des Mannes mit dem Kissen. März, 1975: Die Luft ist kalt, die Bäume sind noch kahl. Ich friere. Der Mann bleibt vor einem Loch in der Erde stehen. Es riecht nach feuchtem Boden. Er guckt mich wartend an. Schon wieder. Endlich sagt er: «Ich werde die sterblichen Überreste Ihrer werten Frau Mutter nun für immer der Erde übergeben.» Meine werte Frau Mutter? In einer Blechdose? Der tickt doch nicht ganz richtig!

Etwa vier Wochen vorher hatte ich den Mann zum ersten Mal gesehen. Er klingelte an unserer Wohnungstür. Mein Vater war auch da. Seit Jahren war er nicht in dieser Wohnung gewesen. Nach der Scheidung war er ausgezogen, vor gut zehn Jahren. Ich war damals sechs gewesen und gerade in die Schule gekommen. Jetzt saßen wir mit dem Bestatter zusammen an einem Tisch in der Wohnung, in der ich groß geworden war.

«Was macht man denn da so?», fragte mein Vater den Bestatter.

«Zunächst müssten Sie sich für einen angemessenen Sarg entscheiden.» Der Bestatter öffnete die schwarze Ledermappe und zeigte uns Fotos. Ich fand alle Särge scheußlich. Ich glaube, mein Vater auch.

«Tom, was hältst du von dem da? Der ist doch ganz schön», sagte er zu mir.

«Eiche», nickte der Bestatter, «immer eine gute Wahl. Sehr beständig. Denken Sie an eine Erd- oder Feuerbestattung?»

Es sollte eine Feuerbestattung werden. Das war vorher ohne mich geklärt worden. Wie und warum wusste ich nicht. Es hatte wohl etwas mit dem Familiengrab zu tun.

«Bei Kremierungen würde ich von einem Eichensarg abraten.» Der Bestatter blätterte zwei Seiten weiter.

«Dürfte ich Ihnen dieses Modell empfehlen?»

Mein Vater schaute mich ratlos an. Ich schaute auf das Bild in der Ledermappe.

«Okay», sagte ich und nickte. Das Ding wird eh verbrannt.

Die Trauerfeier für meine Mutter hatte mit ihr nicht viel zu tun. Mit mir auch nicht. Ich erinnere mich kaum daran. Nur daran, danach vor der Kapelle zu stehen, in meinem schwarzen Umhang, der ein bisschen nach Zorro aussah, meinen geflickten Lieblingsjeans und einem extra für diesen Anlass schwarz gefärbten Indienhemd. In meiner Erinnerung sehe ich mich von außen. Ich blicke auf ein Bild von mir. Ich spüre nichts.

I

Mein Vater war Fotograf, deshalb gibt es viele Fotos aus meiner Kindheit. Sie zeigen die schönen Momente dieser Zeit: Mit Papi und Mami in den Boberger Sanddünen, er buddelt tiefe Löcher, bis das Grundwasser kommt. In den Dünen ist es heiß, in der Grube kühl und die Füße werden nass. – Mit Mami auf einem Liegestuhl im Garten. Mein Kopf liegt auf ihrem Bauch. Ich kichere, denn in Mamis Bauch hat es immer so komisch gegluckert. – Papi und ich in einem Baum. Ich klettere ganz weit nach oben, und wenn ich mich nicht wieder runtertraue, hilft Papi. – Und dann noch ein Foto von meiner Mutter und mir, auf dem wir beide lächeln. Dieses Foto zeigt alles Glück meiner Kindheit. Ich liege auf dem Schoß meiner Mutter, sie hält mich in den Armen, mein Kopf lehnt an ihrer Schulter. Ich bin vier oder fünf und strahle. Ein geliebtes Kind.

Das Wohnzimmer, in dem ich als Fünfjähriger zu Hause war, hatte noch keine Liegewiese mit Flokati und keine Poster an den Wänden, wie später in den Siebzigern. Es gab eine Couch, auf der man nur sehr gerade sitzen konnte, und zwei Sessel mit schrägen Beinen. Dazwischen stand ein von meinem Vater selbstgebauter Tisch mit einer Platte aus schwarzem und weißem Resopal. An der Wand hingen String-Regale, darauf, neben den Büchern, ein Tonkrug, zwei Kalebassen und bunte Fischerkugeln aus Glas. Auf schrägen Ablagen stapelten sich die Zeitschriften: *Spiegel, Kristall, Twen, Life*. In *Kristall* waren manchmal Fotos, die mein Vater gemacht hatte. Das fand ich toll. Es gab sogar schon einen Fernseher. Ein klobiger Schrank aus Teakholz mit Türen vor dem Bildschirm, schwarz-weiß, ein Programm. Und mit einem Radio unter der Deckelklappe. Das Telefon war grau, mit Wählscheibe. Es stand im Regal –

nicht im Flur, auf einem Tischchen, wie in den meisten anderen Wohnungen.

• • •

«Wie sieht's aus, mein Tomchen? Hast du deine Schularbeiten gemacht?»

«Mhm.»

«Alles, was du aufhattest?»

«Mhm.» Ich gehe schon in die zweite Klasse, manchmal müssen wir ganz schön viele Schularbeiten machen.

«Mhm. Mhm. Mhm. Geht das nicht im ganzen Wort?!»

«Ja.»

Meine Großmutter ist streng, aber sie hat mich lieb. Ich sie auch. Omaka heißt sie wegen ihres Nachnamens: Karsten. Ich habe sie so genannt, um meine Omis auseinanderzuhalten. Omaka und Omipi. Omipi ist aber schon tot. Sie hieß Pilling. Und Opaka ist auch tot, seit einem Jahr. Das ist traurig. Den anderen Opa kannte ich gar nicht.

«Wollen wir spielen?»

«Mhm.» – Mich trifft ein strenger Blick.

«Ja, Omaka.»

Ich hole die Karten, sie liegen immer in der linken Schublade von Omakas Schreibtisch. Der ist alt und groß. Sie hatte mir erzählt, er sei schon von ihrem Vater, meinem Uropa. Als ich kleiner war, habe ich oft Omas rote Wolldecke darübergelegt und unter dem Schreibtisch Höhle gespielt. Die Wolldecke riecht nach ‹Damals›, sagt Oma. Omaka war immer das Ungeheuer, das vor der Höhle gefährlich fauchte. Sie konnte aber nicht reinkommen, weil ich ein Zauberschwert hatte. Damit habe ich das Ungeheuer getötet. Danach hat Omaka immer Kekse geholt. Ich bin jetzt jeden Tag nach der Schule bei ihr, weil Mami wieder arbeitet und Papi woanders wohnt. Omaka kocht mir Mittagessen, dann mache ich Schularbeiten und danach spielen wir. Nach dem Spielen sitzen wir oft noch am Tisch, halten uns an den Händen und Oma erzählt von früher. Weil sie so alt ist, kennt sie noch den Kaiser. Sie ist sehr stolz darauf, dass der Opa beim Kaiser gearbeitet hat. Er war Soldat, und sie hat noch sein Schwert, das sie ‹Offizierssäbel› nennt. Später soll ich das Schwert mal erben. Darauf freue ich mich sehr. Es liegt in einer langen Schublade im Schrank, die bei Omaka ‹Der Heilige Gral› heißt. Auf dem Schrank steht eine alte Uhr, die immer tickt und zu jeder Stunde schlägt. Wenn ich bei Oma übernachte, stört mich das. Manchmal macht sie die Uhr dann aus und muss sie am nächsten Morgen wieder stellen. Vor dem Schlafengehen darf ich baden. Dazu wird in einem großen Badeofen Feuer gemacht, mit Holz oder Kohlen. Bis das Wasser warm ist, dauert es über eine Stunde. Dann ist auch das ganze Badezimmer heiß und alle Zimmer in Omas Wohnung riechen nach Feuer. Bei uns zu Hause haben wir einen Boiler im Bad. Der läuft mit Strom – aber es dauert auch lange, bis das Wasser warm ist. Ich bade zweimal in der Woche. Wenn ich bei meinem Vater zu Besuch bin, muss das Wasser erst in einem großen Topf auf dem Gasherd gekocht werden, bevor ich in der Wanne baden kann. Papis Badezimmer ist immer kalt. Aber er bringt mir jedes Mal ein großes, warmes Handtuch, wenn ich aus der Wanne komme.

Was mir bei Omaka besonders gefällt, ist das große Radio mit dem grünen Leuchtding. Das Radio muss auch erst warm werden, bevor man etwas hört. Dann sieht man drinnen die Röhren orange glühen. Das grüne Leuchtding muss ganz schmal sein, damit man einen Sender gut empfangen kann. Es heißt ‹Magisches Auge›, sagt Oma, und, dass das Radio noch von Opa ist. Damit man die Sender schneller findet, hat Opaka lauter kleine Papierstriche auf die Glasscheibe geklebt, mit den Namen fremder Städte darauf. Oma meint, dass Opaka früher, als er schon alt war und nicht mehr richtig gehen konnte, mit dem Ohr am Radio um die Welt gereist sei.

Manchmal stellt sich Omaka vor die Wand, an der alle ihre Fotos hängen. Links die Menschen, ihre Eltern und Großeltern, ihre Onkel und Tanten; rechts die Tiere: ihre Hunde.

«Du weißt ja, wir haben Boxer gezüchtet, die haben uns gerettet.»

Die Hunde wurden nach dem Krieg an die englischen Besatzungssoldaten verkauft. Dadurch hatten Omaka, Opaka und ihre Tochter immer genug zu essen.

Wenn Omaka vor ihrer Fotogalerie steht, zählt sie immer zuerst die Namen der Hunde auf. Das waren ihre ‹Zuchtrüden› und die Hündinnen mit den besten Würfen. Danach guckt sie zu den Menschen und sagt nacheinander die Namen von Uropa und Uromi, den Großonkels und -tanten und allen anderen auf. Dabei sieht sie oft ein bisschen traurig aus. Dann schweigt sie einen Moment, holt schließlich ganz tief Luft und richtet sich sehr gerade auf.

«Aber eines muss man doch sagen ...», sagt sie mit fester Stimme, «gute Rasse!»

Ich weiß nicht so genau, ob Omaka die Menschen oder die Hunde meint.

Die Wohnung meiner Großmutter lag in Hamburg-Winterhude, in einem Wohnblock aus den Dreißigerjahren, der nach dem Krieg wieder aufgebaut worden war. Die Großeltern waren kurz nach der Währungsreform eingezogen und lebten mit ihrer Tochter auf knapp vierzig Quadratmetern. Sie hatten es für die Zeit gut getroffen. Ich bin ganz in der Nähe groß geworden, nur drei Straßen entfernt. In einem Mehrfamilienhaus der Sechzigerjahre. Hinter unserem Haus gab es eine Spielwiese, mit Wäscheleinen und Teppichstangen; dahinter ein zweites, baugleiches Haus, ebenfalls mit drei Eingängen, Rotklinker, blau gestrichene Balkone, wie bei uns.

Der Weg zwischen Omakas Wohnung und meinem Zuhause war mir vertraut. Ich ging ihn über viele Jahre fast täglich, außer an den Wochenenden, wenn meine Mutter freihatte. Da die Schularbeiten schon bei Großmutter erledigt worden waren, war der Weg nach Hause meist von Leichtigkeit geprägt. Ich trödelte und spielte mit dem Schulranzen vorne auf der Brust ‹Schneepflug›. Auf halber Strecke lag ein Laden mit Zeitschriften und Zigaretten. Dort gab es auch Süßigkeiten. Besonders gut fand ich die großen Salinos für 5 Pfennig das Stück. Ich musste auf der Strecke nur einmal eine größere Straße überqueren. Hier fuhren die Straßenbahnlinien 1, 3, 14 und 15. Man musste also immer aufmerksam in beide Richtungen gucken, bevor man über die Straße ging. Das hatte meine Mutter mir schon beigebracht, bevor ich eingeschult wurde.

Eines Nachts heulen die Sirenen. Ich wache auf. Das Geräusch der Sirenen kenne ich. Die machen manchmal Probealarm, aber nie nachts. Meine Kinderzimmertür ist – wie immer – nur angelehnt. Durch den Spalt kann ich sehen, dass im Wohnzimmer Licht brennt. Ich rappele mich aus dem Bett, nehme meinen Teddy Moritz mit und tapse ins Wohnzimmer.

Mami und Papi sitzen auf dem Sofa. Das Radio läuft. Eine durchdringende Stimme spricht und meine Eltern machen ernste Gesichter.

«Was ist denn los?», frage ich verschlafen.

«Wir haben eine Sturmflut, Tom», sagt Papi.

Mami streckt ihre Arme nach mir aus: «Komm, mein Großer!»

Beide nehmen mich zwischen sich und ich kuschele mich mit Moritz im Arm bei ihnen ein.

«Die Deiche sind gebrochen. Ganze Stadtteile sind überschwemmt.»

Unser Haus liegt direkt am Goldbekkanal. Obwohl ich schon fünfeinhalb bin, habe ich Angst.

«Werden wir auch überschwommen?»

«Nein, nein, hier sind wir in Sicherheit», beruhigt mich mein Papi.

Damit ich keine Angst mehr habe, darf ich heute bei Papi und Mami im großen Bett schlafen. Moritz auch. Hier kann uns nichts passieren.

Am nächsten Tag komme ich auf die Wiese hinterm Haus. Von meinen Freunden ist niemand da. Also muss ich allein gegen die Sturmflut kämpfen. Ich bin Offizier der Bundeswehr und werde Menschen aus dem Wasser holen. Davon hatte mir Papi beim Frühstück erzählt. Ich muss den Hang hinunter zum Wasser. Tausende werde ich retten! Ich bin der Held der Sturmflut! Bestimmt werden sie im Radio von mir berichten. Ich werde einen Orden bekommen! Schnell! Die Ertrinkenden müssen an Land gezogen werden! Los, runter zum Wasser …

Der Hang ist rutschig, ich glitsche aus und schliddere hinab. Meine Gummistiefel werden erst von einem überfluteten Zaunpfahl gebremst. Ich liege komplett im Wasser, mit gelbem Ölzeug und Regenhose, nur mein Kopf bleibt fast trocken. Ich kriege einen Zweig zu fassen und kann mich wieder den Hang hochziehen. Gott sei Dank bin ich nicht untergegangen! Aber mein Südwester ist weg, der schwimmt mitten im Kanal, leuchtend gelb im grauen Wasser.

Nass, frierend und heulend laufe ich über die Wiese. Kurz bevor ich zur Haustür komme, sehe ich unser Auto wegfahren. Ich kann gerade noch von hinten erkennen, dass mein Vater und meine Mutter darin sitzen.

«Mami!!!» – «Papi!!!» –

Zu spät.

Ich klingele beim Nachbarn, Herrn Franken. Keiner öffnet. Bei meinem Freund Ralf. Nichts. Bei anderen netten Nachbarn. Auch nichts. Bei doofen Nachbarn will ich nicht klingeln. Ich bin klatschnass und total allein. Was jetzt?

Ich mache mich auf den Weg zu Omaka. Es ist windig und regnet. Mir ist eiskalt. Werde ich erfrieren? Wasser steht in meinen Gummistiefeln und squatscht bei jedem Schritt. Der Weg zu Omaka kommt mir endlos lang vor. Aber sie ist da und macht sofort die Tür auf. Gerettet.

«Mein Gott, Tomchen! Was ist denn mit dir passiert?», fragt sie.

Ich schluchze und klappere und stottere und versuche zu erklären …

«Na komm; dich müssen wir erst mal aufwärmen», sagt Omaka.

Sie zieht mich aus, steckt mich in ein weißes Nachthemd und umwickelt mich mit ihrer roten Wolldecke. Als mir wieder warm ist, geht Oma mit mir vor den Spiegel im Flur. Sie zeigt mir, wie ich in ihrem langen, weißen Nachthemd aussehe. Wie ein Gespenst. Wir kichern.

Dann macht mir Omaka eine heiße Milch mit Honig und

sagt: «So, Junge, und jetzt halt dich grade. Du hast doch Offiziersblut!»

Was ich damals träumte:

Ich gehe mit meiner Mutter am Nordseestrand entlang. Der Wind pfeift. Es ist kalt. Wir tragen Mützen. Der Himmel ist grau; hängt tief, breit und schwer über dem Meer. Plötzlich entdecke ich am Horizont eine riesige Welle. «Mami, eine Sturmflut!!» Die Welle kommt näher. Wir fliehen. Sie kommt. Wir müssen die Steilküste hoch. Wir rutschen immer wieder ab. Die Welle donnert an den Strand. Wir sind fast oben. Aber das Wasser erreicht schon unsere Füße. Mit den Händen können wir uns im Seegras festkrallen und raufziehen. Geschafft! Wir atmen auf. Dann blicken wir zurück. – Die Welle überflutet den Dünenkamm. Sie verfolgt uns. Wir rennen um unser Leben …

Oder: Ich liege in meinem Bett. Die Sirenen heulen. Eine Sturmflut kommt. Ich rufe: «Mami!» Keine Antwort. Ich stehe auf und gehe zur Tür. Meine Zimmertür ist verschlossen. Ich gehe zum Fenster und schaue raus. Die Wiese steht schon unter Wasser. Das Wasser steigt. Ich hämmere an meine Zimmertür. «Mami!!!» – Nichts. Das Wasser erreicht mein Fenster. Im dritten Stock. Ich schreie. Unser gesamtes Haus steht jetzt unter Wasser. Dann dringt die Flut durch die Fensterritzen in mein Zimmer ein. Das Wasser steigt weiter, es geht mir bis zum Knie, ich klettere auf den Tisch. Es steigt bis zu meinem Bauchnabel, ich klettere auf den Schrank. Es geht mir bis zum Hals. Ich will schreien, aber ich kann nicht. Es steigt …

Ich wache auf. Meine Mutter sitzt an meinem Bett und streichelt mir sanft den Kopf. «Nur ein Traum, Tom. Nur ein Traum.»

• • •

«Fertig mit den Hausaufgaben?»

«Mhm. – Äh, – ja.»

«Gut. Dann sieh zu, dass du nach Hause kommst. Ich muss zum Friseur. Morgen können wir wieder spielen.»

Ich packe meine Schulsachen in den Ranzen und ziehe meinen Anorak über den grün-blau-braun gemusterten Pullover.

«Tschüss, Omaka.»

«Tschüss, mein Tomchen. Bis morgen.»

«Mhm.»

Ich gehe ins Treppenhaus und Oma macht die Tür zu. Ich lausche an der Tür, bis ich höre, dass sie ins Bad geht. Schnell eine Treppe höher. Anorak aus. Pullover aus. Omaka hat ihn mir geschenkt. Sie kauft öfter Kleidung für mich, ‹auf Zuwachs›, wie sie sagt. Ihr Geschmack ist von vorvorgestern. Ganz unten im Ranzen habe ich meinen hellblauen Lieblingsnicki. Den ziehe ich jetzt an. Der Pullover kommt in den Ranzen. Anorak wieder an und schnell die Treppe runter. So mache ich das oft. – Morgens vor der Schule sagt Mami: «Zieh doch mal den Pulli von Omaka an. Dann freut sie sich.»

«Der ist scheußlich. Und viel zu groß.»

«Ach, Tom.»

«Und er kratzt.»

«Aber du hast doch was drunter. Und Omaka freut sich so. Sie gibt sich so viel Mühe.»

«Das ist Erpressung!»

«Ach, Tom.» Sie streichelt mir die Wange.

Es war immer nur ‹ausnahmsweise› oder ‹dieses eine Mal›. Und ich habe Omaka ja auch lieb und es freut mich, wenn sie sich freut. Deshalb habe ich mir den Trick mit dem Umziehen ausgedacht. Bei Mami ziehe ich irgendetwas Scheußliches von Oma an – im Keller ziehe ich mich um. In der Schule trage ich dann meine Lieblingssachen. Bei Schulschluss tausche ich auf dem Klo. Danach freut sich Omaka darüber, dass ich ihre Sachen trage.

Als ich ins Treppenhaus komme, höre ich Frau Tieck im Keller reden, ihr Mann ist unser Hausmeister. Sie sagt oft ‹Och, nee!›, wenn ihr jemand etwas erzählt, daran kann man sie sofort erkennen. Unser Treppenhaus mag ich gern. Den Geruch nach Wäsche oder den Geruch nach Kuchen, der manchmal aus Fräulein Stäubles Wohnung im Parterre kommt. Früher, als ich noch viel kleiner war, bin ich die Treppe raufgerannt und

Papi hinterher. Er war immer langsamer als ich und hat durch die Gitterstäbe des Geländers versucht, mich an den Beinen zu packen. Ich war jedes Mal als Erster oben und Papi war aus der Puste.

Wir wohnen im dritten Stock. Neben uns wohnt Herr Franken, den meine Eltern von früher kennen. Er zeichnet Werbebilder und lebt mit Fräulein Graf in ‹wilder Ehe›. Sie sind aber gar nicht wild, sondern nett und ruhig. Schräg unter uns wohnt mein bester Freund Ralf. Er ist so alt wie ich. In seinem Zimmer hängt ein Rohrstock an der Tür. Damit wird er manchmal von seinem Papa verhauen. Danach hat Ralf Striemen, die hat er mir mal gezeigt. Bei uns wird nie gehauen.

Jetzt bin ich oben angekommen. Der Schlüssel ist in meinem Anorak, mit einem langen Band daran, damit ich ihn nicht verliere. Ich will den Schlüssel ins Schloss stecken, doch er geht nicht rein. Ich klingele. Es passiert nichts. Ich versuche es noch mal mit dem Schlüssel. Es geht nicht. Da steckt was im Schloss. Sieht so aus, als würde von innen ein Schlüssel stecken. Noch mal klingeln. - Nichts. - Sturmklingeln. - Keine Reaktion. Ich gehe rüber zur Nebenwohnung und läute dort. Herr Franken öffnet. Er trägt seinen weißen Kittel mit Farbflecken und hat einen Stift in der Hand.

«Na, Tom, ist was Wichtiges? Ich arbeite gerade an einer Zeichnung.»

«Ich komme nicht rein. Da steckt ein Schlüssel von innen.»

«Hast du geklingelt.»

«Ja. Macht keiner auf.»

Herr Franken guckt ernst und schiebt mich in seine Wohnung.

«Komm. Setz dich da hin.»

Herr Franken geht gar nicht mehr zu unserer Tür, sondern direkt zum Telefon auf dem Tischchen im Flur:

«Hier Franken. Wir brauchen den Rettungsdienst ...»

Unser Nachbar Herr Franken hat sich um mich gekümmert, während Feuerwehr und Rettungsdienst kamen, die Wohnung aufbrachen und meine Mutter mit Blaulicht ins Krankenhaus brachten. Irgendwie hat Herr Franken gute Worte für mich gefunden. Ein, zwei Sätze darüber, dass auch Erwachsene manchmal Dummheiten machen, oder so. Ihm war anscheinend sofort klar, dass meine Mutter einen Suizidversuch unternommen hatte. Ich weiß nicht, warum. Herr Franken hatte einige Situationen miterlebt, in denen es meiner Mutter nach der Scheidung nicht gut ging. Manchmal kam sie erst spät nach Hause und war angetrunken; einmal war sie abends auf der Straße vor unserem Haus gestürzt, und Herr Franken hatte sie bei mir abgeliefert, mit blutiger Stirn und aufgeschürften Händen. Ich hatte einen Schreck bekommen, mir aber nichts anmerken lassen. Ich habe meiner Mutter geholfen, sich auszuziehen und sie ins Bett gebracht. Damals war ich acht.

Nun aber, nachdem ich vor der verschlossenen Wohnungstür gestanden hatte, spürte ich Angst. Große Angst. Doch ich weinte nicht. Ich dachte: Ich darf ihr jetzt keine Sorgen machen, damit sie schnell wieder gesund und alles wieder gut wird.

In der folgenden Nacht habe ich in der großen Altbauwohnung meines Vaters übernachtet. Am nächsten Tag ging ich nach der Schule wieder zu meiner Großmutter, so wie immer.

Omaka hielt meine Hand, nach dem Kartenspielen.

«Ach, mein Tomchen. Das wird schon wieder.» Sie schaute mich liebevoll an.

«Lass den Kopf nicht hängen, Junge.» Dann drückte sie meine Hände fester. «So, und nun halt dich grade. Wir müssen alle mal was durchstehen. Da hilft unser Offiziersblut.»

Ich habe weder ‹Mhm› noch ‹Ja› gesagt. Ich hätte mich gern ganz klein gemacht, um tief in Omakas warmer, roter Wolldecke zu versinken. Der Geruch nach ‹Damals› wäre schön gewesen. Aber die Decke lag ordentlich gefaltet an ihrem Stammplatz auf dem Sofa. Und da blieb sie auch.

Und ich blieb erst mal bei meinem Vater.

Das erste Wiedersehen mit meiner Mutter fand im Krankenhaus statt. Eine weiß gekleidete Stationsschwester öffnete meinem Vater und mir die Tür ins Krankenzimmer. Die Sonne schien in einen strahlend weißen Raum, gebohnertes hellgraues Linoleum reflektierte die Strahlen. In einem Krankenbett mit weißer Bettwäsche lag meine Mutter. Ich sah nur ihren Hinterkopf, ihre dunklen, schwarzen Haare zwischen weißen Kissen. Niemand sagte ein Wort. Schlief meine Mutter? Hatte sie unser Eintreten gehört? Wollte sie nicht reagieren? Oder konnte sie nicht?

Ich stand regungslos etwa ein bis zwei Meter von ihrem Bett entfernt. Dann bewegte sich etwas zwischen den Kissen. Wie in extremer Zeitlupe drehte sich meine Mutter zu uns um. Als ich ihr Gesicht sah, ging ich langsam auf sie zu. Ihr Blick schien aus einer anderen Welt zu kommen. Kalt. Fremd. Fern. Ich schluckte, wich ihren Augen aus, sah graues Linoleum. Als ich wieder aufschaute, drehte sie ihren Kopf langsam von mir weg in Richtung Fenster. Ich konnte nicht weinen.

• • •

Meine Mutter pendelte lange zwischen den Welten. Wenn sie nicht ‹stabil›, sondern ‹labil› war, wohnte ich bei meinem Vater. Für mich war die Unterscheidung zwischen ‹labil› und ‹stabil› wie eine Verkehrsampel: Stabil war grünes Licht – ich konnte wieder zu Hause und bei ihr sein; labil hieß rotes Licht – Zwischenparken bei meinem Vater, in der großen, dunklen Wohnung, in der es immer kühl war.

Die Ampelphasen wechselten über mehrere Jahre. Rotes Licht: wieder Therapiebedarf oder gar ein stationärer Aufenthalt, also ab zum Vater. Grünes Licht: okay, es geht wieder, also zurück nach Hause. Grellrotes Licht: ein erneuter Suizidversuch, Rettungsdienst, Klinik. Schwachgrünes Licht: Es sieht wieder besser aus, vielleicht klappt gemeinsamer Alltag testweise für ein Wochenende.

Zwischen Rot und Grün gab es auch Gelbphasen, in denen der Zustand nicht eindeutig war. Eigentlich leuchtete immer ein gelbes Licht. Dauerblinkend, wie eine Vorwarnampel, die ‹Achtung› signalisierte; die immer darauf hinwies, dass Grün jederzeit wieder zu Rot wechseln könnte.

Ich habe mir als Kind eine unsichtbare Ritterrüstung angezogen, die mich schützen und vor dem Zusammensacken bewahren sollte. Ich durfte meiner Mutter keinen Kummer bereiten. Sie sollte doch bei mir bleiben. Ich musste stark sein, sie brauchte mich ja. In roten Phasen, wenn meine Mutter in stationärer Behandlung war, bin ich oft nach der Schule zu ihr gefahren, mit dem Schulranzen auf dem Rücken; bin über das Gelände der Psychiatrie getrottet, zwischen den Pavillons hindurch bis zu ihrer Station. ‹Wie ein tapferer kleiner Zinnsoldat›, hatte Omaka das mal beschrieben. Das klang so, als könne ich darauf stolz sein. Ja: Ich hielt mich gerade. Mein Kummer, meine Angst, meine Panik, dass meine Mutter mich für immer verlassen könnte, wurden in einem Tornister verschnürt, den sich der kleine Zinnsoldat auf seinen Rücken schnallte. Mit festen Riemen verschnürt, aber dem eigenen Blick entzogen. Gefühle zeigte der kleine Zinnsoldat, der aufrechte kleine große Junge in seiner unsichtbaren Ritterrüstung nur, wenn sein Vater schlecht über seine Mutter redete. Wenn er sie ‹labil› nannte oder gar ‹geisteskrank› oder ‹nicht ganz richtig im Kopf›. Dann bekam der kleine Zinnsoldat Wutausbrüche, rannte in sein Zimmer, schlug die Tür zu, trat die Ritterburg um, die er aus Lego gebaut hatte, schmiss das James-Bond-Auto an die Wand, das sein Vater ihm geschenkt hatte, riss das *Fix und Foxi*-Heft in Fetzen, das Omaka ihm mitgebracht hatte. Dann wünschte er sich, bald wieder für immer bei seiner Mutter sein zu können, wieder mit ihr gemeinsam auf dem Sofa zu sitzen, seinen Kopf in ihren Schoß zu legen und das lustige Gluckern in ihrem Bauch zu hören.

Was ich in jener Zeit träumte:

Ich hocke in unserem Wohnzimmer auf dem Fußboden und spiele mit Lego. Meine Mutter sitzt auf dem Sofa und raucht. Sie drückt ihre Zigarette aus, steht auf und geht vom Zimmer in den Flur. «Was machst du?», frage ich. Sie gibt mir keine Antwort und zieht ihren Mantel über. «Wo willst du hin?» Keine Antwort. Ohne mich anzublicken, öffnet sie die Wohnungstür, verlässt die Wohnung und zieht die Tür hinter sich zu. Ich höre, dass sie den Schlüssel ins Schloss steckt und von außen zuschließt. Ich höre sie die Treppe hinuntergehen. Ich renne zum Fenster, öffne es und schaue nach unten auf die Straße. Ich sehe sie aus dem Haus kommen und rufe: «Mami!!!» Sie schaut nicht hoch und überquert die Straße. «Mami, geh nicht weg!!!» Sie entfernt sich weiter, mit dem Rücken zu mir. «Maamiiiiiiiii!!!» Sie blickt sich nicht um. Sie geht. Für immer.

• • •

In dem Jahrzehnt, an dessen Anfang der erste Astronaut die Erde umkreiste und an dessen Ende die ersten Menschen den Mond betraten, schwärmte auch ich von Flügen zu fernen Galaxien. Manchmal träumte ich sogar, dass ich vom Fensterbrett meines Kinderzimmers aus losfliegen konnte, mit ausgebreiteten Armen, wie ein Brustschwimmer in der Luft. Zunächst schwebte ich über den Dächern der Stadt, sah unser Haus und unsere Straße von oben, dann stieg ich höher und konnte bis zu den Bergen und den Meeren blicken. Einmal überflog ich im Traum eine unbekannte Insel im Ozean, auf der mitten im Urwald ein Vulkanschlot rauchte.

Gemeinsam mit meinem Grundschulfreund Omar gründete ich den ‹Astronautenclub›. Wir tagten in meinem Kinderzimmer, planten Weltraumflüge und hatten Funkkontakt zu Mars und Jupiter. Natürlich wussten wir die Namen aller Planeten auswendig und kannten ihre Position im Sonnensystem. Großen Erfolg hatten wir bei einem Kinderfest, bei dem wir beide als Astronauten verkleidet auftauchten, in weißen Raumanzügen mit weißen Helmen aus Plastik, die total echt aussahen. Meinen Helm hatte mir mein Vater zu Weihnachten geschenkt. Ich war begeistert. Omar nervte dann seine Eltern so lange, bis er auch einen bekam. Das war harte Arbeit, denn Omar hatte noch drei Geschwister und sein Vater, der aus Marokko stammte, verdiente nicht viel. Einen marokkanischen Freund zu haben, war etwas Besonderes, denn es gab nur wenige Mitschüler mit Wurzeln im Ausland. Ich wollte gleich am allerersten Schultag neben Omar sitzen und fand es klasse, bei ihm zu Hause zu sein, wo vieles anders war. Besonders das

Wohnzimmer mit fünf Sofas an drei Wänden, auf denen immer ganz viele Verwandte saßen und laut miteinander redeten, war prima. Auf dem Fernseher stand eine funkelnde Moschee aus Plastik, die bunt leuchtete, wenn man den Strom einschaltete. Wunderschön!

Auf unserem Schwarz-Weiß-Fernseher stand nichts, aber ich durfte mit meiner Mutter zusammen die Mondlandung sehen (grüne Phase). Wir saßen eng beieinander auf dem Sofa, ganz gemütlich. Die Mondlandung war unglaublich aufregend und es war völlig klar, dass in der Weltraumeroberung die Zukunft der Menschheit liegen würde. Wir würden Mond und Mars besiedeln! Wir würden fremde Galaxien erobern! Wir würden in riesigen Weltraumstationen leben! Wir Menschen werden das Universum beherrschen!

Omar und ich hatten in unserem ‹Astronautenclub› präzise Vorstellungen von der Zukunft. Dass man spätestens im Jahr 2000 auch auf der Erde nur noch schweben würde, in Flugautos, deren Atomantrieb mühelos für Wochenendausflüge zum Saturn reichte, war vollkommen klar. Omar und ich malten viele Bilder unserer zukünftigen Fluggeräte und pflasterten damit die Wände unserer Zimmer.

Wenn ich bei meinem Vater lebte (rote Phasen), spielte das Weltall auf andere Weise eine Rolle. Mein Vater hatte wechselnde Freundinnen, die mit unterschiedlichem Erfolg versuchten, sich bei mir Liebkind zu machen. Zunächst gab es Birgit, die den Ansatz verfolgte, dass Liebe durch den Magen geht. Ich war inzwischen Gymnasiast und wurde nach der Schule nicht mehr von Omaka bekocht. Stattdessen fuhr ich mit der U-Bahn zu meinem Vater in die große Altbauwohnung. Dort gab es Tiefkühlkost, von Birgit liebevoll erwärmt. Ihr Favorit: ‹Schlemmerfilet Bordelaise› in der Aluschale. Das musste man einfach nur vierzig Minuten in den heißen Ofen stellen. Mein Vater aß meistens mit, da sich sein Fotostudio in der Wohnung befand. Birgit beherrschte auch die Zubereitung von Fischstäbchen, Reispfanne aus dem Plastikbeutel und Schaschlik aus der Dose. Man musste ihr zugutehalten, dass ihre Form der Kochkultur hochmodern war und stark in Richtung Astronautennahrung ging. Meine Liebe erwarb sie sich dennoch nicht.

Christine hatte eine bessere Taktik. Sie war prinzipiell ein vorsichtiger Mensch. Deshalb behielt sie ihre kleine Wohnung und zog nicht mit Sack und Pack bei meinem Vater ein. Das ersparte ihr einen tränenreichen Auszug mit zahlreichen Kisten und Koffern, wie ihn Birgit nach drei Monaten hatte hinter sich bringen müssen. Sie vergaß dabei jedoch nicht, alle Geschenke wieder mitzunehmen, die sie meinem Vater gemacht hatte.

Christine kam also mit kleinem Gepäck und gönnte sich nach unharmonischen Auseinandersetzungen mit meinem Vater kleine Auszeiten. Ihr enormer Vorteil war ein Fernseher, der in ihrem ‹Apartment› stand. Bei meinem Vater gab es keinen, was aus meiner Sicht die Ödnis seiner dunklen Wohnung erheblich verstärkte. Den Begriff ‹Apartment› hatte ich noch nie gehört, er klang aber richtig schick und wurde deshalb von Christine gern verwendet. Als ich zum ersten Mal in ihrer Wohnung war, entdeckte ich beim Pinkeln in ihrem Bad eine Sitzbadewanne. Auch so etwas hatte ich noch nie gesehen. Da sich die Wohnung ansonsten von anderen nicht unterschied, musste eine Sitzbadewanne das Kennzeichen für ein ‹Apartment› sein.

Ihr Fernseher stand in einem Wohnzimmer, das komplett mit Möbeln aus den frühen sechziger Jahren eingerichtet war. Alles sehr modern, bis hin zur Braun-Stereoanlage. Christine war stolz darauf. Sie hatte alles von ihrem selbst verdienten Geld gekauft, wie sie betonte. Alte Möbel oder Familienfotos an den Wänden gab es nicht. Nur ein gemalter Fisch von Paul Klee hing an der Wand. «Gerahmtes Kalenderblatt», sagte mein Vater verächtlich. Was wir auf Christines Fernseher sahen, verschlug mir den Atem: *Raumpatrouille* mit Dietmar Schönherr und Eva Pflug. Die Abenteuer des Raumschiffs Orion beim Patrouillendienst in der Unendlichkeit des Alls. Ein faszinierender Ausblick in die Zukunft der Menschheit! Alle Folgen durfte ich bei ihr sehen. Damit konnte Christine richtig punkten. Nur einmal, als sie nach einem sehr lauten Gespräch mit meinem Vater eine Auszeit nahm, verpasste ich die neueste Folge der *Raumpatrouille*. Egoistische Zicke.

Nach den Ein- und Auszügen einiger anderer Damen, die keinen nachhaltigen Eindruck bei mir hinterließen (außer vielleicht Martha, wegen ihrer rhythmischen nächtlichen Schreie in außergewöhnlich hoher Stimmlage), kam Hannelore. Hannelore blieb.

Wenn Omar und ich uns treffen und uns nichts anderes einfällt, spielen wir Weltraummission. Und wenn außer uns niemand zu Hause ist, gehen wir dazu in die Dunkelkammer.

Die Dunkelkammer ist ein von der Küche abgeteilter Verschlag, den mein Vater selbst eingebaut hat. Er hat Wände aus Sperrholz und ist innen ganz dunkel. Auf einem Tisch stehen die Becken mit Entwickler, Stopp- und Fixierbad. Daneben eine leere Plastikschale. Mit ihr werden Filme, Kontaktbögen oder Vergrößerungen zum Wässern in die Badewanne transportiert. Ganz hinten in der Dunkelkammer steht das Vergrößerungsgerät. Wegen der vielen Chemikalien darf ich die Dunkelkammer ohne meinen Vater eigentlich nicht betreten. Aber er hat mir schon alles erklärt, und ich kann bereits alleine entwickeln und vergrößern.

Jetzt bin ich zum ersten Mal heimlich mit Omar in der Dunkelkammer. Ich mache die rote Weltraumbeleuchtung an. Sie glimmt nur ganz schwach, sodass man fast nichts sieht und sich fühlt wie im All.

«Achtung, Major Omar, ich aktiviere den Overdrive.»

«Verstanden, Commander Tom.»

Die Dunkelkammer ist eng, es riecht nach Fixierbad und Essig. Ich schalte die Zeituhr des Vergrößerungsgerätes ein. Sie tickt laut. Wir rasen durch die Galaxis.

«Raketenaktivator auf Fünf Null Zehn.»

«Verstanden. Raketenaktivator Fünf Null Zehn.»

Die Belichtungsuhr klingelt scheppernd.

«Alarm! Leck im Raketentank! – Wir müssen den Ausstieg aus dem Raumschiff vorbereiten!»

Das heißt, ich muss als Commander die Raumanzüge überprüfen.

«Major Omar, ist ihr Raumanzug in Ordnung?»

«Jawohl, Commander Tom.»

«Ich muss das überprüfen.»

Ich taste Omars Schultern ab und seinen Rücken.

«Okay. – Umdrehen!»

Omar dreht sich um. Ich stehe hinter ihm. Ich taste seine Brust ab und seinen Bauch.

«Der Sauerstoffanschluss muss getestet werden.»

Ich fahre mit der Hand unter sein Hemd und suche den Bauchnabel. Ich stecke meinen Zeigefinger in seinen Nabel.

«Der Sauerstoffschlauch fehlt. Sie würden bei einem Ausstieg sterben, Major Omar!» Ich spreche mit Befehlsstimme. «Ich muss den Notschlauch suchen.»

Ich rutsche näher an Omar heran und fahre mit beiden Händen über seinen Bauch. Er ist schlank und weich und warm. Ich schiebe eine Hand tiefer und rutsche unter seinen Hosenbund. Dann unter den Rand seiner Unterhose. Mein Herz klopft. Ich ziehe die Hand wieder hoch und knöpfe mit beiden Händen seine Hose auf. Omar bewegt sich nicht. Ich höre ihn atmen.

Ich schiebe seine Hose nach unten. Dann tauche ich mit beiden Händen in seine Unterhose. An meinem Oberkörper spüre ich, dass auch Omars Herz heftig klopft. Ich untersuche Omar genau.

«Der Notschlauch ist in Ordnung.» – Pause – … – Herzklopfen – …

«Jetzt müssen Sie mich überprüfen, Major Omar. Das ist Vorschrift.»

Ich drehe Omar zu mir um und helfe ihm beim Öffnen meiner Hose. Omars Hand untersucht vorsichtig und langsam. Als sie ihn findet, ist mein Notfallschlauch im Alarmzustand. Omar sagt: «Oih!»

Omar und ich haben noch öfter nach Gelegenheiten gesucht, ‹Alarm im Weltall› weiterzuspielen. Manchmal tauschten wir die Rollen, dann war Omar der Commander und ich war Major Tom. Besonders aufregend wurde es, als wir testeten, ob uns im äußersten Notfall gegenseitige Beatmung gelänge.

Leider kam mein Vater eines Tages früher nach Hause als erwartet. Er hat uns zwar nicht mehr unmittelbar beim Überprüfen unserer Sicherheitssysteme erwischt - aber in der verbotenen Dunkelkammer, mit roten Köpfen und verlegenen Antworten auf seine strengen Fragen. Das war uns beiden so peinlich, dass es uns nicht mehr gelang, unbefangen miteinander umzugehen. Als Omar später die Schule wechselte, bewohnten wir andere Sonnensysteme und begegneten uns nie wieder. Mein Vater nahm mich nie mehr mit in die Dunkelkammer.

• • •

Meine Mutter pendelte über mehrere Jahre zwischen starken Depressionen und vager Hoffnung. Ein neuer Therapeut, neue Methoden und wohl auch neue Medikamente sorgten dann für mehr Stabilität. Ein Job in einer anderen Stadt wurde für sie zum Prüfstein der Alltagsbewältigung. Endlich wieder als Journalistin arbeiten können. Ein großer Schritt nach vorn.

Nachdem Mutter ihre Koffer gepackt hatte, wurde unsere Wohnung am Ufer des Kanals möbliert untervermietet. Eine Studentin aus Bielefeld, Tessi, wohnte dort für ein Jahr. Sie schlief im Schlafzimmer meiner Mutter (und manchmal, nach zu viel Wein, auf dem Sofa im Wohnzimmer). Mein Zimmer blieb unangetastet, sodass ich als Vierzehnjähriger ab und zu nach der Schule hierherkam, ein bisschen abhing und erst dann zu meinem Vater und Hannelore fuhr. Manchmal war Tessi da, wenn ich in unsere Wohnung kam. Sie rauchte viel - wie meine Mutter -, wodurch ich mich zu Hause fühlte. Und sie hörte klassische Musik - wodurch ich mich fremd fühlte. Tessi hatte eine Sammlung von 23 Langspielplatten, auf die sie sehr stolz war. Als ich einmal allein in der Wohnung war, guckte ich Tessis Platten durch. 21 davon waren Klassik, aus meiner Sicht also spießig. Die 22. hieß *Jeder Boy ist anders - Eine Boy-Party mit Gitte* und die letzte *Die allerfrechsten Chanson mit Helen Vita*. Diese Chansons hörte ich mir an. Die schlüpfrigen Texte waren ganz lustig, aber die Stimme der Vita fand ich schrecklich. Ich stellte die Platten zurück, ohne auf die Sortierung zu achten.

«Warst du an meinen Platten?», fragte Tessi wütend.

«Mhm», machte ich. Peinlich.

«Du Arsch!»

«Tut mir leid.»

«Hast du sie auch aufgelegt?»

«Ne, ne. - - - Nur eine, ganz kurz.»

«Du Arsch. - Etwa den BEETHOVEN?» Das war ihre Lieblingsplatte, die war heilig.

«Ne, die Chansons.»

«Die Vita? Du Sau!», sagte Tessi, wurde rot und verfiel in Schweigen. Ich musste dann mal los zu meinem Vater.

In diesem Jahr kam meine Mutter zweimal zu Besuch aus Süddeutschland. Dann übernachtete auch ich in unserer Wohnung am Kanal, in meinem Zimmer. Die Situation war merkwürdig, weil meine Mutter im Wohnzimmer auf dem Sofa schlief und Tessi in Mutters Bett. Eigentlich hatte Tessi zugesagt, nach Bielefeld zu ihrer Familie zu fahren. Das hatte aber - wie so vieles, was Tessi plante - nicht geklappt; aus irgendwelchen Gründen, auf die sie, wie sie vehement beteuerte, keinerlei Einfluss hatte. Was Tessi hingegen im Griff hatte, war, dass immer, wenn meine Mutter da war, im Wohnzimmer nur 22 ihrer 23 Schallplatten standen. Helen Vitas freche Chansons wohnten dann woanders.

An einem der beiden Wochenenden, an denen meine Mutter zu Besuch kam, war schönstes Sommerwetter. Auch abends gegen zehn war es noch wohlig warm. Die Außenalster lag fünf Minuten von unserer Wohnung entfernt. Man musste nur die Kanalbrücke überqueren, in die nächste Seitenstraße abbiegen, am Gemüseladen und beim Milchmann vorbeigehen und dann noch ein bisschen links am Kanal entlang; schon erreichte man die Alster.

Meine Mutter und ich machten einen schönen Spaziergang, ganz so wie früher. Wir waren oft zusammen am Ufer entlangspaziert, schon, als ich noch klein war. Manchmal hatte ich mein Fahrrad dabeigehabt und flitzte, je nach Laune, voraus und wieder zurück oder schob und klönte mit ihr. Wir konnten gut und lange über alles Mögliche reden. Oder schweigend auf das Wasser gucken und uns an dessen Schönheit freuen. In der blauen Stunde war die Wasseroberfläche manchmal spiegelglatt. Das gegenüberliegende Ufer mit den alten Villen und den großen Bäumen zog sich dann wie ein schmaler Streifen zwischen Himmel und Wasser hindurch, durch die Spiegelung gedoppelt. Das warme, gelbe Licht der Gaslaternen markierte den Straßenverlauf wie eine gepunktete, leuchtende Linie. Darüber das dunkel strahlende Blau des Abendhimmels, das wiederum vom Wasser reflektiert wurde. Für mich sah es so aus, als würde das gespiegelte Ufer mit seinen alten Häusern und den von unten gelblich beleuchteten Baumkronen losgelöst im Weltall schweben. Friedlich und schön.

So einen Spaziergang machten wir an diesem Wochenende. Es roch nach dem frisch gemähten Rasen der Alsterwiesen. Das Wasser war unbewegt, das andere Ufer schwebte inklusive seiner auf dem Kopf stehenden Dopplung frei im blauen All. Eine Zeit lang hielten wir uns beim Gehen an den Händen und ließen die Arme schwingen.

«Ich glaube, ich bin bald wieder für immer hier», sagte meine Mutter.

Endlich. Darauf freute ich mich sehr. Wieder zu Hause sein. Gemeinsam.

Meine Mutter kehrte tatsächlich nach einem Jahr nach Hamburg zurück. Eine Freundin hatte ihr einen Job vermittelt. Tessi verschwand mit ihren 23 Platten aus unserer Wohnung. Mein weißer Dual-Plattenspieler, den ich zum 14. Geburtstag bekommen hatte, wanderte aus dem Kinderzimmer in der Wohnung meines Vaters in das Jugendzimmer bei meiner Mutter.

Immer, wenn ich auf eine neue Platte gespart und sie dann gekauft hatte, fragte mich meine Mutter, ob sie die mal hören dürfe. Jimi Hendrix, Led Zeppelin, Ten Years After. Sie selbst hatte gerade Janis Joplin entdeckt. Die mochte ich auch. Nina Simone fand ich auch okay. Bei *Spiel nicht mit den Schmuddel-*

kindern von Degenhardt konnten wir beide mitsingen. Meine Mutter mochte besonders Musik mit politischer Botschaft, ich näherte mich langsam ‹bewusstseinserweiternden› Klängen. Was gar nicht ging, war ‹kommerzielle› Musik.

Auch ich wollte ein cooler Musiker werden. Meinen Weg dahin sollte eine Kooperationsvereinbarung der geschiedenen Eltern ebnen. Die Mutter zahlte das Instrument, der Vater finanzierte den Unterricht. Ich entschied mich nicht für eine E-Gitarre, sondern aufgrund der geringeren Saitenzahl für einen E-Bass. Der sah genauso cool aus, ließ sich aber sicher leichter erlernen. Bei vier statt sechs Saiten vermutete ich etwa 33 Prozent weniger Aufwand bis zur Genialität.

Das Wichtigste am Musikunterricht waren der Hin- und Rückweg. Die Stunden selbst – bei einem nikotinvergilbten älteren Herren aus der Tanzmusikszene – verliefen äußerst öde. Zu Hause geübt habe ich so gut wie nie. Wichtig war der Gang zur U-Bahn mit dem Gitarrenkoffer in der Hand, den allmählich länger werdenden Haaren und der fransigen Wildlederjacke. Bestimmt machte ich auf der Straße einen sehr, sehr coolen Eindruck.

Zu Hause konnte man das Üben und Spielen gut simulieren, da der Verstärker (ohne den man vom E-Bass ja fast nichts hörte) eine Kopfhörerbuchse besaß. Musikalische Höchstleistungen ließen sich somit visuell darstellen, ohne dass das Hörerlebnis den guten Eindruck gemindert hätte. Gut, dass nie jemand mit Nachdruck gefordert hat, mich spielen zu hören.

Bei Gesprächen hat mir meine Mutter allerdings immer gut zugehört. Sie wollte wissen, was mich interessierte, was mich begeisterte und was ich doof fand. Ich sprach gern mit ihr. Ich erzählte von den Klassenfesten, bei denen wir Deep Purple hörten und beim Tanzen die Köpfe schüttelten, bis die Haare flogen. Die ebenso angesagte Alternative war, auf dem Fußboden im Kreis zu sitzen und ausschließlich die Köpfe zu schütteln. Das war eine Gruppentanzvariante für Jungs. Meine Mutter fragte mich auch, welche Mädchen mir gefielen. Ich nannte Vera, die freche, unangepasste. In meiner Klasse hätte es noch drei unterschiedlich attraktive Sabines sowie drei nette Susannen gegeben. Die wurden von den drei Michaels sowie je zwei Peters und Bernds umschwärmt. Bei unseren Festen tranken wir Cola Rum, die zweite Zutat inoffiziell. Darüber wurde auch meiner Mutter nicht berichtet. Wenn der zweite Teil bei der Dosierung überwog, wurde es schwieriger, ihn zu verheimlichen.

Den ersten Vollrausch hatte ich von Champagner. Eine junge Referendarin nahm mich und zwei Schulfreunde mit zu einer Party. Die fand an der Elbchaussee statt und war vermutlich keine Party, sondern ein Empfang. Wir waren viel jünger als alle anderen Gäste; die Herren trugen keine Schlaghosen und Felljacken, sondern Anzüge und Krawatten. Es gab Diener, die ständig herumliefen und Champagner ausschenkten. Die Gläser wurden nie leer, obwohl wir alles daransetzten. Die Diener (oder Kellner?) waren extrem aufmerksam und blieben immer höflich, ganz gleich, wie oft wir uns nachschenken ließen. Dann entdeckte ich, dass auf der Terrasse in der kühlen Abendluft ein großer Vorrat an Champagnerflaschen stand. Wir drei Jungs schnappten uns jeder zwei davon, setzten uns an den Rand des Pools, ließen die Korken ploppen und tranken um die Wette. Nach der zweiten Flasche setzte eine längere Erinnerungslücke ein …

Dann sehe ich mich mit meinen Freunden in der U-Bahn sitzen. Mir ist schlecht. Wie und wo bin ich in den Waggon gekommen? Alles dreht sich. - Ich verpasse meine Station und torkele an der nächsten aus dem Zug. - Erinnerungslücke. - Die Bahnhofstreppe abwärts muss ich geschafft haben, denn ich bin auf dem Weg nach Hause. - Kantstein, Sturz, Pause, Schmerz. - Aufstehen, weiter. Der Weg ist sehr, sehr lang. - Gedächtnislücke. - Endlich die Haustür. - Im Treppenhaus, drei Stockwerke nach oben. - Links an die Wand donnern, stolpern, rechts ans Geländer, weiter rauf, stolpern, hinsetzen, anlehnen. - Übelkeit. Hier nicht kotzen! - Weiter. - Liegenbleibenwollen, für immer. - Aufrichten. - Dritter Stock. - Schlüssel brauchen. Schlüssel suchen. - Wo? Da. - Schlüsselloch? - Dort. - Vorbei. - Noch mal … - Treffer. - Schlüssel umdrehen. Tür öffnen. Reingehen. - Leise sein! Meine Mutter schläft … - Schwanken. - Leise!!! - Nach rechts zielen. Zimmertür öffnen. Endlich! - Hinfallen. Uferlose Übelkeit. – Insbettwollen! – Schuhe müssen weg. – Kotzen. – Schuhe *müssen* aber weg! – Wieder kotzen. – Schuhe sollen aus! – Geht nicht, Knoten im Senkel. – Schere suchen. Da. – Schuhe aufschneiden. Schwierig. Sehr schwierig. – Kotzen. – Jetzt Schere glibschig. Noch schwieriger. – Endlich Schuhe auf. Schuhe weg! – Hinlegen. Irgendwo. – Alles nass und säuerlich. – Liegen. Schlafen. – Große Lücke –

Die Auswirkungen dieses gesellschaftlichen Ereignisses ließen sich am Folgetag nicht verbergen. Meine Mutter nahm es eher von der pflegerischen Seite. Erst am übernächsten Tag wunderte ich mich darüber, warum ich bei meinen Schuhen (hellbraune Wildlederstiefel, wadenhoch, heißgeliebt) nicht die Senkel zerschnitten, sondern jeweils den Schaft komplett seitlich aufgeschnitten hatte. Die Stiefel waren hin. Ich war nach zwei Tagen wieder okay. Die Referendarin bekam Ärger.

• • •

Wir sind 46 und 16. Wir mögen Janis, Jimi und die Schmuddelkinder; Wallraff, Walden Two *und* Die grüne Wolke. *Wir suchen Jung und Alt, hell und dunkel, die wie wir anders miteinander leben wollen zwecks Gründung einer WG.*

Zuschriften bitte an Chiffre 08-203

Die Anzeige war am Samstag vor knapp drei Wochen in der Zeitung erschienen. Meine Mutter hatte sie aufgegeben, in Absprache mit mir. Wir hatten seitdem eine Menge Post bekommen, die immer gebündelt in dicken Umschlägen von der Kleinanzeigenredaktion zugeschickt wurde. Schließlich wurde ein Treffen aller interessanten Interessenten organisiert. Wir saßen in der Teestube der Fabrik, dem angesagten Kommunikationszentrum in Altona, und wollten das Wohngemeinschaftsprojekt vorantreiben. Unten, direkt neben dem Zuschauersaal, spielten die Kinder des antiautoritären Kindergartens. Sie tobten zwischen den Holzbalken des alten Fabrikgebäudes herum, ab und zu schrillten die hochfrequenten

Schreie kleiner Mädchen durch das Gebäude und sägten sich tief in unsere Gehörgänge. Auf der Bühne wurde ein Konzert vorbereitet; Mikrofone wurden aufgestellt und Kabel verlegt. Irgendein südamerikanischer Protestsänger sollte auftreten. Das interessierte mich nicht. Meine Mutter schon.

Die Teestube lag oben, rechts über der Bühne, zwischen alten Balken und Holzwänden, beklebt mit Unmengen von Plakaten. Die langen Tische und Bänke waren aus alten Eisenbahnschwellen zusammengeschraubt. Wenn man sich etwas Gutes gönnen wollte, trank man Rauchtee mit Rumkirschen. Rumkirschen habe ich auch selbst gemacht. Das war einfach: ein Glas Schattenmorellen kaufen, aufschrauben, die Flüssigkeit abgießen, mindesten sechs gehäufte Esslöffel Zucker reinschütten, mit Rum auffüllen. Deckel drauf, durchschütteln, ein paar Tage abwarten, fertig. Etwas später gab es das auch in einer frühen Ökovariante: dann kippte man braunen statt weißen Zucker über die Kirschen.

In der Teestube trafen insgesamt etwa dreißig Menschen aufeinander, die eine fortschrittliche Wohngemeinschaft gründen wollten. Die Bandbreite der Vorstellungen vom WG-Leben ging von separaten Wohnungen in einem gemeinsamen Haus über Altbauwohnungen mit individuellen Zimmern und kollektiven Gemeinschaftsräumen bis zur Großkommune ohne Privateigentum, aber mit freier Liebe. Sehr schnell wurde heftig diskutiert. Privateigentum muss überwunden werden! Nein, Individualität braucht Eigentum. – Feste Beziehungen sind Ausdruck kapitalistischer Machtstrukturen! Nein, Liebe zu zweit oder zu dritt oder zu wie vielen auch immer ist ein menschliches Grundbedürfnis. – Der Mensch braucht Bindung. – Nein, der Mensch braucht Freiheit.

Ich langweilte mich zu Tode und schaute zur Bühne.

«Also Irmin und ich brauchen ein Wohn- und ein Schlafzimmer …»

«Prüde Spießer!»

«Wir sollten das jetzt mal ganz in Ruhe ausdiskutieren …»

Während die anderen redeten, sah ich mich auf der Bühne stehen, im Scheinwerferlicht: Ich spiele E-Bass, stampfe mit dem Fuß den Rhythmus und lasse meine Haare rotieren. Die Bässe wummern im Magen. Die Lichtorgel orgelt bunte Farben in den Raum. Meine Band geht total ab! Ich trete nach vorn ans Mikro und singe. Das Publikum kreischt und tobt. Alle stampfen und schreien im Takt der Musik: ‹Tom! Tom! Tom!› Ich bin ein Rockstar!

«Tom?»

«Tom …?»

«Tom!!!»

Erstaunt schaute ich zu meiner Mutter.

«Chris, Uschi, Michael und ich gehen in die Kneipe gegenüber. Kommst du mit?»

«Mhm.»

Uschi war eigentlich die Frau von Chris, hatte jetzt aber was mit Michael. Michael arbeitete als Polizist - und drehte gerade einen Joint. Einen kiffenden Bullen fand ich cool und irritierend. Uschi lächelte immer nett und Chris wirkte ziemlich schlau. Alle drei verstanden sich gut - auch mit meiner Mutter. Ich ging mit in die Kneipe. Dort ging der Joint rum. Als Michael ihn mir anbot, lehnte ich ab. Meine Mutter musste ja nicht unbedingt wissen, dass ich schon Erfahrung hatte. Der Joint kam zu meiner Mutter. Sie hielt ihn professionell mit beiden Händen, so, dass aus den Handflächen eine Höhle entstand, in der sich der Rauch sammelte, bevor er eingesogen wurde und so lange wie möglich in der Lunge blieb. In der Lunge meiner Mutter. Ich ließ mir nicht anmerken, dass ich zugleich zutiefst beeindruckt und verwirrt war.

Chris, Uschi, Michael wurden enge Freunde meiner Mutter. Chris besonders. Allen politischen Diskussionen zum Trotz entstand bei den beiden das, was man eine feste Zweierbeziehung nannte.

Bei uns zu Hause war es jetzt wieder ein bisschen wie früher, nur mit einer anderen Besetzung. Während meiner Kindheit hatten meine Eltern ihre Freunde aus der Werbung oder den Verlagen zu Gast. Oft waren Besucher aus England gekommen, manchmal Bill, ein Freund meines Vaters von einer Londoner

Werbeagentur. Damals sah man selbst in einer großen Stadt wie Hamburg kaum Schwarze. Ich erinnerte mich auch an Besuche des netten Inders aus London, mit dunklem Rauschebart und weißem Turban, der zu meinem großen Vergnügen mit den Augen rollen und dabei beide Augenbrauen wellenförmig bewegen konnte. Frau Tieck haben unsere fremdartigen Besucher bestimmt nicht gefallen.

Nun wurde die Bude bei uns durch Chris, Uschi und Michael voll. Sie hatten viele Freunde, die zu uns kamen und die auch wir besuchten. So lernte ich richtige WGs kennen, mit und ohne Privateigentum. Einen besonders schlechten Ruf bei unserer braven Nachbarschaft hatte eine leicht verkommene alte Villa in einer Parallelstraße. Dort fand ich es besonders interessant, aber auch ein bisschen einschüchternd, weil es extrem locker zuging. Ich hoffte, dass niemand merkte, dass diese Umgangsformen für mich absolutes Neuland waren; ich hoffte, dass mein Äußeres mit Flickenjeans und Indienhemd revolutionär genug wirkte. – Hausmeisterfrau Tieck kommentierte: «Ich hab's mit eigenen Augen gesehen. Tom, der Langhaarige aus dem dritten Stock, geht in die Gammlerkommune!»

Auch wenn mich die Kommune faszinierte, am meisten freute ich mich darüber, dass es sich zu Hause, in unserer kleinen Wohnung am Ufer des Kanals, wieder so heimisch anfühlte. Und dass meine Mutter einen Freund hatte, mit dem sie gern diskutierte und der ihr auch darüber hinaus gut tat, war besonders schön. Die Wohngemeinschaftspläne wurden immer noch von links nach rechts gewälzt (eher nach links) und sollten irgendwann mal Wirklichkeit werden. Ein buntes Leben wartete auf uns, in dem es nicht darum ging, Haltung zu bewahren, sondern Spaß zu haben; in dem Blumenkinder besser angesehen waren als Zinnsoldaten; in dem Herzlichkeit mehr zählte als Offiziersblut.

Ade Ampelphasen und bye-bye Ritterrüstung. Auf in eine gemeinsame Zukunft!

Klassenfeste mit drei Sabines, drei Susannen und viel Cola Rum waren nicht mehr angesagt. Bei meinen privaten Jugendtreffs ging es jetzt um Höheres. Ich traf mich nach der Schule oder an Wochenenden mit der intellektuellen Elite der Mittelstufe. Die Überwindung der gesellschaftlichen Rückständigkeit und die Erweiterung unseres Bewusstseins standen im Zentrum - nach den Schularbeiten.

Mittelpunkt des inneren Zirkels war Stephan, kurz Step genannt, weil er bewusstseinsmäßig immer mindestens einen Schritt vor uns lag. Step war einmal sitzengeblieben und deshalb ein Jahr älter als wir. Er orientierte sich selbstverständlich nicht an den Regeln der Leistungsgesellschaft. Wir bewunderten ihn. Step wusste immer genau, welche Musik gerade am abgefahrensten war - und hatte als Erster die neuesten Scheiben (cool!). Step hatte immer etwas zu Kiffen und ließ uns daran teilhaben (noch cooler!). Und Step hatte schon Erfahrungen mit LSD und kündigte entsprechende Fortbildungsmaßnahmen für uns an (extrem cool!).

Ich musste aber erst mal Kiffen lernen. Das hatte ich unterschätzt. Zunächst wurde mir immer schlecht, und ich musste mich übergeben. Step erzählte mir irgendwann, dass sich seine Eltern darüber beschwert hätten, dass es im Bad immer so säuerlich röche, wenn ich da gewesen wäre. Der süßliche Rauch aus Steps Zimmer störte sie nicht. Steps Eltern waren eben auch cool. Nachdem ich wusste, dass sie mein Kotzen kommentiert hatten, war es mir ein bisschen peinlich, ihnen zu begegnen.

Am Ende einer längeren Versuchsreihe, bei der wir meine Übelkeit nicht in den Griff bekommen hatten, kam Step auf die Idee, es mal ohne Tabak zu versuchen. Es klappte, mir wurde nicht schlecht, aber ich merkte auch nichts vom Kiffen. Ich führte eine Strichliste über meine Kiff-Versuche, weil mich die Menge der Drogenerfahrungen (obwohl ich nichts merkte) mit ähnlichem Stolz erfüllte, wie die wachsende Menge an Schallplatten (39).

Bei meinem elften Versuch mit der Purpfeife passierte es (auf der nach tabakhaltigen und tabakfreien Versuchen differenzierenden Strichliste bedeutete dies Gesamtversuchsposition 24). Wir hatten uns auf Steps Balkon niedergelassen, der auf den Kanal hinausging. Ein Stück weiter, auf der anderen Uferseite, lag unser Haus. Von Steps Balkon aus konnte man gerade noch unser Wohnzimmerfenster sehen, der Rest des Gebäudes wurde von Bäumen verdeckt. Wir saßen zu viert auf dem Boden: Step, Vera, Volkmar und ich. Step ließ die Purpfeife kreisen, über uns schwebte die Musik von Tangerine Dream. Wir schauten auf den Kanal und hinüber zur Brücke. Die Brücke … die Brücke über den Kanal … der Kanal … die Brücke. – Noch ein Zug aus der Pfeife. – Über die Brücke ging ein Mann. Ein Mann mit Hut. – Ein Mann … mit Hut. – Der Mann ging von links nach rechts. – Ganz langsam … ganz langsam … er ging, sehr langsam, sehr langsam … der Mann mit Hut … ging über die Brücke … von links nach rechts …

Total grotesk! Ein Mann mit Hut! Auf einer Brücke! Boah, war das komisch! Voll abgedreht! So sausaukomisch, dass Step und ich lachen mussten. Sausausaukomisch! Auch Vera und Volkmar lachten. Wir lachten und lachten. Über den Mann, der über die Brücke ging, von einer Seite zur anderen. Super! Geil! Abgefahren! Auch Steps Bemerkung: «Jede Brücke verbindet zwei Ufer», fanden wir unendlich sausaukomisch. Wow!

Als ich wieder zu Hause ankam, habe ich sofort die 24 auf meiner Strichliste mit einem goldenen Stern umrandet. Endlich! Mein Bewusstsein war erweitert! Gott Cannabis hat mich erhört! Ich werde die Grenzen der Wahrnehmung sprengen! Ich werde die Welt begreifen und den Kosmos verstehen!

Beim nächsten Kiffen wurde mir wieder schlecht.

Was ich beim Kiffen erlebte:

Ich gehe die Straße entlang. Die Energie meiner Schritte schwingt wie eine Woge durch meinen Körper und pflanzt sich bis ins Erdinnere fort. Nicht ich bewege meine Beine, es bewegt mich, der Rhythmus der Bewegung nimmt mich mit. Ich spüre meinen Blutkreislauf, spüre, wie das Herz mein Blut pumpt, wie es warm durch die Adern läuft; ich spüre jede Vene und jede Arterie, jedes kleinste Gefäß. Die Atemluft dringt in mich ein. Sie atmet mich. Sie durchwirbelt meine Lunge spiralförmig. Jeder eindringende Luftzug schiebt die Luft des vorigen Atems vor sich her, aus mir heraus. Alle Poren sind offen, ich bin offen, alles ist miteinander verbunden!

Ich sitze in der U-Bahn. Die U-Bahn ist winzig und fährt durch eine riesige Stadt. Die Bahn fährt steil nach oben, der Boden des Abteils ist eine senkrecht stehende Wand. Die vorbeizischenden Häuser stürzen nach unten, der Zug rast durch den Himmel ins Nichts. Eine ewige kosmische Kurve – und wieder zurück zum Planeten Erde. Die U-Bahn gleitet über die Stadt. Ich bin riesig und sehe winzige Häuser. Groß und klein sind keine Maßstäbe, sondern willkürliche Zuordnungen. Oben und unten existieren nicht, es sind nur Setzungen. Die Bahn fährt geradeaus, in einen Tunnel. Der Tunnel ummantelt den Zug wie eine Schlangenhaut. Die Fahrt von Station zu Station dauert Jahre. Die Fahrt von Station zu Station ist ein Augenzwinkern. Zeit existiert nicht. Sie ist nur eine Idee.

Nachts in meinem Zimmer: Die Wände sind dunkel gestrichen, ‹Grüne Umbra›, die Möbel sind weiß. Das Licht ist gedimmt. Ich sitze mitten im Raum auf der Matratze. Mit Future Days *von Can gehe ich auf die Reise. Die Musik hebt mich hinauf, nach oben. Die Wände des Zimmers sind nicht mehr zu sehen, ich schwebe mit meinen weißen Möbeln im Nichts. Eine LP-Seite dauert zwölf Lichtjahre. Manchmal stülpt sich die Musik um, als würde sie zu Antimaterie; dann geht es noch weiter hinaus in den Kosmos. Ich zische auf einer Klanginsel durch die Weiten des Alls.*

• • •

An einem Samstagnachmittag Ende Mai ging ich rüber zu Step, um in vertrauter Viererrunde Musik zu hören. Kiffen würden wir wahrscheinlich auch, wenn Step etwas dahätte. Die Versorgungslage war gerade etwas schwierig. Als ich ankam, kramten Vera und Volkmar in Steps Schallplattensammlung. Sie nickten mir zu. Neben ihnen am Plattenspieler saß ein Typ, den ich noch nie gesehen hatte.

«Das ist Till», sagte Step.

«Hi», sagte ich, «Tom.»

«Hallo», kam knapp von Till.

Till hatte wilde blonde Locken und Sommersprossen. Er sah lustig aus, wie eine Mischung aus groß gewordenem Bullerbü-Kind und verwegenem großstädtischen Seeräuber. Er war vom konservativen Johanneum an unsere Schule gewechselt, die als moderner galt – und gleich an Step geraten. Jetzt wirkte es bereits so, als würden sich beide seit Jahrzehnten kennen. Ich war ein bisschen eifersüchtig. Till hielt eine Platte hoch.

«Ah! Mahavishnu Orchestra», sagte er, «die Neue!»

«Ja», kam lässig von Step, «hat mein Vater aus New York mitgebracht.»

«Cool», sagte Till, «ich leg mal auf. Okay?»

«Klar.»

Ich fand die Musik ein bisschen hektisch, Step erklärte jedoch, dass sie das Beste und Abgefahrenste wäre, was die Welt seit Langem gehört hätte.

«Super!», sagte ich.

Till guckte mich mit schiefem Kopf an.

Zu kiffen gab es nichts. Aber Steps Papa hatte ja einen Weinkeller.

«Ich hol' uns mal 'ne Pulle Bürgertum», sagte Step und kam mit drei Flaschen Rotwein zurück.

Der Nachmittag wurde anders als beim Kiffen. Till brachte superlustige Sprüche und wir lachten uns die Bäuche weh. Zwischendurch gab es belehrende Fortbildungen von Step zum Thema Musik und zu den Weinen, die er entkorkte. Während Step dozierte, bemerkte ich, dass mich Till immer wieder eigenartig anschaute. Vermutlich fand er mich scheiße, weil er durchschaute, dass ich cooler tat, als ich war. Immer, wenn mich so ein Blick traf, guckte ich schnell weg. Till irritierte mich. Würde er später mit Step sprechen und ihm dringend raten, mich aus der Runde zu werfen, weil ich uncool war? Würde Step auf ihn hören?

Nachdem wir insgesamt fünf Flaschen Wein gelehrt hatten, wollten Vera und Volkmar los. Es wurde das Signal zum Aufbruch für alle. Als sich Till von mir verabschiedete, sagte er:

«Wir haben da so'n Garten, da hängen wir oft ab. Komm doch mal rum.»

«Klar», sagte ich.

«Morgen?», fragte er …

Mitten in der Hecke eine grüne Pforte, kaum zu sehen, fast zugewachsen. Zweige von links, von rechts und von oben, die Hecke bildet ein Tor. Ich muss mich klein machen, um durch die zugewucherte Pforte zu kommen. Sie klemmt. Im Garten summen ein paar Bienen und ich höre einen Zilpzalp. Den erkenne ich, weil mir Omaka als Kind alle Vögel ‹unserer Heimat› erklärt hat.

Das Gras ist hoch gewachsen und geht mir bis über die Knie. Ein kleiner Pfad führt auf die Laube zu. Sie ist aus Holz und dunkelgrün gestrichen wie die Pforte. Unter dem verwitterten Grün kommt ein älterer Anstrich zum Vorschein, teilweise ist das nackte Holz sichtbar. Die Wände der Laube erinnern an Platanen mit ihren abblätternden Rinden. Die hatte mir mein Vater gezeigt, als er mich vor einem Jahr mit auf eine Reise nach Südfrankreich genommen hatte.

Ich gehe langsam durch das Gras in Richtung Laube. Es ist warm und riecht nach Wiese und Flieder. Im Garten ist niemand zu sehen. Links von der Hütte entdecke ich eine alte Hollywoodschaukel, ziemlich verrostet. Die rot-weiß gestreifte Plastikplane ist eingerissen, auf den Stahlfedern der Schaukel liegen löchrige Kissen. Dann höre ich ein Geräusch, wie ein regelmäßiges Wischen oder Ziehen. Ich kann es nicht deuten. Es kommt von der Rückseite der Laube. Ich schiebe mich vorsichtig durch brusthohe Brennnesseln und sehe Till. Er hat eine Sense in den Händen und mäht. Sein Oberkörper ist nackt, darunter verwaschene Shorts und Sandalen. Till zieht die Sense rhythmisch durch das Gras. Nach jedem Zug macht er einen Schritt nach vorn. Die langen Halme fallen in halbrunden Kurven zu Boden.

«Hi!», sage ich. Till dreht sich zu mir um und grinst mich an.

«Hi! – Schon mal gesenst?», fragt er.

«Nö.» Ich finde, das muss man als Städter nicht können.

«Willste mal? – Komm, ich zeig's dir!»

Till drückt mir die Sense in die Hand.

«So anfassen …» Till stellt sich hinter mich, dicht an meinen Rücken, und greift unter meinen Armen durch. «Die eine Hand hier und die andere da.»

«Okay.»

«Dann locker durchziehen, von rechts nach links. Und immer ein bisschen von außen zu dir ran. Und dann einen Schritt weiter gehen ...»

Es klappt ganz gut.

«Hej, Naturtalent!», sagt Till. Ich freue mich.

«Na, dann mäh mal ein Stückchen. Ich hol uns was zu trinken.»

Etwa beim zehnten Schwung hacke ich mit der Spitze der Sense in den Boden. Gut, dass Till das nicht sieht. Ich komme ganz gut voran. Macht Spaß. Till erscheint mit einer Flasche Mateus Rosé und zwei Gläsern.

«Komm, wir gehen auf die Schaukel. Sonst kriegst du noch Blasen an den Händen.»

Wir umrunden die Laube und setzen uns auf die klapprige Hollywoodschaukel. Till kramt einen Korkenzieher aus der Hosentasche und öffnet die Flasche.

«Leider nicht kalt. Hier gibt's keinen Kühlschrank. Kein Strom.» Till schenkt ein.

«Wo sind denn die anderen?», frage ich.

«Heute kommt sonst keiner», sagt Till und gibt mir ein Glas. «Prost!»

«Prost!» Der Wein ist warm und kribbelt. Mateus Rosé ist total angesagt, den trinken wir dann, wenn etwas Besonderes anliegt. Wir schaukeln. Es quietscht. Ein hoher Ton für rückwärts, ein tieferer für vorwärts.

«Komm, ich zeig dir mal die Laube!»

Till zieht mich an der Hand aus der Schaukel. Wir umrunden die Hütte. Den Wein lassen wir stehen. Till öffnet die Tür.

«Willkommen im Reich der Naturgeister!»

In der Hütte riecht es nach altem Holz. Durch zwei halbblinde Fenster fällt diffuses Sonnenlicht. Staub markiert die Lichtstrahlen bis zum Boden. An der Rückwand steht eine alte Kommode, darauf Farbdosen, Pinsel und Körbe; daneben an der Wand lehnt Gartengerät, eine Harke, Spaten, zwei Schaufeln und eine Hacke. Mehrere Eimer stehen herum und Säcke, bei denen ich nicht weiß, was drin ist. Unter einem der beiden

Fenster liegen Matratzen, diese altmodischen dreiteiligen, auf denen heute keiner mehr schlafen will, aus denen man aber prima Sitzecken machen kann; zwei Matratzenteile aufeinander, dahinter eines als Rückenlehne. Zwei dieser Dreierkombis liegen nebeneinander, wie zwei kleine Sofas. Darüber griechische Flickenteppiche, aus Stoffresten geknüpft.

«Wollen wir einen durchziehen?», fragt Till.

«Klar.» Prima, wo es doch gestern nichts gab. Vielleicht hat Till eine gute Quelle?

«Setz dich. Ich mach 'ne Wasserpfeife.»

«Geht das ohne Tabak?», frage ich. Bloß nicht kotzen müssen.

«Klar», sagt Till.

Aus der Kommode holt er eine gläserne Wasserpfeife und einen kleinen Holzkasten, in dem ein Piece Shit liegt, in Alufolie gewickelt. Er zeigt auf den Kasten.

«Von meiner Oma. Wenn die wüsste!» Till grinst. Ich auch.

Till hält die Flamme seines Feuerzeugs unter das Stück Shit. Dann bröselt er die weich gewordenen Krümel auf ein Stück Papier. Es riecht gut nach Haschisch. Er legt die Brösel auf den Kopf der Wasserpfeife, hebt diese zum Mund und zündet die Krümel an. Während er an der Pfeife saugt, blubbert das Wasser. Till hält die Luft an und gibt mir die Pfeife. Ich atme tief ein. Wir sitzen auf den Matratzen und versuchen beide, nicht auszuatmen. Dabei sehen wir ein bisschen bescheuert aus, mit steifer Haltung und geblähten Backen. Wir gucken uns an – und müssen lachen. Prustend zischt der Rauch aus unseren Lungen. Der Stoff ist gut. Das Blut pulsiert durch meinen Körper. Till guckt mich an …

«Kiffen und Sex ist super», sagt er.

«Mhm», mache ich.

«Schon probiert?»

«Klar», sage ich. Dass ich noch nie Sex hatte, sage ich nicht.

«Bekifft ist total intensiv. Du kommst wie ein Vulkan.»

«Mhm.»

«Findest du das auch so geil?»

«Mhm. Klar.» Hoffentlich merkt er nicht, dass ich keine Ahnung habe. Ich denke an meine vorgetäuschten Künste auf der Bassgitarre.

«Erst einen durchziehen und dann einen geblasen kriegen ist super. Kennst du?»

«Ja, ja. Kenn' ich.» – Till guckt mich an.

«Und? – Super, oder?»

«Ja, klar.» – Till guckt.

«Ficken ist auch klasse, nich?»

«Mhm.» Oh, oh.

«Kennst du auch, bekifft ficken, oder?» – Till fixiert mich.

«Mhm, ja klar.» Mein Gott. Der merkt bestimmt was. Der guckt schon so.

«Kleinigkeiten sind dann auch richtig geil.»

«Mhm? Was?»

«Na, so Ohrknabbern und so.» – Till grinst mich ziemlich frech an. Ich glaube, ich werde rot. – Till guckt immer noch. Sein Gesicht wird plötzlich ernst. Er rutscht näher an mich heran. Er lächelt einmal kurz. Dann spüre ich seinen Mund an meinem Ohr. Er knabbert mit seinen Zähnen an meinem Ohrläppchen. Ganz sanft. Dann schiebt er mir die Zunge ins Ohr. Oh Gott! – Mein Herz pocht. – Till stoppt. – Er zieht seinen Kopf etwas zurück und guckt mich an.

«Und, kanntest du bestimmt schon, oder …?»

Ich muss schlucken. Aus mir kommt ein verräuspertes «Mhm».

«Und, was ist damit …?»

Tills Gesicht kommt direkt auf mich zu. Sein Blick fixiert mich wie eine Supernova, die auf die Erde zurast. Dann habe ich seine Zunge im Mund. Er schiebt meinen Oberkörper auf die Matratze und sich auf mich drauf. Ich spüre seine Lippen auf meinen, warm, weich und fest zugleich; seine Zunge, die meine Zähne abtastet und immer tiefer in meinen Mund eindringt; seinen nackten Oberkörper, der sich heiß anfühlt und ein bisschen feucht von Schweiß; seine Hände, die meinen Kopf umfassen und sich in meine Haare wühlen.

Dann rückt Till plötzlich ein Stück von mir ab.

«Klar, du kennst das alles schon. Weiß ich ja», sagt Till. Sein Tonfall ist gleichzeitig ironisch und sehr sehr lieb. Er lächelt.

«Aber den kennst du noch nicht ...!»

Während er sich aufrichtet, fixiert er mich mit einem Blick, bei dem ich nicht weggucken kann. Er öffnet seinen Gürtel und knöpft seine Hose auf. Ich habe Herzklopfen wie noch nie. Till zieht seine Hose runter. Ich starre ihm zwischen die Beine ...

«Den lernst du jetzt kennen. Und er dich ...»

Till wurde mein erster Freund. Er besiegelte mein Coming-out. Das hatte schon seit mindestens einem Jahr in mir getobt, mal lauter, mal leiser. Mir war aufgefallen, dass ich beim Schulsport vorsichtig bestimmte Jungs beim Duschen beobachtet hatte – und dass ich im letzten Jahr bei den bewusstseinserweiternden Kiffertreffs in Steps Zimmer oft fantasierte, wie Vera und Volkmar miteinander schliefen. Meine Fantasie beschäftigte sich dabei eindeutig mit Volkmar, nicht mit Vera.

Die Frage, ob ich wohl schwul sei, drängte sich auf. Auch zu diesem Thema gab es wechselnde Ampelphasen. Grün hieß: okay, ich bin schwul. Rot bedeutete: Nein, niemals! Das ist nur eine Phase! Das geht vorbei! Schlimmstenfalls kann man es behandeln. Sogar mein Vater hatte mal erzählt, dass er als junger Mann beim Arbeitsdienst einen älteren Freund hatte. Eine Phase, die ‹Gott sei Dank!!!› vorbeigegangen war, wie er betonte. Nein, nein, das wird schon wieder. Ich bin doch keine Schwuchtel! Keine Tunte! Nicht vom anderen Ufer! Vielleicht sollte ich mich mal an Vera rantrauen, vielleicht bin ich nur zu schüchtern und mit etwas Mut schaffe ich den Durchbruch. – Dann wurde die Ampel gelb, das hieß: Ich mag Jungs, das ist okay. Blöd ist nur, dass ich dann als schwul abgestempelt werde und damit als abartig gelte. Nur diese negative Einsortierung ist Mist, nicht die Sache an sich. Durch Till schaffte ich den Durchbruch: ‹Ja, ich bin schwul! Und wenn ihr das scheiße findet, ist das euer Problem.›

Till kam jetzt oft zu mir nach Hause. Wir waren richtig doll verliebt. Und Till hatte absolut recht: Kiffen und Sex zusammen waren klasse. Aber Kiffen war für mich eher Nebensache, Nähe war wichtiger. Till liebte es, beim Einschlafen meine langen Haare an seinem Gesicht zu spüren. Ich suchte die Sommersprossen auf seinem Körper nach Sternbildern ab und erfand neue, zum Beispiel den ‹großen und den kleinen Prinzen› zwischen Brust und Bauchnabel. Ich reiste mit meinem Finger von Sternbild zu Sternbild. Wenn ich Tills Lippen erreichte, öffnete sich sein Mund und Raumschiff Zeigefinger dockte an. Manchmal wünschte sich Till ein anderes Ziel an seinem Körper ... Später lagen wir ruhig und warm nebeneinander. Tills Puls immer ein wenig schneller als meiner. Dann schauten wir uns lange lächelnd in die Augen. Angekommen.

Meine Mutter arbeitete inzwischen nur noch halbtags bei einer Frauenzeitschrift, nebenbei erhielt sie ab und zu freie Jobs. Vor Kurzem hatte sie Rex Gildo interviewt.

«Der ist homosexuell, aber total nett!», hatte sie mir erzählt. «Sag mal, dein Kumpel Till ist doch auch so, oder?», schob sie nach.

«Mhm», antwortete ich.

«Und was ist mir dir?»

Da mich meine Mutter bei dieser Frage so liebevoll anschaute – und die Frage eher rhetorisch wirkte, fiel es mir leicht, bestätigend zu nicken.

«Und Till ist dein Freund?», fragte sie.

«Ja.»

«Das ist gut. Den mag ich!» Dann nahm sie mich in den Arm.

Innerhalb der Familie übernahm meine Mutter die Funktion einer Diplomatin. Ohne dass ich es wusste, wurden sowohl mein Vater als auch Omaka darauf vorbereitet, dass ich eine Mitteilung über wichtige Weichenstellungen auf meinem Lebensweg zu machen hätte. Mit meinem Vater wurde ein Ausflug arrangiert, bei dem ich ihn über mein Schwulsein informieren sollte. Wir fuhren in den Sachsenwald. Ich dachte an seine Statements zu der ‹Gott sei Dank!!!› überwundenen Phase und war nervös. Er wohl auch, denn er wusste schon, was auf ihn zukam. Meine Mutter hatte ihn im Vorfeld knallhart auf Toleranz eingenordet. Vermutlich keine ganz leichte Übung für ihn. Sein Kommentar nach meiner Offenbarung: «Jeder nach seiner Fasson.» Danach wechselte er das Thema. Dann schwiegen wir und fuhren zurück.

Mit Omaka lief es anders. Sie ergriff die Initiative. Ich war bei ihr zu Besuch, sie hatte Kohlrouladen gekocht, die leider noch immer so schmeckten wie zu meiner Grundschulzeit, mit schrecklich viel Kümmel. Kümmelrouladen mit Kohlmantel. Wir hatten Karten gespielt, saßen an ihrem Tisch und hielten Händchen.

«Mein Tomchen, du bist also homersexuell», eröffnete sie das Thema. So hatte ich diesen Begriff noch nie gehört. Homersexuell? Omaka dachte wohl an die alten Griechen.

«Mhm.»

«Ach, Tom! Dieses ewige Mhm.»

«Also: Ja.»

«Gut.» Sie schwieg und drückte meine Hand. «Das kommt in den besten Familien vor.» So, wie sie es sagte, konnte ich es annehmen.

«Hast du einen Freund?»

«Ja.»

«Und?», fragte sie dann, «ist er arisch?»

Mir fiel die Kinnlade runter. Nicht mal ein ‹Mhm› kam mir über die Lippen. Ich war vollkommen verblüfft. Omaka hatte eindeutig ein Wertesystem, das mir sehr fremd war und nicht behagte. Trotzdem habe ich sie geliebt. Und ich glaube, sie mich auch – trotz der alten Griechen.

Bei ihren freien Jobs widmete sich meine Mutter gern sozialen Themen, die sie sinnvoll und wichtig fand. Sie hatte Reportagen über Strafgefangene geschrieben, sich mit Behinderten beschäftigt und mit Jugendlichen, die durch Contergan geschädigt worden waren. Nun wurde Homosexualität ihr Thema. Sie lernte Aktivisten kennen, die für die Rechte der Schwulen kämpften und machte nächtliche ‹Expeditionen› in die schwule Subkultur. Bei uns zu Hause am Ufer des Kanals war oft die

Bude voll. Sogar Chris, der Freund meiner Mutter, fand die Erweiterung unseres Bekanntenkreises interessant. Immer noch gab es Treffen und Diskussionen zur Gründung einer großen WG. Jetzt sollten auch Schwule dazugehören.

Ich lag abends in meinem Bett und träumte (wenn ich mich nicht an Till kuscheln konnte) von der Zukunft:

Eine große alte Villa mit Garten – im Haus leben ganz viele Menschen zusammen, alt und jung, schwul und hetero, schwarz und weiß. Manchmal wird gekifft, manchmal wird Wein getrunken, alle reden miteinander und haben Spaß. Für Till und mich gäbe es eine Hütte im Garten, die wir mit alten Matratzen einrichten würden. Ein Liebesnest für immer. Und jeden Morgen gibt es Frühstück für alle an einer langen Tafel auf der Wiese. Aber nicht vor zwölf.

Mit diesen Gedanken konnte ich gut einschlafen, auch ohne Tills Wärme zu spüren. Bevor mir die Augen zufielen, hörte ich manchmal meine Mutter nebenan im Wohnzimmer lachen, manchmal lief dort Musik. Ihr Lieblingslied war *Killing me softly*.

• • •

Es ist dunkel und diesig. Wir schliddern einen Hang hinab, der von kahlen Bäumen bewachsen ist. Durch die Zweige sehen wir das Licht der Raststätte.

Es war kurz nach zwei Uhr nachts; die Soldaten hatten Till und mich vom LKW klettern lassen und uns unsere Rucksäcke hinterher gereicht. Einige von ihnen sprachen ganz gut Deutsch. Wir waren vollkommen perplex gewesen, als wir kurz hinter Amsterdam an der Straße standen, die Daumen raushielten und ein kompletter Militärkonvoi anhielt. Mindestens fünfzehn tarngrüne Lastwagen, beladen mit Soldaten. Erst dachten wir, die wollten uns verarschen, dann nahmen sie uns mit; auf dem letzten Laster. Die Jungs waren ziemlich cool, die meisten trugen lange Haare, für die es Haarnetze zu den Stahlhelmen gab. Sie waren total locker und ließen ab und zu unter der Plane einen Joint kreisen. Wenn sie pinkeln mussten, stellten sie sich während der Fahrt an das Ende der Ladefläche, hielten sich am Gestänge der Plane fest und pissten auf die Straße. ‹Wildplasser› nannten sie sich dann.

Dann hieß es plötzlich, «Ihr müsst aussteigen, wir fahren zu eine deutsche Kaserne in die Nähe. Da unten ist ein Autobahn.»

Die Truppen zogen weiter, die Soldaten winkten und einer pisste zum Abschied noch eine letzte nasse Spur auf die Straße. Dann standen wir auf der Brücke über der Autobahn und sahen die Raststätte unter uns liegen.

«Scheiße», sagt Till, «wie soll'n wir denn hier noch wegkommen?»

Das habe ich mich auch schon gefragt.

«Wird schon ...», sage ich. Sonst ist Till immer der Optimist. «Autos fahren ja noch.»

«Mhm», macht Till.

Wir kommen an der Tanke an. Kein Auto weit und breit.

«Da hinten sind Laster», sagt Till und zeigt zum Parkplatz. «Ich geh mal hin und frage. Kannst mit den Rucksäcken hier warten.»

«Okay.»

Warten finde ich besser als Fahrer anzusprechen. Ich habe Angst, als siebzehnjähriger, schwuler Nachwuchshippie von Fernfahrern nicht gerade mit offenen Armen begrüßt zu werden. Till geht los. Mit den Rucksäcken setze ich mich an die Außenwand des Klohäuschens. Ich habe Schiss, dass mein süßer blonder Till von den Truckern mit Fäusten empfangen wird. Ich wäre jetzt gern unsichtbar oder könnte Hand in Hand mit Till nach Hamburg fliegen. Till kommt zurück.

«Die pennen alle.»

«Und nun?»

«Keine Ahnung.»

Till setzt sich zu mir. Zum ersten Mal habe ich das Gefühl, dass auch er nicht weiterweiß. Wir schweigen. Es fängt an zu regnen.

«Scheiße», sagt Till.

«Ja. Scheiße», bestätige ich.

Wir starren auf die vorbeifahrenden Autos und werden langsam nass. Ich muss an die Hinfahrt nach Amsterdam denken, als wir auch nicht mehr weiterkamen und Till mich nach fast zwei Stunden Wartezeit durch einen maroden Zaun auf ein brachliegendes Industriegelände lockte. Dort zog er mich in ein verrostetes Autowrack, schob mich auf die Rückbank und küsste mich. Dann öffnete er meinen Gürtel.

«Kennst du schon, oder?», fragte er und grinste frech.

«Mhm», bejahte ich weise nickend und lächelte, «find ich aber trotzdem gut!»

Als wir nach einer Stunde wieder an der Straße standen, hielt sofort ein Wagen an und nahm uns mit.

Danach sieht es jetzt, nachts an der Raststätte, nicht aus. Und wenn wir eine Stunde oder länger warten müssen, werden wir klatschnass sein, inklusive unserer Sachen in den Rucksäcken.

«Scheiße», sage ich wieder.

«Mhm», nickt Till.

«Wie weit ist es denn bis Hamburg?»

«Ich weiß nicht, 50 bis 100 Kilometer. Willst du laufen?», fragt Till.

«Ne.»

Meine Uhr zeigt kurz vor drei. Ich gehe erst mal zum Pinkeln zwischen die Bäume.

«Weißt du was?», frage ich Till, als ich zurückkomme.

«Ne. Was denn?»

«Ich rufe meinen Vater an.»

«Echt?», Till ist erstaunt, «mitten in der Nacht?»

«Hast du eine andere Idee?»

«Ne.»

Ich fummele meinen Brustbeutel unter dem Batikhemd hervor.

«Hast du noch Kleingeld? Ich hab nur drei Groschen.»

Till kramt in seinem Portemonnaie.

«Ich hab noch 'ne Mark.»

«Gut, das reicht.»

Neben der Tankstelle steht eine gelbe Telefonzelle.

«Der wird total sauer sein», sage ich eher zu mir selbst.

«Und was ist mit deiner Mutter?»

«Die hat kein Auto.»

Ich drehe das Markstück zwischen den Fingern und kann mich nicht aufraffen. Till guckt mich an und zieht die Augenbrauen hoch.

«Nun mach mal.»

«Okay.»

Ich stehe auf und gehe zur Zelle. Innen riecht es muffig, Telefonbücher hängen bekritzelt und zerfleddert in ihren Halterungen. Ich hebe den Hörer ab und werfe die Münze ein. Dann stecke ich meinen Zeigefinger in die Wählscheibe und drehe die erste Zahl der Nummer meines Vaters. Dann die nächste. Ich hole tief Luft – und wähle die restlichen. Freizeichen …

«Ja? Hallo?»

Mein Vater ist sofort am Apparat.

Ich war vollkommen irritiert, dass sich mein Vater so schnell meldete. Meist schlief er nachts tief und fest, Gin Tonic oder Bier halfen dabei. Jetzt klang er hellwach, fragte nur: «Wo bist du?» und sagte gleich, «ich komme.» Nach einer knappen Dreiviertelstunde war er da. Er stieg aus, guckte uns kurz an, sagte kein Wort und öffnete die Heckklappe seines roten Kombis. Wir luden unsere Rucksäcke ein. Dann setzte ich mich neben meinen Vater auf den Beifahrersitz und Till auf die Rückbank. Eigentlich hätte ich lieber neben Till gesessen und mich an ihm aufgewärmt. Aber wenn Hannelore nicht vorne rechts saß, gehörte ich da hin.

Wir fuhren schweigend über die Autobahn. Zum Geräusch des Motors und der Reifen auf der nassen Fahrbahn kam das rhythmische Quietschen der Scheibenwischer. Das Radio blieb aus. Sonst lief es immer, wenn mein Vater fuhr. Aber jetzt, mitten in der Nacht, wurde säuselnde Unterhaltungsmusik gesendet. Horst Jankowski mit dem ‹Schwarzwaldspaziergang› – oder so etwas. Das war unerträglich, da waren sich sogar mein Vater und ich mal einig.

Statt des Radios hörte man das Gebläse; die Heizung lief auf vollen Touren. Mir wurde langsam wärmer. Von der Feuchtigkeit, die Till und ich abdampften, beschlugen die Scheiben. Ab und zu drückte mein Vater mir schweigend ein Schwämmchen in die Hand, und ich wischte von innen die Windschutzscheibe frei. Ich schaute auf meine Armbanduhr und stellte mir vor, dass ich in etwa einer guten halben Stunde zusammen mit Till in meinem warmen Bett liegen würde.

Kurz bevor wir in Hamburg in Richtung Winterhude abbogen, brach mein Vater das Schweigen.

«Wir bringen Till jetzt nach Hause. Du kommst mit zu mir.»

Sein Tonfall machte klar, dass es nichts zu diskutieren gab. Und, dass etwas passiert war. Ich bekam Herzklopfen und eine Gänsehaut. Meine Mutter? Klar, meine Mutter. Warum sollten wir sonst zu meinem Vater fahren.

Als wir vor Tills Haus hielten, stieg ich mit aus und holte seinen Rucksack aus dem Auto. Till steckte noch mal seinen Kopf ins Auto und sagte: «Danke.»

«Okay», antwortete mein Vater, ohne Till anzugucken.

«Tschüss», verabschiedete sich Till von mir, «bis morgen?»

Ich nickte. Eine kurze Umarmung, dann stieg ich wieder ein. Mein Vater fuhr los.

«Mami?», fragte ich.

«Ja», sagte er.

Dann schwiegen wir, bis wir bei ihm ankamen. Er parkte, ich nahm meinen Rucksack, wir gingen ins Haus und stiegen die Treppen hinauf. Hannelore und er und wohnten in der vierten Etage. Mein Vater schloss die Wohnung auf. Ich folgte ihm. Er hängte seinen feuchten Trenchcoat an die Garderobe, ich meinen nassen Parka.

«Komm ins Wohnzimmer», sagte er. Auf dem Weg durch den langen Flur stellte ich meinen Rucksack vor meiner Zimmertür ab. Im Wohnzimmer sagte mein Vater: «Hier», und drückte mir einen weißen Umschlag in die Hand. Er war nicht verschlossen. Ich zog ein gefaltetes Blatt Papier heraus. Ein Bogen DIN A4, mit Schreibmaschine beschrieben. Es war der Abschiedsbrief meiner Mutter.

Mein geliebter Sohn Tom,

ich konnte nicht mehr anders handeln. Ich hoffe, du kannst meine Entscheidung eines Tages akzeptieren. Ich finde nicht, dass du traurig sein musst, denn es ist mein größter Wunsch, jetzt endlich Schluss zu machen.

Vielleicht hilft es dir, wenn du dir vorstellst, dass ich heute so glücklich bin wie nie. Denn ich glaube nicht an eine Zukunft für mich. Auch sollst du wissen, dass ich dich immer über alles geliebt habe, und dass ich sicher glaube, dass du dein Leben nach deinen Wünschen gestalten kannst.

Ich wünsche dir von Herzen, mein Schatz, dass du alles das schaffst, was ich nicht konnte. Und noch einmal: Ich bin glücklich!!!

Einen dicken Kuss von deiner

Mami

II

Am nächsten Morgen fuhr ich mit der Straßenbahn zu unserer Wohnung am Ufer des Kanals. Ich sah Menschen auf dem Weg zur Arbeit, zum Einkaufen oder zu Bekannten. Ich hörte das gewohnte schrille Quietschen der Bahn in den Kurven. Wenn ich nach unten schaute, sah ich die typischen, langgezogenen Riefen des Holzfußbodens, die sich durch den Waggon zogen. Mit fünf war mir mal ein Markstück aus der Hand gefallen und in eine der Riefen gerollt, bis unter den Schuh eines Mannes mit grauem Hut, weißem Nylonhemd und lederner Aktentasche. Ich hatte mich nicht getraut, ihn anzusprechen, und musste vor ihm aussteigen. Meine Mark fuhr weiter und war weg. 100 Salmis oder 20 Salinos Verlust.

Beim Blick aus dem Fenster sah ich all die vertrauten Gebäude. Einige Altbauten waren in den letzten Jahren renoviert worden und hatten nun farbige Fassaden: blau mit weißem Stuck, gelb mit grauen Verzierungen oder braun mit orange; kräftige

Farben waren in den Siebzigerjahren in Mode gekommen. Ansonsten waren die meisten alten Gebäude in Hamburg grau in grau, als trügen sie noch die Spuren des Rußes aus den Bombennächten. Wo Lücken in der Bebauung klafften, waren nach dem Krieg schlichte Flachbauten entstanden, meist mit kleinen Läden darin. Supermärkte waren noch die Ausnahme.

Die Haltestelle, an der ich ausstieg, lag genau zwischen der Straße, in der meine Großmutter lebte, und meinem Zuhause. Ein Trampelpfad führte über ein unbebautes, verwildertes Grundstück, ein noch immer brachliegendes Trümmergrundstück aus Kriegstagen. Hier entlang war ich früher fast täglich gegangen, wenn ich von Omaka nach Hause wollte; nach der Schule, dem Essen und den Schulaufgaben. Noch einmal links einbiegen, dann blieben nur noch ein paar Schritte, bis ich vor unserer Haustür stand.

Mein Vater hatte nicht gewollt, dass ich gleich am Morgen allein hierherging. Aber ich hatte darauf bestanden, den Abschiedsbrief meiner Mutter in meinen Parka gesteckt und war aufgebrochen. Nun betrat ich das Treppenhaus mit dem Geruch nach Waschküche und leerte unseren Briefkasten. Eine Telefonrechnung, zweimal Werbung. Dann ging ich die Treppe hinauf bis in den dritten Stock. Unsere Tür war links, rechts gegenüber wohnten Herr Franken und Fräulein Graf.

Ich steckte meinen Schlüssel ins Schloss, drehte ihn um und betrat die Wohnung. Ich legte die Post auf das kleine Tischchen vor der Garderobe. Alles wirkte ganz normal. Links in der Küche hätte jetzt meine Mutter stehen und sich gerade einen schnellen Kaffee kochen können. Maxwell-Pulver mit heißem Wasser aus dem kleinen Boiler. ‹Na, Tom, wie war's in Holland?›, hätte sie fragen können. Oder ‹Schön, dass du wieder da bist!› sagen und lächeln. Ich hätte sie in den Arm genommen und gespürt, wie klein sie war; ihre schwarzen Haare hätten nach Haarspray und Zigaretten gerochen, vertraut. Wie immer.

Aber in der Küche war niemand. Auf der grauen Arbeitsplatte rechts neben der Spüle standen das Vorratsglas mit dem Instantkaffee und ihr brauner Becher mit dem hellblauen Blütenmuster. Eine Pfütze kalten Kaffees war noch darin, ein benutzter Löffel lag daneben.

Auch im Wohnzimmer wirkte alles ganz alltäglich. Die Sonne fiel durch das Fenster und ließ die bunten Kissen auf dem weißen Flokati leuchten. Auf dem Esstisch lag die letzte Ausgabe des *Stern*. Ich griff in meine Jacke und legte den Abschiedsbrief meiner Mutter dazu. Danach zog ich den Parka aus und warf ihn über den Stuhl, auf dem ich schon als Kind gesessen hatte, in der Mitte zwischen Papi und Mami. Nach der Scheidung rechts von meiner Mutter, der andere Stuhl blieb frei, wenn er nicht von Gästen benutzt wurde. Nun stand ich zwischen den leeren Stühlen.

Dann ging ich ins Schlafzimmer. Das Bett meiner Mutter war zerwühlt. Auf Kopfkissen und Laken waren Flecken von Erbrochenem und Blut zu sehen. Mit Blut hatte ich nicht gerechnet. Meine Mutter hatte doch, wie mein Vater in knappen Worten berichtet hatte, eine Überdosis Schlaftabletten genommen. Woher kam das Blut? – Vor dem Bett standen die Holzlatschen meiner Mutter, auf dem Nachttisch der Aschenbecher mit ihrer letzten Kippe und ein Foto von mir.

Ich hätte die Atmung einstellen und ersticken mögen oder mich einfach auflösen wollen. Zisch, ab in's All; nur weg von hier; für immer in die Ewigkeit. Aber ich atmete weiter und begann aufzuräumen. Ich leerte den Aschenbecher, zog das Bett ab, stellte die Klapperlatschen auf Kante vor den Schrank. Zuletzt nahm ich das Foto von mir und ging ins Wohnzimmer. Ich klappte den *Stern* zusammen, legte mein Foto darauf, dann den Abschiedsbrief. Ein sauberer Stapel. Ich zog meinen Parka wieder an und verließ die Wohnung. Ich verschloss die Tür und ging zur Alster.

«Ach, mein Tomchen», sagte Omaka und hielt meine Hand.

Wir schauten uns an, und ich spürte, wie mir die Tränen von unten in die Augen drückten. Aber ich wollte nicht weinen – obwohl Omaka diesmal nicht sagte ‹Junge, halt dich grade›.

Noch einmal: «Ach, mein Tomchen.» Omaka legte ihre Hände eng um meine. Sie waren sehnig und kühl, gaben dennoch

Wärme. Ich hatte den Eindruck, dass auch meine Großmutter den Druck von Tränen spürte, sie aber auch nicht fließen lassen wollte.

Omaka erzählte mir, dass meine Mutter von ihrem Freund Christian gefunden worden war. Chris hatte drei Tage nichts von ihr gehört und war nach der Arbeit zu unserer Wohnung gefahren. Er hatte entdeckt, dass der Schlüssel von innen steckte. Das war nicht üblich, damit auch er oder ich jederzeit in die Wohnung konnten. Chris hatte beim Nachbarn geklingelt. Auch der hatte meine Mutter seit ein paar Tagen nicht gesehen. – Wieder wurde über das Telefon von Herrn Franken der Rettungsdienst gerufen. Zu spät.

Omaka konnte ich nach dem Blut im Bett fragen.

«Die vielen Tabletten haben ihre Organe angegriffen. Sie hat Blut erbrochen.»

Ich hatte mir einen Tod durch Schlaftabletten wie ein friedliches Einschlafen vorgestellt. Das, was Omaka beschrieb, klang anders.

Bis zur Beerdigung musste einiges geregelt werden. Gespräche mit dem Bestatter, Behördenkram, Finanzielles. Die praktischen Dinge beredete ich mit meinem Vater und Hannelore, die er inzwischen geheiratet hatte. Eigentlich mehr mit Hannelore, denn mein Vater steuerte selten mehr als Schweigen, Kopfnicken oder ein «Wenn ihr meint» bei.

Für's Händchenhalten gab es Omaka. Das tat gut – wurde aber immer relativ schnell mit einem kräftigen Händedruck beendet. Über die Sorgen meiner Mutter, ihre innere Verzweiflung, die Hintergründe ihrer Entscheidung sprachen wir nicht. Auch unsere Trauer, unser Kummer, unser Schmerz waren kein Thema. Als gäbe es eine geheimnisvolle Verabredung, dass man über diese Dinge nicht spricht. Eine niemals ausgesprochene Regel, die dennoch eisern befolgt wird. Meine Trauer, mein Kummer, mein Schmerz, meine Einsamkeit – kein Thema. Auch für mich nicht.

LASS. DICH. NICHT. GEHEN.

Junge, halt dich grade! Jeder hat sein Päckchen zu tragen! Schau nach vorne! Zeit heilt alle Wunden! Schultern hoch und Augen geradeaus! Hast doch Offiziersblut! Aufrecht bleiben! Was vorbei ist, ist vorbei!

Okay.

Was vorbei ist, ist vorbei.

Ist vorbei.

Punkt.

Auch die Beerdigung ging vorbei. Ich habe nichts gespürt. Chris hat ein paar Worte gesagt. Ich habe nichts davon verstanden. Es wurde Brahms gespielt. Ich habe nichts davon gehört. Viele Menschen waren da. Ich habe sie nicht gesehen.

Danach stand ich im schwarzen Umhang, mit geflickten Jeans und schwarz gefärbtem Indienhemd vor der Kapelle. Vor welcher Kapelle? Keine Ahnung. Schien die Sonne? Hat es geregnet? Gewittert? Gedonnert? Keine Ahnung. Hat mich jemand umarmt? Sagte jemand ‹Herzliches Beileid› zu mir? Sind wir alle danach zum Essen eingekehrt? Kam Omaka noch mit? Saß ich später allein in meinem Zimmer?

War ich überhaupt dabei?

Nachdem das *Stern*-Abo meiner Mutter dank Hannelores Weitsicht schnell gekündigt worden war, kam nun die Wohnung am Kanal an die Reihe. Für die letzten drei Monate Mietzahlung reichte das Geld auf dem Konto meiner Mutter. Danach wollte ich in eine Wohngemeinschaft ziehen. Mein Schulfreund Step lebte schon mit zwei anderen Jungs und zwei Mädchen in einer coolen Altbauwohnung. Vielleicht würde dort ein Zimmer frei werden. Oder in einer anderen WG. Würde schon klappen.

Bis es soweit war, blieb ich in der Wohnung am Kanal.

Gemeinsam mit Till habe ich alles umgeräumt. Nichts sollte mehr so sein wie in den Jahren mit meiner Mutter. Die Mülltonnen standen in einem Kellerraum gleich hinter der Waschküche. Wir liefen oft runter in den Keller: mit dem Kaffeebecher meiner Mutter und ihren Klapperlatschen, ihrer Kleidung, der

Bettwäsche nebst Decke und Kissen, ihren Kosmetika, ihren Tablettenschachteln, dem Buch, in dem sie zuletzt gelesen hatte, ihren Notizblöcken und Kugelschreibern. Auch ihre Schreibmaschine landete in der Tonne. Zuletzt wurden alle Poster meiner Mutter von den Wänden gerupft. Weg damit.

Ihre Bücher, ihre Schallplatten (außer Nina Simone, Ella Fitzgerald und Franz-Josef Degenhardt) und ihren Schmuck verkauften wir auf Flohmärkten. Das alte Familiensilber ging weg für eine Mark pro Stück. Bisschen zu günstig, habe ich erst später geschnallt. Den Mahagonischrank und die zugehörige Kommode übernahm ein Trödler. Für 200 Mark.

Durch die Verkäufe finanzierten wir unser Haschisch. Die Zigaretten meiner Mutter behielten wir und verwendeten sie beim Joint-Bauen. Ich hatte mich an Tabak gewöhnt. Das Wohnzimmer wurde zu unserem Abhängzentrum. Esstisch und Stühle kamen auf den Sperrmüll. Der Flokati und die bunten Kissen durften bleiben und bedeckten das ausufernde Lager, das wir mit den Matratzen aus meinem ehemaligen Zimmer erweitert hatten. Wir kifften viel und hatten viel Besuch, weil wir viel zu kiffen hatten. Wenn uns Freunde anriefen und wissen wollten, ob wir Dope auf Lager hatten, benutzten wir einen ‹Geheimcode›, weil wir befürchteten, dass die Telefone abgehört wurden: «Habt ihr neue Bücher?», war die entscheidende Frage. Unsere Antwort informierte über den aktuellen Lagerbestand: «Ja, aber nur Taschenbücher» oder «Das große Lexikon ist da!», manchmal auch «Gibt leider nichts Neues zu lesen.» Step war oft unser Zwischenhändler für die ‹Buchbeschaffung›. Er hatte gute Kontakte, um die er jedoch ein großes Geheimnis machte. In den Ferien war Step sogar schon mal in Marokko gewesen. Sehr cool. Und der Stoff, den er besorgte, war auch sehr cool.

Meine Schulbesuche wurden seltener. Was sollte ich da? Die erzählten nur unwichtigen Mist. Manchmal ließ ich mich nur in den großen Pausen blicken, um Freunde zu treffen. Wird schon gut gehen, wenn nicht, ist's auch egal. Leistungsgesellschaft ist eh scheiße. Wir werden ein anderes Leben führen. Landkommune, Indien, Marokko oder irgendwas. Muss man aber nicht planen, das kommt von selber durch Bewusstseinserweiterung.

Die Wohnung am Kanal wurde zu einer Mischung aus WG-Simulation (im ehemaligen Wohnzimmer), Klamotten- und Schlaflager mit Campingplatzambiente (in meinem Jugendzimmer) und Leerstand mit Mülldeponie (im Ex-Zimmer meiner Mutter). Küche und Bad entwickelten mehr und mehr flächendeckende Gebrauchspatina.

• • •

«Drehst du oder dreh ich?», fragt mich Till.

«Du.»

Till kann elegante Joints bauen. Mir hat er auch beigebracht, wie das geht, mit drei Blättchen Papier, einem gerollten Stückchen Pappe als Mundstück und einer gezwirbelten Spitze, die weggekokelt wird, bevor man raucht. Meine Joints sind aber oft etwas krumm und gehen leicht wieder aus.

Till hält das Stück Shit über die Flamme des Feuerzeugs. Den Geruch von Haschisch mag ich gern. Er kommt gleich auf Platz zwei nach frisch gemähter Wiese, direkt vor holzigem Sägewerk.

«Machst du Musik an?», fragt Till.

«Mhm.»

Musik von Can finde ich gut. Vorgestern habe ich *Soon over Babaluma* im Plattenladen am Mönckebergbrunnen geklaut. Ich freue mich über die Platte und bin stolz auf meine Tat. Klauen ist ein politischer Akt gegen das ausbeuterische System. Mein schwarzer Umhang ist prima bei Ladendiebstählen, darunter kann man einiges verschwinden lassen. Jetzt, im Sommer, ist er allerdings ein bisschen warm. Für *Soon over Babaluma* hat sich das Schwitzen gelohnt, die Scheibe ist super.

Das Bild auf dem Cover sieht aus, als würde man nachts über die Erde schweben, mit einem Raumschiff, das später wieder ins All abhebt. Meine Plattensammlung ist inzwischen gewachsen, neulich habe ich eine goldene ‹50› mit Lorbeerkranz auf *Apostrophe (')* von Frank Zappa gemalt. Die Platte gibt's auch in Quadrophonie. Vielleicht kann ich mir später mal eine Quadro-Anlage leisten.

Ich lege die LP auf meinen weißen Plattenspieler. Als ich sie zum ersten Mal abspielte, waren auch Step, Vera und Volkmar dabei gewesen. Es gab heiße Diskussionen darüber, ob Can mittlerweile zu kommerziell sei. Ein kurzes Knistern, die erste Seite von *Soon over Babaluma* läuft. Till kokelt den Zwirbeldeckel des Joints ab und löscht kleine Glutnester mit seinem spuckebefeuchteten Zeigefinger.

«Hier», sagt er und gibt mir den Joint. Ich nehme ihn in beide Hände. Till gibt mir Feuer. Ich ziehe und halte die Luft an. Till übernimmt und raucht. Jeder von uns nimmt drei, vier Züge. Ich lehne mich an die Kissen vor der Wand. Mein Herz pocht. Alles pulsiert. Mein Hirn explodiert. Das Zimmer kippt nach hinten, die gegenüberliegende Wand nach oben. Abflug. Der Raum wird zum Weltraum. Can nimmt mich mit ins All. Mit geschlossenen Augen rase ich von dannen. Die Welt bleibt unter mir. Ich löse mich von mir. Ich habe nichts mehr mit dem Menschen zu tun, der als Tom dort unten auf der Erde lebt. Ich bin ein vom Körper losgelöstes Ich im Nichts.

Ich öffne die Augen. Ich sehe Till. Er sitzt mir gegenüber und guckt mich an. Er ist mir fremd. Wir blicken uns in die Augen. Was mache ich hier mit einem Fremden?

Ich schließe die Augen. Ich reise weiter durch's All.

Mit dem Kiffen gab es ein kleines Problem: Nur bekifft meinte ich den Durchblick zu haben, konnte ich das große Ganze erkennen. Nüchtern war ich nur ein dummer kleiner Mensch. Hatte keine Peilung für kosmische Zusammenhänge. Ich musste also wieder kiffen, um weise zu bleiben. Dann aber war mir alles Alltägliche fremd. Auch die Menschen. Alle. Auch Till.

Wir kifften viel. Till liebte Sex, wenn er stoned war. Ich war allein im All, wenn ich kiffte. In dieser Konstellation funktionierte nicht mal Astronautensex. Ich war allein im Orbit unterwegs und hatte die Verbindung zur Welt gekappt. Auf meinen kosmischen Reisen ließ ich Till nicht andocken. Wenn sich unsere Blicke trafen, schloss ich schnell die Augen. Nur wenn ich nüchtern war, gab es noch Nähe zwischen uns. Wenn wir uns dann in den Armen lagen und in die Augen schauten, lauerte irgendwo hinter den Pupillen der fremde Blick aus dem kalten All. Und tief in meinem Inneren wusste ich, dass ich diesen Blick schon kannte. Von meiner Mutter. Es war der kühle, ferne Blick, den ich an ihr sah, wenn sie sich unbeobachtet fühlte. Und der mich manchmal traf, wenn ich unerwartet in ihr Gesichtsfeld kam. Als Kind, als Junge, als ihr Sohn. Nicht von dieser Welt. Out of contact.

Und nun schaute ich Till so an.

Wie gut, dass Kiffen das Bewusstsein erweitert. Ich hatte schon gelernt, dass groß und klein, langsam und schnell nur Setzungen sind. Keine wirklichen Maßstäbe. Mit Nähe und Ferne ist es genauso. Räumlich und menschlich gesehen. Also einfach mal konsequent weiter denken: Was ist schon ein ‹Ich› oder ein ‹Du›? Pure Konstruktion. Ein ‹Wir› kann es sowieso nicht geben. Illusionärer Quatsch. Liebe? Eine infantile Wunschvorstellung. Seelischer Rettungsanker für Kindgebliebene. Zwischenmenschliches Klein-Klein? Da steh ich drüber. Ich bin auf dem Weg zum großen Ganzen!

Aus der unsichtbaren Ritterrüstung, die ich als Kind angelegt hatte, um mich zu schützen, wurde ein Raumanzug, mit dem ich ins All abflog. Ich verzog mich mit meiner Seele in den Orbit. Mein Körper blieb trotzdem auf der Erde. Dazwischen lag ein Vakuum.

Eines Abends klingelte irgendwo auf der Liegewiese unter Kissen vergraben das graue Telefon. Ich zog es an der Strippe zu mir heran und nahm den Hörer ab.

«Hallo?»

«Ich bin's, Step.»

«Ah.»

«Du, ich geh nach Berlin.»

«Wegen der Bundeswehr?»

«Auch», sagte Step, «aber vor allem wegen des Systems. Ist 'ne politische Entscheidung. Ich ziehe in ein besetztes Haus. Wir machen Klassenkampf.»

«Wow.»

«Kannst mein WG-Zimmer haben.»

«Echt?»

«Klar. - Willst du?»

Step wohnte seit einiger Zeit in einer total coolen Wohngemeinschaft in einer Altbauwohnung auf dem Kiez. Ich war ein paar Mal da gewesen, wir hatten gekifft und die neuesten Platten gehört.

«Klar will ich! - Wann?»

«Nächsten Monat.»

Ich war begeistert. Ich würde endlich in eine WG ziehen! Mit coolen Leuten zusammenwohnen! Alles Bürgerliche hinter mir lassen! Ein neues Leben beginnen!

Um mein altes Leben abzuschließen, hatte ich noch drei Wochen. Alles, was sich an letzten Restbeständen meiner Kindheit und Jugend in der Wohnung am Kanal befand, wurde nun konsequent verschenkt, verscherbelt, vernichtet. Sperrmüll konnte man an bestimmten Tagen einfach auf die Straße stellen. Dort landeten: der noch von meinem Vater aus Spanplatten gezimmerte Küchenschrank, der Kleiderschrank meiner Mutter, der Wäschepuff mit den Rosenornamenten und Gerümpel aus dem Keller. Mein erstes und mein zweites Fahrrad (6. Geburtstag, 9. Geburtstag). Eine Kiste mit Geschenken an meine Mutter, die ich als Kind gebastelt hatte (sechs Untersetzer aus bemalten Wäscheklammern, ein Aschenbecher aus gedrehten Fimo-Würsten, ein Männchen aus Streichholzschachteln mit gelben Wollhaaren und einem krakeligen ‹Tom› auf der eckigen Brust). Was vorbei ist, ist vorbei.

Alles, was ich mitnehmen wollte, sollte zu meinem coolen neuen Leben passen. Das waren: mein Plattenspieler und meine Platten, die Matratzen, der Flokati und die Kissen, meine Klamotten, die selbst gebaute Lichtorgel, ein paar Bücher (Hesse, Tolkien, Castaneda), eine mit gelben, roten und grünen Glühbirnen bestückte Stehlampe und ein bisschen Kram, von dem ich dachte, dass ich ihn brauchen würde (Bettwäsche, Handtücher, Korkenzieher, Wasserpfeife, Taschenlampe, Teekanne). All diese Dinge stapelte ich im ehemaligen Wohnzimmer. Die anderen Räume der Wohnung leerten sich bis auf die anwachsenden Staubflusenwolken auf dem Boden. Meinen E-

Bass tauschte ich gegen bessere Lautsprecherboxen. In der WG sollte niemand merken, dass ich gar nicht spielen konnte. Beim Umzug würden mir meine neuen Mitbewohner helfen und einen VW-Bus ausleihen. Um die Wohnungsübergabe der alten Wohnung an den Vermieter wollte sich mein Vater kümmern.

Gattin Hannelore schenkte mir, weil die WG-Wohnung nur Ofenheizung hatte, selbstgestrickte Pulswärmer.

«Du sollst ja nicht frieren», kommentierte sie. Das fand ich niedlich von ihr, auch wenn die Farben der verwendeten Wollreste nicht zueinander passten. Typisch Hannelore. Mein Vater mäkelte oft an Hannelores Kleidung rum: «Wie sieht das denn aus? Grüner Rock und lila Bluse. Du hast überhaupt kein Farbgefühl!» Später entschied sich Hannelore deshalb oft für braun-beige Kombinationen oder grau in grau. Von meinem Vater kam dann: «Trau dich doch mal was. Farbe, mehr Farbe!» Mit den Jahren entwickelten die beiden zahlreiche Spielformen der Dissonanz – nicht nur in Farbfragen –, die immer größere Teile ihres Alltags bestimmten. Erstaunlicherweise erwies sich ihre disharmonische Ehe als äußerst stabil.

Zwei Wochen vor dem geplanten Umzug war die alte Wohnung in auszugsfertigem Zustand. Während ich dort kampierte, zählte ich die Tage bis zum Beginn meines neuen Lebens. Wenn ich nicht zählte, kiffte ich, allein oder mit Till. Meistens allein.

Was ich in dieser Zeit träumte:

Ich fliege in einer kleinen, durchsichtigen Kapsel durchs Weltall. Plötzlich bemerke ich, dass ich nasse Füße bekomme. Die Flüssigkeit am Boden kommt aus meinen Augen und rinnt an meinem Astronautenanzug herab. Sie besteht nicht aus einzelnen Tränen, sondern quillt ununterbrochen über meine Augenlider. Die Raumkapsel füllt sich damit mehr und mehr. Der Luftraum wird knapp. Ich brauche den Schutzhelm. Ich finde ihn nicht. Der Flüssigkeitsspiegel steigt, Druck baut sich auf. Die gläsernen Wände der Kapsel bekommen Risse. Ich versuche, in der Schwerelosigkeit der Kapsel an die Decke zu steigen; versuche, genug Luft zu bekommen. Wo ist der Helm? Der Druck steigt weiter. Es knallt. Die Kapsel platzt.

Eine Sturzflut reißt mich mit, nach unten auf die Erde. Dort rast die Flutwelle über das Meer bis nach Hamburg.

Ich sehe ein Kind am Kanalufer stehen. Es flieht vor der Welle, versucht den Hang hinaufzukommen, rutscht ab, greift nach einem Zweig, zieht sich nach oben, schafft es, ist am Ufer.

Das Kind am Kanal bin ich. Ich habe nasse Füße, nasse Beine, bin nass bis zum Hals. Ich renne im Traum auf unser Haus zu. Hinter mir steigt das Wasser. Ich komme ins Treppenhaus und laufe die Stufen hinauf. Alle Wohnungstüren stehen offen. Alle Wohnungen sind leer. Keine Möbel, keine Menschen. Von unten dringt gurgelnd das Wasser ins Haus. Schnell weiter nach oben. Dritter Stock. Auch unsere Tür ist offen. Ich betrete die Wohnung, rufe: «Mami?» Keine Antwort. Ich sehe unsere leere Küche. Im Treppenhaus steigt das Wasser. Jetzt läuft es über die Türschwelle. Ich renne ins Wohnzimmer. Meine Mutter steht auf dem Fensterbrett. «Mami!» Sie dreht ihr Gesicht zu mir und grinst. Höhnisch. Sie wendet sich von mir ab und springt. Ich schreie: «Mami!!!» Ich will hinterherspringen. Es geht nicht. Ich kann mich nicht bewegen. Das Wasser kommt.

• • •

Einen Tag nach Steps Auszug zog ich ein. Mein Zimmer war eines von fünf großen Altbauzimmern mit Stuck und einem Kachelofen in einer Ecke. Der Ofen war fast 2,50 Meter hoch und stammte etwa aus dem Jahr 1900. Die gusseisernen Ofenklappen klemmten und einige der weißen Kacheln hatten Risse, in denen sich Ruß abgesetzt hatte. Ich hatte Glück, denn dieser Ofen war der schönste in der Wohnung. In den anderen WG-Zimmern standen kaffeebraune Öfen aus den Fünfzigerjahren oder müffelnde Ölöfen aus den Sechzigern. Den Stuck hatte Step dunkelgrau angemalt, die Wände waren dunkelblau gestrichen. Zunächst fand ich das ziemlich düster, stellte dann aber fest, dass man sich abends oder nachts wie im Weltall fühlte, weil man die Wände kaum noch sah. Abfluggeeignet. Das Dunkelblau blieb. Den Stuck wollte ich irgendwann mit Goldbronze übermalen. Das stellte ich mir cool vor: ein goldenes Rechteck im nächtlichen Nichts. Glänzend umrahmter Kosmos.

Ich setzte das Goldbronzeprojekt auf einer Strecke von etwa 70 Zentimetern um. Den Aufwand hatte ich unterschätzt. Der Rest des grauen Stucks blieb in der Warteschleife.

Es gab zwei Fenster zur Straße, die hölzernen Rahmen waren von vergilbtem Weiß. Bei jedem heftigen Schließen rieselte abblätternde Farbe auf die Fensterbank. Und heftig schließen musste man, denn die Fenster klemmten. Tagsüber war unten auf der Straße wenig los. Nachts war mehr Verkehr, denn das Haus lag in einer Seitenstraße der Reeperbahn. Suchende Freier in langsam fahrenden Familienkutschen, grölende Betrunkene, pöbelnde Nutten und grelle Polizeisirenen gehörten zum Klang der Nacht. Immer, wenn Hamburger Dom war, der große Jahrmarkt auf dem Heiligengeistfeld, konnte man die Ansagen und die Musik der Fahrgeschäfte hören. Dann lief durchgehend von nachmittags um vier bis Mitternacht deutscher Schlager (*Miihiississipiiii*), ergänzt durch die verstärkten Stimmen der Schausteller: «Jeeeeetzt zusteigen!», «Nu geit dat wieda rund!», «Hier ist Tempo! Hier ist Spaß!» – Ich kaufte mir Ohropax.

Step hatte fünf Kartons in seinem Zimmer zurückgelassen. Sie standen in der dem Ofen gegenüberliegenden Ecke.

«Hol ich irgendwann ab», hatte er gesagt. «Stör'n dich nicht, oder?»

«Nö, nö, is okay», bestätigte ich. Ich war ja froh, dass ich das Zimmer hatte. Zentrum meiner neuen Heimat wurde wieder eine Liegewiese aus Matratzen, Flokati und Kissen. Meine Sachen verstaute ich in gestapelten Apfelsinenkisten und einem rostigen Spind mit aufgemaltem Cannabisblatt, den ich von Step übernommen hatte.

Unsere WG bestand bei meinem Einzug aus folgender Besetzung: Siegbert, Harro, Melanie, Doro und ich. Siegbert war Student der Anglistik ‹im zwanzigsten Semester›, schlief tagsüber und arbeitete nachts als Diskjockey. Harro war meist mit Melanie zusammen, manchmal auch nicht; er machte um sein Studium ein Geheimnis, sie ging noch zur Schule. Doro hatte es mit der Völkerkunde und den Frauenrechten – und auch sonst eher mit den Frauen. Mit Doro verstand ich mich auf Anhieb, wir konnten über dieselben Dinge lachen und zogen gern Harro und Melanie mit ihrem Beziehungs-Hin-und-Her auf. Harro war politisch sehr engagiert und zettelte regelmäßig Grundsatzdebatten an. Siegbert war aus Paderborn nach Hamburg gezogen, weil er vor einem Jahr entdeckt hatte, dass er schwul war. Wenn er nicht als DJ arbeitete, ging er nachts in die ‹Sub›, die schwule Subkultur.

Die große Küche war unser Gemeinschaftsraum. In der Mitte stand ein wackeliger alter Tisch, um den locker acht bis zehn Leute passten. Genug Stühle hatten wir auch, eine bunte Mischung aus allen Epochen und Qualitäten. Genauso gemischt war auch die restliche Ausstattung: Geschirr, Besteck und Haushaltswäsche, die als hässlichste Exemplare ihrer Gattung bei den verschiedenen Herkunftseltern freudig aussortiert und großzügig der WG spendiert worden waren. Den Kindern sollte es ja gut gehen. Da die WG-Ausstattung kollektives Eigentum war, mussten Veränderungen des Besitzstands, Zu- oder Abgänge, gemeinsam diskutiert werden.

«Das ist doch totale Scheiße!»

Harro brüllt. Melanie weint.

Mitten in der Küche steht eine Geschirrspülmaschine. Daneben Siegbert in seiner gebatikten Latzhose mit Rohrzange in der Hand.

«Dieses Scheißding kommt wieder weg!» Harro hat sich vor Siegbert und Spülmaschine aufgebaut.

«Ej, aber das Ding ist super!», wendet Siegbert ein.

«Was ist daran super? Ein bürgerlicher Scheißdreck ist das!»

«Meine Eltern wollen uns nur helfen!», schluchzt Melanie.

«Helfen? Diese bornierten Kapitalistenschweine? Die wollen uns infiltrieren! Materiell. Wart's ab!» Harro ist rot angelaufen.

«Meine Eltern sind keine Schweine!», heult Melanie auf.

Doro betritt die Küche, bremst ab und geht gleich wieder raus.

«Melanie, du peilst gar nichts!», ereifert sich Harro. «Da geht's nicht um Persönliches. Da geht es um's System! Die wollen uns mit Technik abhängig machen, um uns zu unterdrücken! Das ist Konsumterror!»

«Ej, Harro, hör mal», kommt wieder von Siegbert. «Wenn wir den Abwasch von der Backe haben, ist mehr Zeit für politische Arbeit!»

Kurzes Schweigen.

Dann Melanie: «Genau.»

Harros Miene wechselt von wütend zu spöttisch: «Melanie, Mäuschen; du meinst ernsthaft, dein selbstgefälliger christdemokratisch-fettsackspießiger Vater will uns die Hausarbeit abnehmen, um unsere politische Arbeit zu fördern? Spülmaschine für mehr Sozialismus? K-Gruppe statt Abwasch? Du hast sie ja nicht mehr alle! Du dämliche Kleinbürgermuschi!»

Melanie rennt aus der Küche und knallt ihre Zimmertür zu. Harro dreht sich lässig eine Zigarette. Mit der Kippe im Mundwinkel zieht er seine Lederjacke über.

«Schönen Tag noch, die Herren!», sagt er zu uns, dreht sich um und geht durch den langen Flur. Im Vorbeigehen kickt er einen von Melanies Wildlederstiefeln aus dem Weg. Kurz vor der Wohnungstür dreht er sich noch einmal um: «Könnt ja mit Melanie zusammen ein bisschen abwaschen. Für den Weltfrieden.»

Ich habe in meinen ersten WG-Wochen schon gelernt: Harro wird ein paar Tage und Nächte wegbleiben und mit anderen Frauen rummachen. Wenn er wiederkommt, wird er Melanie erzählen, dass Zweierbeziehungen bürgerliche Scheiße sind und überwunden werden müssen. Dann werden sich beide wieder versöhnen und eine Weile nicht mehr aus dem Zimmer kommen.

«Hilfst du mir?», fragt mich Siegbert.

«Klar.»

Gemeinsam schließen wir die Spülmaschine an und machen einen Testlauf. Dann läuft die Maschine dreimal nacheinander und unser Abwaschberg löst sich in Nichts auf.

Die Arbeitsteilung in Sachen Geschirrspülmaschine entwickelte sich folgendermaßen: Siegbert, Melanie und ich räumten dreckiges Geschirr hinein, stellten das Gerät bei Bedarf an und räumten es manchmal auch aus. Harro nahm sich Geschirr oder Besteck, wenn er etwas brauchte, und ließ es dann benutzt irgendwo liegen. Aus politischen Gründen. Doro spülte weiter mit der Hand. Streitfreie Zone.

Komplizierter war es mit Speisen und Getränken. Dinge, die man morgens einkaufte, waren oft nachmittags schon aufgebraucht. Regelmäßigen Frust löste folgender Ablauf aus: Am Samstagvormittag wurde unter Auferbietung hoher geistiger und körperlicher Energie ein Großeinkauf absolviert, der gefühlt für drei Monate reichen müsste. Wie durch Geisterhand waren aber schon kurz nach Ladenschluss die wichtigsten Grundnahrungsmittel im Kühlschrank verschwunden. Nach vielen endlosen Diskussionen über eine goldene Zukunft ohne Regelwerke und Privateigentum kam Doro schließlich mit einer pragmatischen Lösung: Alle Lebensmittel wurden privatisiert. Jeder von uns kennzeichnete seine Sachen ab sofort mit bunten Punkten. Ich hatte rote Punkte, Melanie grüne, Harro schwarze, Siegbert gelbe und Doro lila (die waren zwar schwer zu bekommen, aber andere Farben lehnte sie kategorisch ab). War meine rot bepunktete Milch alle, musste ich zum Beispiel Harro fragen, ob ich etwas von seiner schwarzen nehmen durfte. Wenn Melanie reichlich grüne Schokolade auf Lager hatte, konnte sie entweder großzügig davon anbieten oder den Zugriff verweigern. Diese Lösung fühlte sich nicht so richtig cool an, aber sie funktionierte.

Ebenso wie Melanie war ich noch Schüler. Auch wenn wir in der WG unsere gesellschaftspolitischen Visionen durch die Verwendung der bunten Punkte minimal nach unten korrigieren mussten, so wollte ich in Sachen Schule meinen Idealen treu bleiben. Alles, was man dort lehrte, sollte nur die herrschenden Strukturen festigen. Nichts von dem, was wirklich wichtig war, wurde zugelassen. Bewusstseinserweiterung wurde belächelt, Kiffen verteufelt, und mit dem Schwulsein kamen die auch nicht klar. Als ich mit Till mal händchenhaltend auf dem Schulfest aufgetaucht war, tuschelten die Lehrer, machten die stärksten Jungs die blödesten Witze und meine Tutorin rückte merklich von mir ab. Dr. Frings, der Mathelehrer, sprach mich zukünftig mit ‹Fräulein Mends› an, um sich gleich darauf ironisch mit der Bemerkung zu entschuldigen, ‹man könne das ja bei mir nicht so klar auseinanderhalten›.

In diesem Sommer, während der großen Ferien, wurde ich 18. Volljährig. Deshalb freute ich mich sehr auf den ersten Schultag. Als es endlich soweit war, ging ich gut ausgeschlafen mit dreistündiger Verspätung zur Schule, direkt zum Zimmer des Direktors.

«Guten Tag. Ich kündige!»

Ich erklärte dem Schuldirektor, dass ich mich mit der Leistungsgesellschaft nicht identifizieren könne, dass ich meine Zukunft der Bewusstseinserweiterung widmen wolle und für mich ausschließlich alternative Lebensformen in Frage kämen. Der Direktor erwiderte, dass er meine Kündigung nur annehmen wolle, wenn ich zuvor mit dem Schulpsychologen gesprochen hätte. Der schaute sehr ernst über seine Brillengläser, zog seine Krawatte fester und riet: «Legen Sie Ihre Homosexualität ab. Das ist eine Normabweichung! Und eine Normabweichung zieht andere nach sich. Das werden Sie doch nicht wollen!» Da ich genau das wollte, stand meiner Kündigung nun nichts mehr im Wege.

Die Reaktionen in meiner WG waren unterschiedlich. Siegbert sagte: «Cool!» Melanie war es egal, ausgerechnet Harro sprach von einem Fehler und Doro guckte besorgt. Wenn ich ganz ehrlich war, war es mit der Schule auch ein bisschen wie mit dem E-Bass. Ich habe beides abgeschafft, bevor andere merkten, dass ich nicht so gut damit zurechtkam. Es hatte schon zwei Abmahnungen wegen des Schwänzens gegeben. Eine selbstinitiierte Kündigung ist immer besser als ein Rausschmiss. Das beweist Haltung. Jedenfalls ging ich an diesem Abend mit Siegbert aus und schmiss zur Feier des Tages meinen ersten Trip. Wow! Jede Straßenpfütze wurde zu einem schillernden Ozean und jedes Geräusch klang nach himmlischen Sphären. Nur essen konnte ich nichts, da sich jede Nudel und jedes Reiskorn bewegten, sich schlängelten, rhythmisch pulsierten. Aber lebendigen Reiskörnern beim Pulsieren zuzugucken hatte ja auch etwas. Und Hunger hatte ich sowieso nicht. Am Ende der Nacht landete ich mit Siegbert im Bett, oder besser gesagt: mein Körper mit seinem. Sex ohne Zweierbeziehung ist ohnehin politisch korrekter. Beziehungssex ist etwas für Pünktchenkleber. Gut, dass das bei uns nur die Lebensmittel betraf. Schlimm genug.

Von Till hatte ich mich zwei Monate nach meinem Einzug in die WG getrennt. Ich war meistens bekifft gewesen, und Till war mir fremd geworden. Einmal saßen wir in meinem Zimmer auf dem Flokati in der Nähe des bullernden alten Kohleofens. Wir hatten Sex gehabt. Raumschiff Zeigefinger war daran nicht mehr beteiligt, war im Hangar der Vergessenheit verschwunden. Die Sternzeichen auf Tills Körper waren nur noch Sommersprossen. «Liebst du mich noch?», fragte Till. Ich beamte mich in den inneren Orbit, verschloss mein Gesicht und sagte nichts. Till saß noch einen Moment schweigend da und guckte mich mit ernsten Augen an. Dann stand er auf und ging.

Manchmal traf ich ihn noch in anderen Wohngemeinschaften oder abends in der ‹Sub›. Wir nickten uns zu oder sagten knapp ‹Hallo› und gingen uns dann aus dem Weg. Doro berichtete mir mal, dass sie Till in einem Café getroffen hatte. Sie hätten miteinander gesprochen. Doro meinte, Till würde mich noch lieben. Er würde sich wünschen, dass wir wieder zusammenkämen. Er wäre traurig. – Sein Problem. Ich war da schon weiter. Hatte den Liebesquatsch überwunden.

• • •

An gemeinsamen Abenden in unserer WG-Küche wurde meistens Rotwein getrunken. Alkohol bewirkte bei mir etwas anderes als Haschisch oder Marihuana. Dann machte ich gern Blödsinn und war albern. Aber manchmal, wenn ich zu viel getrunken hatte, brach der innere Staudamm. Dann versagte der Raumanzug, klappte der Abflug in den Orbit nicht. Dann kam große Traurigkeit und meine Tränen flossen ohne Ende. Ich weinte und schluchzte in Doros Armen, rotzte ihr das T-Shirt nass. Sie streichelte mich, bis ich wieder besser atmen konnte. Dann legte Doro Cat Stevens auf. Eigentlich durfte man den nicht hören, der war viel zu kommerziell. Aber dieser Song passte:

‹Trouble oh trouble move away
I have seen your face
And it's too much for me today›

An den Tagen danach, verkatert, aber nüchtern, konnte ich die Gefühlsausbrüche gut mit der Überdosis Alkohol erklären. Das Zeug spült halt alte Sachen nach oben, die längst überwunden sind. Muss man nicht so ernst nehmen. Gibt halt Drogen, die das Bewusstsein verengen und andere, die es erweitern.

Was ich mit LSD erlebte:

Ich sehe mich im Spiegel. Die Haut vor meinem Gesicht löst sich auf. Ich sehe meine Schädelknochen, die Augen in den Höhlen. Die Augen lösen sich auf. Ich blicke in meine leeren Augenhöhlen. Mein Schädel löst sich auf. Ich sehe in den Spiegel und sehe den Raum hinter mir. – Ich bin unsichtbar.

– Flash –

Die Pflanzen in meinem Zimmer bewegen sich. Die Blätter werden immer länger und bilden Tentakel. Die Tentakel bewegen sich auf mich zu. Jede Tentakel verzweigt sich zu mehreren, bis der ganze Raum von ihnen erfüllt ist. Die Tentakel umschlingen mich. Sie würgen mich. Sie erdrücken mich. – Ich ersticke.

– Flash –

Aus meinem Kopf wächst ein Schnabel. Meine Füße werden zu Krallen. Meine Arme verwandeln sich in Flügel. Ich werde zum Vogel. Ich bin ein Vogel in Menschengröße. Ich bin zu schwer zum Fliegen. Mein Gewicht drückt mich nach unten. Ich zerschmelze vor Schwere und zerlaufe auf dem Boden wie Blei. – Ich löse mich auf.

– Flash –

Ich lege mich auf meine Matratze. Ich kann mich nicht bewegen. Ich sehe mich von oben. Ich spüre, dass sich meine Füße auflösen. Dann die Beine. Ich sehe dort, wo eben noch meine Beine waren, die Matratze von oben. Mein Rumpf löst sich auf. Mein Hals. Nur noch der Kopf liegt auf der Matratze. Ich weiß, wenn sich auch mein Kopf auflöst, bin ich tot. – Mein Kopf löst sich auf.

– Flash –

Ich spüre keine Wirkung des LSD mehr. Aber ich bin so erschöpft, dass ich mir sicher bin zu sterben, wenn ich einschlafe. Ich darf nicht einschlafen. Aber ich bin so müde. Ich habe keine Energie mehr. Mir fallen die Augen zu. Ich will nicht sterben. – Ich schlafe ein.

• • •

Mit einem Mal war ich zwanzig. Die Belegschaft der WG hatte sich inzwischen ein paar Mal geändert. Nur Doro war geblieben. Erst vor Kurzem waren zwei Frauen eingezogen, deren Namen ich oft verwechselte: Annegret und Lisbeth. Die eine war lesbisch, die andere wirkte komplett neutral. Ein bisschen bieder wirkten beide. Annegret hatte hennarote Haare, Lisbeth war schwarz gefärbt. Oder umgekehrt. Wir trafen uns eigentlich nur in der Küche oder im Bad. Die Zeiten, als besonders im Bad nonkonforme Lockerheit auf die Probe gestellt wurde, waren vorbei. In der Erstbesetzung mit Siegbert, Harro, Melanie und Doro war es völlig normal, dass man beim Betreten des Bades auf Szenarien wie dieses traf: In der Badewanne poppte Harro mit Melanie, auf dem Klo saß Siegbert, während Doro gerade Wäsche aus der Maschine räumte. Es war wichtig, sich in diesen Situationen vollkommen locker zu verhalten und wie geplant die Zähne zu putzen. Der geringste Anschein von Irritation wäre ein deutliches Signal für Spießertum gewesen. Meine Versuche, mitten in einer mit unterschiedlichsten Dingen beschäftigten Kleingruppe entspannt das Klo zu benutzen, scheiterten jedoch kläglich. Bei dieser alltäglichen Herausforderung politisch korrekten Lebens wurde ich mit massiven Rückständen bürgerlicher Verklemmtheit in mir konfrontiert. Ich entwickelte ein feinfühliges Gespür für Tages- und Nachtzeiten, zu denen das Bad unbenutzt war. Schwierige Prüfungen musste ich bestehen, wenn ich nachts um drei alleine auf dem Klo saß, plötzlich die Tür aufging, Siegbert mit einem unbekannten Lover erschien und beide in die Wanne stiegen.

Seitdem nun Annegret und Lisbeth mit Doro und mir zusammenwohnten, ging es in unserem Bad geradezu keusch zu. Anfangs hatte sich Lisbeth (oder Annegret) sogar beim Duschen eingeschlossen. Dafür wurde sie allerdings von Doro zur Rede gestellt, die sie darauf hinwies, dass diese Handlungsweise keinesfalls mit einer selbstbewussten Haltung als Frau vereinbar war. Doro nahm Lisbeth (?) daraufhin regelmäßig mit zu ihrer Frauengruppe und beide jobbten am Büchertisch des Frauenbuchladens vor der Uni-Mensa. Lisbeth (ja, es war Lisbeth) schnitt sich die schwarz gefärbten Haare kurz, wurde offiziell lesbisch, wirkte aber nach wie vor vollkommen geschlechtsneutral.

Es war kurz vor Weihnachten. Annegret und Lisbeth fuhren nach Hause zu ihren Familien irgendwo in der Provinz. Doro und ich blieben allein. Ich hatte immer noch Kontakt zu Omaka. Etwa einmal im Monat besuchte ich sie. Sie machte dann irgendein Tiefkühlgericht warm, aufwändiges Kochen war für sie zu beschwerlich geworden. Nach dem Essen spielten wir Karten. Wie früher. Danach saßen wir an ihrem Tisch und hielten Händchen. Sie brauchte das. Diesmal besuchte ich Omaka am dritten Advent. Sie wirkte melancholisch. Nachdem sie das Geschirr vom Tisch geräumt hatte, blieb sie vor der Wand mit den Familien- und den Hundebildern stehen. Sicher würde sie gleich ‹Gute Rasse› sagen.

Aber sie stand länger als sonst vor den Bildern, schweigend, holte mehrmals tief Luft und seufzte. Dann sagte sie mit leiser Stimme: «Ach, mein Tomchen. So viele sind schon tot. – Manchmal fühle ich mich einsam.»

Ich legte von hinten einen Arm um ihre Schulter. Dann sagte ich spontan: «Willst du nicht Weihnachten zu uns kommen?»

Doro war entsetzt. «Familienweihnachten in unserer WG? Ach du Scheiße.» Dann malte sie sich aus, wie man das umsetzen könnte.

«Grüner Tannenbaum mit roten Sternen als politisches Statement!», schlug sie vor. «Lateinamerikanische Protestsongs statt *Stille Nacht* und ein Weihnachtsmann mit geballter Faust, der

‹Rotfront› ruft. Dann holt er seinen Knüppel aus dem Sack und protestiert gegen Polizeigewalt.»

Wir mussten lachen.

«Ach», sagte Doro schließlich, «wir machen das. Vielleicht wird's ja ganz nett. Wir müssen ja nicht jeden weihnachtlichen Kleinbürgerscheiß mitmachen. Wir zeigen deiner Oma, dass Weihnachten auch anders geht.»

Neben Omaka wurden dann auch noch Doros Eltern eingeladen. Doro kaufte einen Tannenbaum, ich lieh mir Omas Weihnachtsschmuck. Doro wälzte Gänserezepte, ich besorgte Papierservietten mit Engelchen und entdeckte im Secondhandladen eine Weihnachtsplatte, auf der auch Ella vertreten war. Die war okay. Und kostete nur eine Mark.

Am Weihnachtstag schmückten wir den Baum, legten weiße Bettlaken über den Küchentisch, die Engelservietten und ein paar Tannenzweige darauf, stellten meinen Plattenspieler mit der Weihnachts-LP auf das Küchenbuffet und brieten eine Gans mit Rotkohl und Kartoffeln. Sonst aßen wir eher makrobiotisch. Jedenfalls ansatzweise. Kurz bevor unsere Gäste kamen, schauten wir uns noch mal um. Unser Blick blieb an den Postern hängen.

«Nehmen wir die ab?», fragte Doro.

Zappa, der auf dem Klo saß, Che Guevara in kämpferischer Pose und ein psychedelischer Joint mit Peace-Zeichen.

«Omaka kriegt den Schock des Lebens», befürchtete ich.

«Und mein Vater wird einen Vortrag über Recht und Ordnung halten», meinte Doro. «Nehmen wir die wirklich ab?»

Wir entschieden uns dagegen. Schließlich wollten wir ein Weihnachtsfest ausrichten, das mit bürgerlichen Traditionen nichts gemein hatte.

Es wurde ein schöner Abend. Omaka unterhielt sich prächtig mit Doros Vater über militärische Tugenden. Wir ließen das Gespräch unkommentiert laufen. Zappa und Che wurden von keinem unserer Gäste kommentiert. Nur zum Joint machte Omaka eine Bemerkung: «So große Zigaretten sind doch ungesund.»

«Nein, nein», meinte Doro. «Die sind organisch.»

«Ach so.»

Wir tranken alle viel Wein, und es wurde ziemlich lustig. Als Doros Vater unseren Rotwein lobte und Omaka zustimmend nickte, guckte mich Doro frech von der Seite an und posaunte in die Runde: «Das ist eben gute Rasse.»

«Es war schön bei euch!», sagte Omaka bei meinem nächsten Besuch. «Weißt du, ich wollte als junge Frau auch anders leben. Mein Vater war sehr streng. In den Zwanzigerjahren lernte ich dann deinen Opa kennen. Rolf war Offizier beim Kaiser in Potsdam. Wir waren sehr glücklich. Wir heirateten und deine Mutter wurde geboren. Unruhige Zeiten. Opa Rolf war kaisertreu. Als der Hitler kam, war er skeptisch. Recht hatte er! Aber ich war Feuer und Flamme und dachte: ‹Jetzt wird alles anders›. Ich habe gejubelt und deine Mutter ganz im Geist der Zeit erzogen. Sie kam zum BDM und später auf ein Gestüt, um etwas Frauliches zu lernen. Ich war streng zu ihr. Genauso wie mein eigener Vater. Dabei wollte ich doch alles anders machen.»

Ich war platt. Darüber hatte Omaka noch nie gesprochen.

«Mein Tomchen, ich mache mir Sorgen um dich.»

Ich brauchte einen Moment, um zu merken, dass es nun plötzlich um mich ging. Sie nahm meine Hand und schaute mir intensiv in die Augen.

«Wie wird's denn mit dir weitergehen?»

Jetzt käme bestimmt gleich das Thema Schule. Oh je. Auf meine ‹Kündigung› hatte Omaka damals mit Entsetzen reagiert.

«Du musst doch von irgendetwas leben. Etwas leisten. Einen Beruf erlernen. Was würde dir denn Spaß machen?»

Ich schwieg, denn ich wusste nicht, was mir Spaß machen würde. Und Omaka konnte ich nicht mit Lebensmodellen jenseits der Leistungsgesellschaft kommen. Das verstand sie nicht.

«Und alleine bist du auch. Was ist denn aus deinem netten Freund geworden?»

Wieder verblüffte mich Omaka sehr. Dass sie Till überhaupt wahrgenommen hatte …

«Denk mal über deine Zukunft nach», sagte sie dann, drückte

meine Hand einmal kurz und fest und erlöste mich von der Suche nach Antworten.

Der nächste - druckvollere - Appell kam von meinem Vater. Ich lebte jetzt seit gut zwei Jahren von Halbwaisenrente und dem Geld, das er mir monatlich überwies.

«Wenn du nicht bald etwas Vernünftiges machst, zahle ich nicht mehr!», drohte er. «Dann musst du alleine klarkommen! Vielleicht als Würstchenverkäufer auf der Reeperbahn.»

Auch diesmal hatte ich keine Antwort parat. Aber wir führten ja nie längere Gespräche. Er hatte seine Botschaft platziert, und ich saß damit da.

Bestimmt würden Doro und ich in den nächsten Jahren ein größeres Projekt entwickeln, eine Landkommune mit biologischem Anbau, ein politisches Theaterkollektiv; oder wir würden ein internationales Meditationszentrum gründen und erfolgreich die Welt verbessern. Vorher musste mir nur etwas einfallen, um meinen Vater zu beruhigen und den Geldfluss zu sichern. Ich teilte ihm mit, dass ich zur Berufsberatung gehen würde. Dort beriet mich eine Dame mittleren Alters:

«Werden Sie Schaufensterdekorateur. Sie sind doch sensibel!» - Woher will die das denn wissen?

«Friseur ist ein toller Beruf. Da haben Sie viel mit Menschen zu tun. Und Sie mögen doch Haare!» - Andere schneiden, weil meine lang sind?

«Sie können auch mal hier auf die Liste schauen ...» - Ich schaute.

Alle freien Lehrstellen waren aufgeführt, alphabetisch nach Berufen geordnet. Automechaniker, Bäcker, Chemielaborant. Beim Buchstaben ‹F› blieb mein Blick hängen: Fotograf. Der Beruf meines Vaters, damit kannte ich mich aus.

«Fotografie wäre etwas für Sie? Ja, das könnte passen. Ich gebe Ihnen mal die Adresse des Betriebes.»

Die Ausbildung sollte erst in einem Dreivierteljahr beginnen. Ich konnte mich also risikolos bewerben, und mein Vater würde erst einmal für ein paar Monate Ruhe geben und weiterzahlen. Danach würde mir schon was einfallen.

Der Plan ging auf. Mein Vater war zwar erstaunt, dass ich mich plötzlich für Fotografie interessierte, aber die Zahlungen liefen weiter. Ich konnte ganz entspannt mein WG-Leben führen, in der Gemeinschaftsküche mit Doro Zukunftspläne wälzen, ab und zu ein paar Mark bei Zeitarbeitsfirmen dazuverdienen (mein Rekord: zwei Wochen arbeiten am Stück. Unmenschlich!) oder in meinem Zimmer sitzen, Musik hören und kiffen.

Mein Gefühl, nur dann die Peilung für das große Ganze zu haben, wenn ich bekifft war, hatte sich verstärkt. Deshalb rauchte ich inzwischen auch tagsüber. Ich brauchte ja tatsächlich eine Idee, wie es weitergehen konnte, da hatten Frau Großmutter und Herr Vater recht. Nur eben nicht so, wie die sich das vorstellen. Wenn ich mein Bewusstsein richtig weit machte, würde schon eine Erleuchtung kommen.

Inzwischen mochte ich bekifft gar nicht mehr unter Menschen sein. Ich war in meinem geistigen Orbit zu Hause, nicht in der Welt, auf der mein Körper lebte. Bereits hinter meiner Zimmertür, auf dem WG-Flur, begann die fremde Welt. Ich ging Doro, Annegret, Lisbeth oder irgendwelchen WG-Besuchern aus dem Weg. Wenn ich mal aus dem Zimmer musste, hatte ich Angst, jemanden zu treffen. Ich horchte an der Tür und passte Momente ab, in denen ich ungestört über den Flur in Küche oder Bad huschen konnte. Ich hatte immer etwas zu trinken und zu essen in meinem Zimmer. So musste ich es seltener verlassen. Wenn ich in die Küche an den Kühlschrank oder sogar zum Einkaufen nach draußen musste, machte es mir Angst, denn dann musste ich unter Menschen. Das schob ich so lange vor mir her, bis es nicht mehr anders ging. Ich verkroch mich mehr und mehr zwischen meinen vier Wänden.

Doro erwischte mich auf dem Rückweg vom Duschen: «Was ist los mit dir? Ich sehe dich kaum noch. Und immer ist deine Tür zu.»

«Alles okay.» Ich wollte in mein Zimmer.

«Nein, warte mal. So geht das nicht.»

Doro stand mir im Weg.

«Komm mal mit.»

Sie legte mir die Hände auf die Schultern und schob mich in ihr Eckzimmer.

«Lass mal», versuchte ich.

«Setz dich», Doro drückte mich auf's Sofa. «Kriegst 'nen Tee.»

Sie schenkte mir einen Yogi-Tee ein, sagte: «Trink. Tut gut.»

Dann legte sie los. Zu viel kiffen. Zu wenig Kontakt. Zu viel Rückzug. Zu wenig Rausgehen. Sie mache sich Sorgen. Wie das denn weitergehen sollte? Ich wäre ihr wichtig. Ich solle mir auch wichtig sein. Ich müsse mein Leben ändern! Tom! Tom! Tom!!! Tu etwas!

Oh je oh je.

Und dann nahte der August. Auf meine Bewerbung als Fotografenlehrling hatte ich ungewollt eine Zusage bekommen. Nun rückte der Beginn der Ausbildung näher. Jetzt würde mein Vater erfahren, dass die Ausbildungssuche nur ein Trick war, um mir sein Geld zu sichern. Seine Unterstützung würde er sofort einstellen. Vielleicht wollte er sogar alles bisher Gezahlte zurückhaben? – Omaka hatte sich gefreut, als ich ihr von der Lehrstelle erzählte. Musste ich ihr nun die Wahrheit sagen? Wie würde sie reagieren? Ich stellte mir ihren enttäuschten Blick vor. – Und Doro zog mich immer wieder zu einem Tee auf ihr Sofa. Sie ließ nicht locker.

Warum hatte mir das erweiterte Bewusstsein im Orbit keine Vision geschickt, wie ich hier unten weitermachen sollte?

Ich war ratlos.

Ich hatte keine Lösung.

Und so begann ich am 1. August meine Ausbildung zum Fotografen.

III

Nun war ich Lehrling. Kein Landkommunarde, kein Politschauspieler, kein gefeierter Rockstar und kein erleuchteter Eremit. Ich war Fotografenlehrling. Statt biologischen Anbaus, mitreißender Bühnenpräsenz, perlender Bassläufe oder bewusstseinserweiternder Meditationstechniken lernte ich: das Einlegen von Planfilmen (Kerbe oben rechts), die Entwicklung von Strichfilmen (bei Rotlicht), die Vermeidung stürzender Linien (durch Standartenverschiebung) und Begriffe wie Farbtemperatur, Scheimpflug-Effekt und Kaliummetabisulfit. Letzteres war die Einstiegsdroge für neue Lehrlinge. Zur Begrüßung hielt mir mein Vorgänger Rüdiger die braune Glasflasche mit Kaliumsalz vor die Nase: «Hol' mal ganz tief Luft. Kommt echt geil!» – Es ätzte wie Sau – und Rüdiger hatte seinen Spaß. Schön, dass er nur noch eine Woche im Betrieb sein würde. Große braune, blaue und weiße Glasflaschen wie in alten Apotheken gab es reichlich. In jeder war eine andere Chemikalie, ich musste bei allen wissen, wofür sie verwendet wurden. Dabei hatte ich Chemie schon in der Schule gehasst und die Stunden bei Herrn Dr. Kaminsky liebend gern geschwänzt. Blaumachen ging jetzt aber nicht, denn ich steckte mitten in einem kleinen Familienbetrieb; war fortwährend unter Beobachtung.

Das tägliche Programm stand nun in krassem Gegensatz zu meinem bisherigen WG-Leben. Arbeitsbeginn war entweder um sieben Uhr morgens oder um halb neun. Die ‹Frühschicht› musste die Dunkelkammern vorbereiten, Entwickler ansetzen und Maschinen temperieren. Die ‹Spätschicht› räumte abends auf, schrubbte die Schalen und deckte Vergrößerungsgeräte ab. Ich hätte gern die ‹Mittelschicht› gebildet, denn ich fand sowohl die ewig gleichen Vorbereitungen als auch das Aufräumen – das penibel überprüft wurde – äußerst öde.

Egal, ob ich für ‹Früh› oder ‹Spät› eingeteilt war, ich musste für meinen Geschmack generell viel zu früh aufstehen. Wenn ich im Betrieb eintraf, war ich immer müde. Oft ging es gleich zu Beginn des Tages auf Tour. Dann musste ich den Wagen mit Großbildkamera, Stativen und Blitzanlage beladen; der Chef stand kontrollierend daneben, setzte sich dann ans Steuer und chauffierte uns zu irgendeinem Industriegebiet im Hamburger Umland. Der Boss wurde von allen ‹Chef› genannt, auch von seiner Ehefrau und seinem erwachsenen Sohn, die beide in der kleinen Firma mitarbeiteten. ‹Chef› war von Natur aus ein Frühaufsteher.

Wenn wir zu Aufnahmen fuhren, waren unsere Zielobjekte meist Maschinenfabriken, denn ‹Chef› war Industriefotograf. Ich schleppte also Halogenlampen (bei Schwarzweißaufnahmen) oder Blitzlichtaggregate (für Farbbilder) durch Fabrikhallen, verlegte endlose Kabelstrecken und baute die Großbildkamera auf. Je mehr ich lernte, desto mehr musste ich tun – ‹durfte ich tun›, sagte ‹Chef›. Schließlich korrigierte ‹Chef› nur noch, schob noch mal eine Lampe zehn Zentimeter nach links und dann wieder zehn Zentimeter nach rechts oder verstellte die bereits von mir justierte Schärfe, nur um gleich danach wieder scharf zu stellen. Dann belichtete ich pro Motiv zwei Planfilme 13x18, die ich morgens selbst eingelegt hatte (Kerbe oben rechts).

Nicht nur mein neuer Tagesrhythmus, auch die neue Umgebung unterschied sich extrem vom bislang Vertrauten. WG-konform waren ausufernde Diskussionsrunden mitten im Küchenchaos – fremdartig Betriebskantinen mit schweigsamen Essern in Dreißig-Minuten-Taktung. Alltäglich waren für mich ironische Frotzeleien über gesellschaftliche Absurditäten – gewöhnungsbedürftig zackige Arbeitsanweisungen und straffe Hierarchien. Irgendetwas geriet da in meinem Leben heftig auf Kollisionskurs. Am krassesten spürte ich das, wenn ich am Wochenende in meinem Wohngemeinschaftszimmer auf dem Matratzenlager saß und kiffte.

Wenn ich nach einem tiefen Zug am Joint in den Orbit abdüste, war die Entfernung zur Erde noch größer als bisher. Ich guckte von oben auf mich herab und fragte entgeistert: Was tue ich da unten bloß? Aus dem Orbit betrachtet wirkte mein Leben als Fotografenlehrling wie eine fremdartige Lebensform auf einem unbekannten Wüstenplaneten. Mir erschien der irdische Tom wie ein grünes Männchen auf dem Mars - oder eher: ein graues Männchen auf dem Pluto – sehr weit von meiner Seele entfernt.

Ich saß in der Klemme. Die neue Lebensform passte mir überhaupt nicht. Aber: Was sollte werden, wenn ich die Lehre schmiss? Jetzt hatte ich die Halbwaisenrente, das Lehrgeld und dazu noch väterliche Zahlungen. Wenn ich wie damals bei der Schule kündigte, würde ich überhaupt kein Geld bekommen, könnte nicht mal mehr mein Zimmer bezahlen und müsste die WG verlassen. Und dann? Ich hatte keinen blassen Schimmer. Vielleicht sollte ich mich doch von allem Materiellen lösen und in den Ashram nach Poona gehen? Einige waren schon vor Jahren zu Bhagwan abgewandert und nicht mehr zurückgekommen. Die waren sicher längst erleuchtet.

Ich entschloss mich zu einem Experiment. Ich würde bekifft in den Betrieb gehen. Bekifft hätte ich den Durchblick, dann würde ich schon sehen, wie es weitergehen sollte und eine Entscheidung fällen können.

«Tom!»

Ich beobachte die sich drehenden Walzen der riesigen Maschine. Bei jeder vierten Umdrehung höre ich ein schnarrendes Geräusch, dem zwei kurze Plopps folgen. Dann heben sich die mittleren Walzen, ein Gitter schiebt sich dazwischen und ein gelbes Lichtzeichen blinkt auf.

«Tom?»

Und wieder: Die Walzen drehen sich viermal, das Schnarren ertönt, dann die beiden Plopps; die Mittleren heben sich, das Gitter kommt und das Lichtzeichen blinkt. – Vier mal Drehung – schnarr – plopp-plopp – schieb – blink. – Vier mal Drehung – schnarr – …

«Tom!!»

Das Drehen der Walzen ist magisch. Das schnarrende Geräusch mit den beiden Plopps klingt wie ein Rhythmus von Kraftwerk. Geil!

«Verdammt noch mal, - TOM!!!», brüllt der ‹Chef›.

Ich zucke zusammen. Ich drehe meinen Kopf von der Maschine weg in Richtung ‹Chef›. Die Drehbewegung fühlt sich an, als würde sie eine Stunde dauern.

«Nun komm mal in die Hufe, Junge!»

Ich schaue ‹Chef› ins Gesicht. Mir scheint es, als hätte ich diesen Mann noch nie gesehen. Fremdheit pur. Ach ja: du ‹Chef›, ich Lehrling.

«Los, Tom! Hol' die Kabeltrommel aus dem Wagen und schließ die Blitze an. Aber fix!»

Ich nicke und gehe los.

Beim Weg durch die Fabrikhalle in Richtung Auto spüre ich, wie jeder Schritt durch meinen Körper federt, meine Arme schwingen dazu, als wären sie Flügel. Die Bewegung ist mit meinem Herzschlag synchronisiert. Ich gehe bis zum großen Rolltor, verlasse die Halle, komme an der Laderampe vorbei und erreiche den Parkplatz. Ich bin ein Riese in einer winzigen Welt. Am Auto angekommen, öffne ich die Heckklappe. Sie macht ein Quietschgeräusch, wie in einem alten Horrorfilm. Klingt super. Ich schließe die Klappe wieder. Ich öffne sie nochmal. Es quietscht. Super. Ich schließe sie. Ich öffne sie - Quietschen. - Schließen, Öffnen, Quietschen. - Schließen …

«Karre kaputt?» Ein Arbeiter im Blaumann steht neben mir.

Ich starre ihn schweigend an.

Er feixt: «Ja, ja. Jeder Popel fährt 'nen Opel!»

Dann ich, deutlich zeitversetzt: «Klappe klemmt.»

«Na dann Mahlzeit!», sagt er und geht in Richtung Halle.

Mir fällt die Kabeltrommel wieder ein. Ich öffne die Heckklappe. Sie quietscht. Ich bin versucht, sie noch mal zu schließen und wieder zu öffnen, aber ich hole die Trommel heraus und schließe die Klappe endgültig.

Als ich mich zur Fabrikhalle umdrehe, sehe ich ‹Chef› im Rolltor stehen. Mit verschränkten Armen schaut er zu mir rüber. Der Arbeiter im Blaumann kommt an ihm vorbei.

«Dein Stift ist ja 'ne richtig helle Leuchte!», sagt er zu ‹Chef› im Vorübergehen. Ich mache mich mit der Kabeltrommel auf den Weg und fühle mich wie ein Zwerg in einer Welt von Riesen.

Am nächsten Arbeitstag wurde ich gleich morgens zu ‹Chef› zitiert. Was denn mit mir los gewesen wäre?

«Deine Tage kannst du ja nicht haben!»

Kopfschmerzen, schob ich vor. - Zu viel getrunken? - Nein, nein. - Feiern tut man am Wochenende! Und wer feiern kann, der kann auch arbeiten. - Ja, klar. - Darf nicht wieder vorkommen. - Ne, ist klar. - Mach dich an die Arbeit. - Ja, sofort. - Schwamm drüber. - Danke. - Ab mit dir!

Lehrling Tom befand sich wieder auf dem Erdboden und seine Füße trugen ihn an jedem Werktag morgens in den Betrieb und abends zurück in die WG. Wollte er das wirklich?

Nach drei Monaten ging ich zu ‹Chef› und kündigte.

• • •

Doro und ich hatten Omaka sonntags zum Kaffee eingeladen. Ihretwegen hatten wir auf unseren Küchentisch eine Tischdecke mit blauem Blümchenmuster gelegt (ein Geschenk von ihr), richtigen Filterkaffee gekocht (wir tranken sonst Nescafé oder Kräutertee) und einen Apfelkuchen mit Sahne produziert (Doro buk, ich schlug). Jetzt saßen wir zu dritt in unserer Küche. Zur Untermalung dudelte der Kassettenrekorder eine etwas eiernde Fassung der Mandolinenkonzerte von Vivaldi - eine musikalische Neuentdeckung von mir (kam bekifft aber nicht so gut). Nachdem jeder von uns ein bis drei Stück des etwas klitschig-feuchten, aber leckeren Kuchens gegessen hatte (Omaka eines, ich zwei, Doro drei), schnappte sich Omaka meine Hand.

«Mein Tomchen, du musst deine Ausbildung weitermachen!»

Ich schwieg.

«Dein Lehrherr lässt bestimmt mit sich reden», fuhr sie fort, «du hast dich doch gut geführt.»

Ich dachte: Wegen guter Führung früher entlassen – das passt doch.

«Bitte geh zu ihm und entschuldige dich. Sag, dass du weitermachen möchtest!» Dabei drückte Omaka meine Hand etwas fester und schaute mir intensiv in die Augen. Oh je, was für eine Predigt. Mir fiel nichts zur Erwiderung ein.

«Tomchen, bitte!»

Ich schluckte.

«Dein Vater sieht es genauso», ergänzte Omaka. Auch das noch, was hat denn der damit zu tun? Reden die miteinander?

«Er unterstützt dich doch, damit aus dir mal etwas wird.»

«Deine Oma hat recht», kam nun auch noch von Doro. Die beiden nahmen mich in die Zange! Ich wäre gern unter den Tisch geschrumpft.

Omaka nickte bestätigend und drückte meine rechte Hand.

«Tom, bitte!!!», sagte Doro und griff sich meine linke Hand.

Beide schauten mich an und schwiegen synchron.

Ich spürte Doros warmen Händedruck links, Omakas kühleren rechts.

Sie hatten mich. Ich konnte nichts machen. Mir kamen die Tränen. Sie waren nicht zu stoppen.

Ich zog meine Hände vom Tisch, stand auf und verließ so schnell wie möglich die Küche. Im Flur riss ich meinen Parka vom Haken, verließ die Wohnung und knallte die Tür zu. Treppe runter.

Ich zog die Kapuze tief über den Kopf und lief ziellos durch die Straßen. Wie so oft im November war es feucht, windig und grau in Hamburg. Mir war kalt. Ich überquerte das Heiligengeistfeld, eine weite, öde Fläche; dann kamen die Wallanlagen. Planlos ging ich weiter bis zur Alster – dorthin, wo ich früher mit meiner Mutter spazieren gegangen war. Die Außenalster lag grau unter den tief hängenden Wolken. Das gegenüberliegende Ufer war kaum zu sehen. Schließlich bog ich in unsere alte Straße ein und stand vor unserem Haus am Kanal. Ich blickte an der Fassade entlang nach oben. Im dritten Stock auf der linken Seite brannte Licht. Unser Wohnzimmer. Ich stellte mir vor, dass meine Mutter dort oben saß und las, ihr Buch auf dem Schoß, eine Zigarette in der rechten Hand, den roten Aschenbecher neben sich.

Ich ging zum Hauseingang. An unserer Klingel stand jetzt ‹Behrmann›. Rechts davon ‹Franken›. Unser Nachbar war also noch da. Der Name seiner Partnerin in ‹wilder Ehe› wurde auf dem Klingelschild immer noch verschwiegen. Ich umrundete das Haus und kam ans Ufer des Kanals. Inzwischen nieselte es. Hier hatte ich gespielt, hier war ich während der Sturmflut ins Wasser gerutscht. Viel hatte sich nicht verändert, nur die Büsche und Bäume waren gewachsen. Eine Weile schaute ich auf das Wasser. Eine einzelne Ente schwamm vorbei, dann schob die Strömung ganz langsam ein Brett und danach einen gelben Plastikkanister durch's Bild. Ich wartete ab, bis beide unter der Brücke verschwunden waren und machte mich wieder auf den Weg nach St. Pauli.

Als ich anderthalb Stunden später die Tür unserer WG aufschloss, kam mir Doro entgegen und nahm mich in den Arm.

«Zieh den nassen Parka aus. Komm.»

Sie zog mich in die Küche, schob mich auf einen Stuhl und stellte mir einen Teller mit Kuchen vor die Nase.

«Iss. Ich mach dir einen heißen Tee.»

«Danke», sagte ich. Mein erstes Wort seit Stunden.

Auf dem Tisch lagen Omakas Spielkarten, das abgegriffene Rommé-Blatt, dessen Könige, Königinnen, Damen und Buben ich seit meiner Kindheit kannte und von denen ich genau wusste, wer welche Haarfarbe hatte und welche Kleidung trug. Kreuzbube mit gezwirbeltem Schnurrbart und roter Schärpe. Herzdame in Blond, blaues Kleid, Spitzenkragen.

«Die Karten hat deine Oma hiergelassen. Für's nächste Mal.»

Omakas Wolldecke wäre jetzt auch nicht schlecht gewesen.

«Du sollst sie anrufen. Sie macht sich Sorgen.»

Ich nickte. Dann stellte mir Doro den Tee hin und lächelte mich an: «Wir schaffen das schon!»

Ich trank den warmen Tee und aß die beiden letzten Stücke

des Apfelkuchens. Dann stand ich auf und rief meine Großmutter an.

«Omaka? Hier ist Tom. – Mach dir keine Sorgen. Ich rufe morgen meinen Lehrherrn an.»

Am Abend nach dem Besuch bei Omaka zersägte ich meine geliebte Purpfeife in kleine Teile, erwärmte mein letztes Klümpchen Shit, bröselte es darüber, wickelte das Holz-Haschisch-Gemisch in Zeitungspapier und verbrannte alles in einer feierlichen Zeremonie im Hinterhof. Der nächste Tag begann damit, dass ich ‹Chef› mitteilte, ich würde weitermachen. ‹Chef› nickte nur und schickte mich in die Dunkelkammer. Immerhin ins Farblabor. Da war es bunter.

• • •

Doros Ansage ‹Wir schaffen das schon› hatte mir gut getan. Das ‹Wir› klang nach Unterstützung, fühlte sich warm an; schloss gemeinsames Durchstehen von Widrigkeiten ein. Wie dieses ‹Wir› allerdings in der Praxis aussehen sollte, war nicht ganz klar. Ich setzte meine Lehre nun doch fort – und Doro hatte sich in Billie aus München verliebt und wollte nach Bayern ziehen. Aus unserem wohngemeinschaftlichen Zusammenleben würde eine freundschaftliche Fernbeziehung werden. Naja, ich wusste ja: Diese Vorstellungen von einem ‹Wir› sind ohnehin nur schöner Schein. Nette Idee. Verlockend – aber kindisch.

Ich hatte keine Lust auf neue Konstellationen in der WG und suchte eine eigene Wohnung. Hier half zu meinem großen Erstaunen ‹Vizemutter› Hannelore. Sie hatte von einer Kollegin gehört, dass jemand einen Nachmieter für eine kleine Wohnung in Eimsbüttel suchte: 1 1/2 Zimmer, Küche, Klo, Ofenheizung. DM 140,- monatlich, ohne Courtage. Das klang gut. – Es klappte. Hannelore sorgte dafür, dass mein Vater als Bürge eintrat, und ich bekam einen Mietvertrag ab Januar.

Doro und ich wurden wehmütig, wenn wir an das Ende unserer Wohngemeinschaftszeit dachten. Den Abschied aus der

WG (oder aus unserer Sicht ihre Auflösung) wollten wir groß feiern. Wir wollten ein Signal setzen und damit unsere neuen Lebensphasen markieren.

«Wir schneiden uns die Haare ab», schlug Doro vor.

«Echt? – Nee!», gab ich zurück.

«Doch, du schneidest meine ab und ich deine.»

«Mhm.» Ich war unschlüssig. Meine langen Haare waren schließlich ein gesellschaftspolitisches Statement.

«Billie steht eh auf kurze Haare und aus dir machen wir 'nen richtigen Kerl!», grinste Doro. «Ne, mal in echt. Lange Haare sind doch gar nicht mehr angesagt. Kurz ist cooler.»

Kurze Haare, so richtig kurze, waren ein Zeichen gegen oberflächlichen Schönheitswahn, ein Bekenntnis zum existenziellen Kern, ein Nein zu aufgesetztem Getue. Also auch eine Form, der materialistischen Gesellschaft eine Absage zu erteilen.

Nachdem die Idee ein paar Tage in mir gegärt hatte, stimmte ich zu. Wir wollten die gegenseitige ‹Beschneidung› richtig zelebrieren. Wir räumten den Küchentisch zur Seite, hängten den großen Badezimmerspiegel ab und lehnten ihn an den Küchenschrank. Stellten einen Stuhl in die Mitte des Raumes. Dann zündeten wir Kerzen an, schoben eine Mixkassette mit Musik von Joan Armatrading, Bill Withers und Stevie Wonder in das Tapedeck und öffneten eine Flasche Rotwein. Die beiden einzigen noch intakten Weingläser polierten wir auf Hochglanz und stellten sie daneben. Schließlich legten wir die Haushaltsschere mit den roten Plastikgriffen auf ein lila Samtkissen aus Doros Bestand und platzierten sie wie eine Reliquie auf dem Küchentisch.

Als alle Vorbereitungen abgeschlossen waren, schenkten wir Wein ein, stellten uns vor den Stuhl in der Mitte der Küche und stießen an.

«Auf die Zukunft!», sagte Doro feierlich.

«Auf die Zukunft!»

«Wer fängt an?», fragte Doro.

«Keine Ahnung.»

«Wollen wir losen?»

«Okay.»

Doro fummelte eine Münze aus ihrer Jeans und fragte: «Kopf oder Zahl?»

«Kopf.»

Die Münze fiel auf Zahl.

«Also du zuerst», sagte ich zu Doro.

«Ja. – Aber mit Schneiden oder mit Geschnittenwerden?»

Ich zuckte mit den Schultern.

«Wir losen nochmal», meinte Doro, «ich bin Erste, das ist klar. Jetzt steht Kopf für ‹Geschnittenwerden› und Zahl für ‹Schneiden›. Okay?»

«Okay.»

Die Münze fiel auf Kopf.

Doro setzte sich auf den Stuhl, ich griff zur Schere.

«So richtig kurz?», fragte ich.

«Na klar, wenn schon, denn schon.»

«Gut.»

Ich begann an Doros linker Seite. Während ich mich über ihren Hinterkopf nach rechts vorarbeitete, bekam ich langsam Übung darin, krasse Durchblicke auf die nackte Kopfhaut zu vermeiden. Nach zehn Minuten war ich fertig. Bei mir begann Doro auf der rechten Seite, sodass die linke besser ausfiel. 15 Minuten.

Wir schauten in den Spiegel. Verblüffend. Zwei vertraute Fremde. Wir stellten die Kleinbildkamera auf den Küchentisch und machten Doppelportraits mit Selbstauslöser. Am besten sahen wir aus, wenn wir unsere Köpfe so aneinander schoben, dass Doros schlechte linke Seite an meiner schlechten rechten lag. Anders herum sahen wir aus wie zwei gerupfte Hühnchen.

Den Termin der Abschiedsparty hatten wir auf ein verlängertes Wochenende gelegt. Wir wollten es so richtig krachen lassen. Inklusive Erholungsphase. Alle, die früher in der WG gewohnt hatten, wurden eingeladen: Siegbert, Harro und Melanie, Annegret, Lisbeth und natürlich Step. Jeder bekam die Auflage, möglichst viele Freundinnen und Freunde mitzubringen und natürlich entsprechende Mengen Alkohol.

Ich freute mich sehr, dass Step tatsächlich kam. Inzwischen

auch kurzhaarig. Der definitive Beweis: Kurz war cool! Mit Siegbert konnte ich nichts mehr anfangen; der oberpolitische Harro und Melanie hatten geheiratet, sie war schwanger und hatte die Befehlsgewalt übernommen. Annegret erschien nicht, aber Lisbeth verblüffte mich durch eine megaselbstsichere Ausstrahlung und scharfen Wortwitz - allerdings redete sie prinzipiell nicht mehr mit Männern. Viele Freundesfreunde, Freundinnenfreunde, Freundesfreundinnen und Freundinnenfreundinnen kamen. Die Bude war voll, die Alkoholvorräte wurden von jedem neuen Besucher aufgefüllt und ebenso schnell wieder geleert. Wir waren alle ziemlich schnell ziemlich betrunken. Durch die Wohnung dröhnte die Debüt-LP der Nina Hagen Band. Wir tanzten, aßen Nudelsalat, tranken Wein, Bier und Persiko, redeten und tanzten weiter.

Step hatte einen Freund aus Berlin mitgebracht: Mike, einen schwarzen Amerikaner. Mike sah toll aus, er war schlank, etwa so groß wie ich und zeigte vor allem ein wunderbar strahlendes Lächeln mit schneeweißen Zähnen. Wenn mich dieses Lächeln im Vorbeigehen oder -tanzen traf, wurde ich verlegen. Gleichzeitig merkte ich, dass ich ständig danach Ausschau hielt, wo sich Mike gerade befand - und dass ich ihn intensiv beobachtete, wenn ich mich von ihm unbeobachtet fühlte. Mann, sah der gut aus! Als ich mir meinen fünften oder sechsten Persiko aus der Küche holen wollte, rauschte ich direkt auf Mike zu. Ausweichen, ohne aufzufallen, ging nicht.

«Hi, I'm Mike!», stellte er sich vor.

«Oh. Äh. - Hi. - I'm Tom!»

«Nice to meet you!» Mike strahlte mich an.

«Äh, ja. - Me too!» Oh je, sagt man das so? Mein Schulenglisch lag seit Längerem brach und war ohnehin rudimentär.

Mike lächelte.

«Were do you come from?», fiel mir ein. Glück gehabt.

«From the States. Boston.»

«Aha. Äh, I'm from Hamburg.» - Mein Gott, was für eine bescheuerte Aussage. Das dürfte ihm klar gewesen sein.

Mein Gehirn ratterte. Was sag' ich denn jetzt? Irgendetwas mit Ostküste? East Coast? Vielleicht heißt die in Amerika ganz anders. Liegt Boston überhaupt an der Ostküste? – ‹How old are you?› fiel mir als Möglichkeit ein. Nee, blöde Frage. Ratter. ‹How do you do?› Geht auch nicht, das ist doch eine Begrüßungsfloskel, oder? ‹How are you?› Wäre das passend? Innerlich rauchte mein Kopf, äußerlich grinste ich dämlich. Mike lächelte charmant.

Step erlöste mich, indem er Mike am Arm packte und durch die Wohnung zog: «Come on! Let me introduce you to some of my friends!«

Cool und lässig wie immer.

Im Gehen drehte sich Mike noch einmal zu mir um: «See you later!»

Ich stand da wie bedeppert. Wow, ist der Typ toll.

Eine gute Stunde später war ich in etwa bei Persiko zehn oder elf angelangt, auf der Grundlage von diversen Gläsern Wein, Bier oder was auch immer. Ich tanzte nicht mehr, sondern torkelte.

Ich fand Mike in unserem Zimmer vor dem Kachelofen. Er redete mit jemandem, den ich nicht kannte. Ich steuerte direkt auf Mike zu. Er sah mich an – und lächelte. Ich torkelte vorwärts und zielte direkt auf seinen Kopf. Dann drückte ich meinen Mund mitten auf sein wunderbares Lächeln. Mein Gott, was tu ich da! Mike war verdattert, aber dann öffnete er seinen Mund für viel mehr als ein Lächeln.

Wir küssten uns eine gefühlte Ewigkeit, dann kippte ich ihn oder er mich oder wir uns auf meine Liegewiese, mitten zwischen den Gästen. Dezenterweise zogen sich diese nach und nach zurück. Der Letzte machte die Tür hinter sich zu.

Die Nacht mit Mike war großartig, leidenschaftlich, geil. Kein Funken von Unsicherheit oder Verlegenheit. Nähe, Lust, Ekstase. Mann, fühlte der sich gut an, roch der gut, war der sexy! Und: Mann, war es toll, dass Mike mich auch so toll fand! – Irgendwann schliefen wir ineinander verschlungen ein.

Am späten Vormittag wachte ich mit einem dicken Kater auf. Mein Kopf lag in Mikes Nacken, meine Nasenspitze parkte hinter seinem Ohr. Ich hatte meine Arme von hinten um seine

Brust geschlungen, fühlte seine Wärme und spürte das Pochen seines Herzens. Das war schön. Als Mike aufwachte, drehte er sich zu mir um und schaute mir in die Augen. Dann sagte er: «I love you!»

Ach je. So eine Liebesnummer. Nein, nein, auf so etwas lass ich mich nicht ein. Der will aus mir und sich ein ‹Wir› machen. Aus der Konstruktion wird nichts. Da steh ich drüber.

«Sorry. I don't believe in love», sagte ich zu Mike. Immerhin mal ein Satz auf Englisch, der mir ganz gut über die Lippen ging.

«Are you kidding?», fragte Mike ungläubig.

Ich stand auf und machte Kaffee.

• • •

Meine erste eigene Wohnung war klein, aber günstig. Sogar ein kleiner Garten im Hinterhof gehörte dazu, mit einer Laube, die im Inneren ein Ausstellungsraum für antike Spinnweben war. Eingerahmt war die Gartenlaube von violettem Flieder und weißem Rhododendron. Der blühende Flieder zeigte den Frühling an; im Winter signalisierten die Blätter des Rhododendrons Minusgrade - bei Frost hingen sie nach unten. Nachts war der Innenhof Kampfgebiet für rivalisierende Kater. Ihr Fauchen und ihre Schreie wurden zwischen den grauen Fassaden der alten Häuser verstärkt. Wenn die Kampfkatzen pausierten, hörte man manchmal ein heftig streitendes Ehepaar aus dem Nebenhaus - und anschließend ihre ebenso energische körperliche Versöhnung.

Soweit es meine Ausbildung zeitlich zuließ, stürzte ich mich in die Renovierung der Wohnung. Der kleine Raum mit dem Fenster zum Garten wurde mein Wohnschlafzimmer. Das Haus war nicht unterkellert, deshalb baute ich ein Podest gegen Fußkälte. Dadurch entstand nebenbei Stauraum für Staubsauger, Besen und Bügelbrett (ein Geschenk von Omaka, das ich nie benutzte, aber nicht wegwerfen mochte). Auf dem Podest lagen eine knallharte Matratze aus Rosshaar und ein paar Kissen, sozusagen die klassische Sitzgarnitur aus WG-Zeiten. Flokati war nicht mehr angesagt. Neben meinem Plattenspieler standen die LPs. Die Hundertergrenze hatte ich inzwischen überschritten, danach nicht mehr weitergezählt. Ein kleiner Bücherstapel lag in der Ecke. Das Licht kam von einer 40W Glühlampe, die ich in den Messingfuß einer alten Tischleuchte gedreht hatte.

Die Tapeten aus den sechziger Jahren übermalte ich hellgrau. Leider blieb die Struktur des Blümchenmusters sichtbar. Nur aus diesem Grund neu zu tapezieren, war mir jedoch zu aufwendig. Aber der Stuck wurde versilbert. Diesmal zog ich das Stuckprojekt durch. Stundenlang stand ich an Feierabenden auf der Leiter und bemalte jedes Jugendstilornament mit Silberbronze aus dem Modellbaubedarf. Es dauerte Monate.

An freien Wochenenden wurden die Bauprojekte durchgezogen: Nach dem Podest entstanden Küchenregale aus Dachlatten und Spanplatten, dann im Flur eine Kleiderkammer mit einem Vorhang aus meiner alten Indiendecke, die ich dunkelrot eingefärbt hatte. Das Bad musste ich nicht renovieren, denn es gab keins. Nur ein enges Klo in einem spitzwinkligen, dreieckigen Raum mit winziger Fensterklappe, ohne Waschbecken. Dafür stand in der Küche eine Nirostaspüle mit zwei Becken plus Ablage. Ich wusch mich an der Küchenspüle, indem ich eine große braune Entwicklerwanne als Auffangbecken davor stellte. Im Sommer duschte ich draußen mit einer Gießkanne. Ab und zu badete ich bei meinem Vater und Hannelore, deren Sanitäreinrichtung inzwischen auf den neuesten Stand gebracht worden war – jedenfalls technisch gesehen; geschmacklich hatte sie ihr Vermieter mit beigefarbenen Fliesen mit Kranichdekor beglückt. Auch meine Wäsche konnte ich dort waschen.

Seit ich die Fotografenlehre begonnen hatte, tüftelte mein Vater daran herum, wann und wie ich in seine Fußstapfen treten sollte. Mit diesen Plänen belagerte er mich bei jedem Besuch, während sich meine Wäsche in der Maschine drehte. Besonders bei zweieinhalbstündigen Kochwaschgängen war ich seinen Visionen ausgeliefert und träumte von einer eigenen Waschmaschine.

Mein Leben sah nun so aus: morgens zu früh aufstehen und

mit mauligen Menschen in der U-Bahn fahren; dann Filme einlegen, Ausrüstung schleppen, Maschinen fotografieren; Chemikalien ansetzen, Filme entwickeln, Kontakte machen, Motive auswählen, Aufnahmen vergrößern; danach Chemie entsorgen, Schalen schrubben, aufräumen; wieder mit mauligen Menschen in der U-Bahn fahren; ein bisschen im Garten oder in der Wohnung rumpütschern; abendessen, fernsehen, zu spät ins Bett gehen; morgens wieder zu früh aufstehen ...

An den Wochenenden schlief ich viel, ging manchmal ins Kino oder traf mich mit Freunden. Das war schwierig, denn die meisten kifften immer noch gern und begannen ihren Studentenalltag frühestens gegen Mittag. Ich verlegte mich von Haschisch und LSD auf Rot- und Weißwein. Das war ausbildungskompatibel und half wochentags beim Einschlafen. Auch bekamen ‹Chef› und ich in den Maschinenfabriken häufig nach vollendeten Fotoaufnahmen zur Stärkung einen Schnaps angeboten.

«Flüssignahrung für Kerle!», hieß es. Und: «Darf der Lütte auch?» Damit war ich gemeint, der Stift.

«Ist doch schon groß, der Kleine», meinte ‹Chef›.

Prost.

Meine Lehre habe ich schließlich fahrplanmäßig abgeschlossen. Ich wurde offiziell Fotograf. Der Traumberuf meines Vaters. Meiner nicht. Und nun? Endlich Landkommune, Theaterkollektiv oder Meditationszentrum? Ich bin frei, alles steht mir offen. Wo geht's hin? Eine Weltreise? Sich einfach treiben lassen? Wo werde ich landen? In Manhattan? Im Urwald? In Papua-Neuguinea oder auf den Osterinseln?

Ich landete bei einer Behörde.

Was ich zu dieser Zeit träumte:

Ich liege im Bett und schlafe. Es ist dunkel. Der Wecker klingelt. Ich taste nach ihm und schalte ihn aus. Dann suchen meine Finger die Nachttischlampe. Ich drücke auf den Schalter. Das Licht geht nicht an. Noch mal versuchen. Klick. Nichts. Klick. Wieder nichts. Es bleibt dunkel. Ich schlage die Bettdecke zurück, stehe vorsichtig auf und su-

che nach dem Lichtschalter an der Wand. Aber auch das Deckenlicht geht nicht. Ich lehne im Dunkeln an der Wand. Die Dunkelheit hat etwas Bedrohliches. Irgendetwas macht mir Angst. Ich weiß nicht, was es ist, kann nichts sehen und nichts hören. Die Bedrohung nimmt zu, die Angst wird größer. Ich versuche noch einmal, das Licht anzuschalten. Nichts. Angst lähmt mich. Ich bekomme keine Luft mehr. Bedrohung. Panik. Dunkelheit. Ich ersticke …

Ich wache auf.

• • •

Die Behörde residierte in einem größeren Gebäudekomplex in der Hamburger Innenstadt. Die einzelnen Häuser stammten aus den Fünfziger- und Sechzigerjahren sowie aus der Zeit zwischen Jahrhundertwende und Erstem Weltkrieg. Äußerlich waren die Bauten sehr unterschiedlich, gelber und roter Klinker an den jüngeren, grauer Putz und weißer Stuck an den älteren Fassaden. Innen waren alle Gebäudeteile miteinander verbunden. Durch die unterschiedlichen Geschosshöhen gab es sowohl direkte Durchgänge als auch zahlreiche Verbindungstreppen. Nie landete man beim Übergang von einem Haus in das nächste auf der gleichen Etage. Ging man vom zentralen Bau aus im zweiten Stock nach links, so betrat man dort das Hochparterre; ging man nach rechts, kam man in den dritten Stock. Bei meinen ersten Orientierungsläufen durch die Gebäude fühlte ich mich in die Treppenzeichnung von M. C. Escher versetzt, die zu Hause in meiner Küche hing.

Die Behörde, die aus diesem verwirrenden dreidimensionalen Puzzle aus Fluren, Durchgängen, Treppenhäusern, Fahrstühlen, Paternostern; Erdgeschossen, ersten, zweiten, dritten, vierten und fünften Etagen; Türen, Räumen, Sälen und Archiven; Fenstern und Durchblicken auf vier Straßen und in diverse Höfe; Ein- und Ausgängen, Zufahrten, Ausfahrten, Durchfahrten und Rampen bestand, war ausgerechnet für all das zuständig, was mit Bauen zu tun hatte. In diesem Bereich sorgte sie für Ordnung und Struktur; für Regeln und deren Einhaltung, für Bestandserhalt und Zukunftsplanung.

‹Chef› hatte mich dort empfohlen und man hatte mich zu einem Bewerbungsgespräch eingeladen. Ich hatte einen guten Eindruck hinterlassen und bekam die frei werdende Stelle. Ich sagte erst einmal zu, es sollte ja erst in drei Monaten losgehen. Bis dahin würden sich bessere Möglichkeiten auftun, und mein Leben würde sich ganz anders entwickeln.

Tat es aber nicht. Also trat ich meinen Dienst an. Nun hatte ich keinen ‹Chef› mehr, sondern einen Vorgesetzten. Rein räumlich saß dieser allerdings hinter mir, vor mir saß ein Kollege, der schon einige Jahre in der Behörde arbeitete, hierarchisch aber zwischen dem Vorgesetzten und mir stand. Berthold war zwei Jahre älter als ich, sehr groß und sehr dünn und redete hauptsächlich über sein Hobby: Computer. Er besaß einen Commodore, an dem er zu Hause ständig herumtüftelte. Er sagte, er ‹programmiere›. Für mich war Berthold ein Spinner, der auf eine Technik stand, die die Welt nicht brauchte. Berthold hatte auch schon einen der seltenen Videorekorder.

«Leider Video 2000!», klagte er. «Habe mich für das falsche System entschieden. Obwohl die Qualität super ist! Viel besser als VHS. Stirbt aber aus.»

Mir war's wurscht. Ich war stolz darauf, inzwischen ein Doppel-Kassettendeck zu besitzen, mit dem sich besonders gut Mixkassetten zusammenstellen ließen. Ich hörte jetzt die Talking Heads und Neue Deutsche Welle, von Ideal bis Wirtschaftswunder. Die Musik war kühler und technischer als das, was vorher auf dem woodstockschen Acker gekeimt war. Das Feeling der Achtziger war glatter und kälter als das der Siebziger. Ich veränderte mich dementsprechend. Äußerlich wurden Flickenjeans, Indienhemden und Flokatijacken abgelöst durch Karottenhosen, streng gemusterte Oberhemden und Jacken mit breiten Schulterpolstern. Die Haare wurden seitlich und hinten ganz kurz geschnitten, blieben oben und vorne lang und mussten regelmäßig auf korrekten Sitz kontrolliert werden. Mein Vater fühlte sich an die strengen Nazihaarschnitte seiner Kindheit erinnert. Eine völlig falsche Fährte. Kühles Styling war einfach angesagt. Auch bei der Inneneinrichtung. So konnte der silberne Stuck in meiner Wohnung bleiben (gut, dass ich mich nicht für Gold entschieden hatte!), auf die grau gestrichenen Tapeten malte ich türkisfarbene Zickzacklinien. Von links unten bis rechts oben, quer über eine ganze Wand, wie ein langer, eisiger Blitz. Das Holzpodest hätte ich am liebsten mit industriellen Stahlplatten belegt, doch das war zu teuer. Wenigstens wurden die selbstgezimmerten Holzregale in der Küche durch Metallablagen ersetzt. Zu Hause gelang der Wechsel in die neue Zeit.

In der Behörde klebte ich mitten in den Fünfziger- bis Siebzigerjahren fest. Rollschränke und Aktenregale aus abgenutztem Holz umgaben mich, Schreibtische mit grau-grünen Linoleumauflagen und Stempelkarussells aus Blech. Riesige, hellgraue Telefone mit speckigen Wählscheiben und blass glimmenden Druckknöpfen für interne Verbindungen hingen an Schwenkarmen über den Tischen. Zierpflanzen standen auf Fensterbänken: Sansevierien, Monstera und einige seit der Kaiserzeit vor sich hinsterbende Kakteen. Ähnliche naturnahe Arrangements fand man in fast allen Räumen – der Anblick von Staatsbediensteten in weinroten Pullundern und braunen Sandalen, die mit Gießkannen in der Hand über die langen Flure wanderten, war Ausdruck alltäglicher Geschäftigkeit.

Als Erstes lernte ich, dass die offizielle Anwesenheitszeit am Arbeitsplatz in keinem Verhältnis zur erbrachten Arbeitsleistung stand. Erste Indizien hierfür entdeckte ich zunächst in anderen Abteilungen. In einem Amt gab es einen leitenden Mitarbeiter, der neben seiner behördlichen Beschäftigung noch eine Kneipe betrieb. Nachmittags, wenn es in der Behörde keine öffentlichen Sprechzeiten mehr gab, stand er dort am Tresen. Wenn dann der Abend nahte, kam er noch einmal zurück an seinen Arbeitsplatz, schaute kurz in das Posteingangsfach, verlegte Eingänge in das Fach ‹Zu bearbeiten› und ging an der Stempeluhr vorbei in den Feierabend. Eine andere Abteilung hatte einen Fahrer nebst Dienstwagen, der ausschließlich damit beschäftigt war, diverse Ämter mit Obst und Gemüse aus dem Alten Land zu versorgen; für den privaten Gebrauch. In Sachen Work-Life-Balance konnte man in der Behörde wirklich etwas lernen.

Dank Bertholds kollegialer Hinweise erkannte ich, dass der Vorgesetzte für die Erledigung von Aufträgen etwa viermal so viel Zeit benötigte wie wir. Das wirkte sich auf unsere Arbeitszeitgestaltung aus. Wenn ich mit Berthold im Farb- und im Schwarzweißlabor arbeitete, schob jeder von uns im Abstand von etwa fünfzehn Minuten einzelne Fotopapiere in die Entwicklungsmaschinen. Diese dienten dem Vorgesetzten, der ab und zu eine Kontrollrunde unternahm, als überzeugende Nachweise unserer Arbeitsleistung. In den viertelstündigen Zwischenphasen trafen Berthold und ich uns im Negativlabor, das im hintersten Teil des Dunkelkammertraktes lag, durch mehrere Lichtschleusen vor schnellem Zugang von außen gesichert. Dort spielten wir Karten oder Brettspiele, die Berthold in seinem Spind deponiert hatte. Ganze Arbeitstage konnten wir so verbringen, nur kurz unterbrochen zum Einschieben eines neuen Fotopapiers - und natürlich durch ausgedehnte Frühstücks-, Mittags- und Kaffeepausen.

Der perfekte Tagesablauf war: Morgens gegen halb acht zum Frühstücken in der Behörde eintreffen. Um acht Uhr gestärkt bei der Fahrbereitschaft einen Dienstwagen reservieren. Um halb neun schwer bepackt mit Kameraausrüstung dem Vorgesetzten begegnen, der gerade seinen Dienst beginnt. «Moin!» und «Außendienst!» sagen, dafür ein «Gut Licht!» ernten. Wenn man sich ein Arbeitspensum zusammengestellt hatte, für dessen Erledigung der Vorgesetzte acht Stunden benötigt hätte, folgten nun auf zwei Stunden Arbeit sechs Stunden Freizeit. Das reichte zum Sportclub- oder Schwimmbadbesuch, für Einkäufe und Waldspaziergänge oder für mehr als zwei Kinofilme. Nur einmal, als ich von einem Außendienst mit einem anderen Haarschnitt zurückkam, guckte mein Vorgesetzter komisch. Ein bisschen besser aufpassen sollte ich also doch.

«Hast du sie schon gesehen?», fragte mich Berthold.

«Wie? - Wen?» Ich schaute zu ihm herüber. Berthold glühte mich mit leuchtenden Augen an.

«Na, die Neue!»

«Wer?»

«Die Neue!»

«Was ist mit der?»

In unserer Abteilung gab es zwei weitere Kolleginnen, die beide um die sechzig waren. Beide waren bei geringer Körperhöhe von eher kräftiger Statur und trugen dauergewellte graue Haare. Von hinten konnte man sie leicht verwechseln. Da half es, dass die eine, die als Laborantin arbeitete, im Dienst immer einen weißen Kittel trug; die andere war Archivarin und trug einen grauen.

Die weißbekittelte Kollegin sollte nun pensioniert werden. Als Nachfolgerin stellte ich mir ein ähnliches Kaliber vor, nur etwas jünger. Die leuchtenden Augen meines Kollegen Berthold drückten etwas anderes aus.

«Die sieht richtig süß aus!»

«Aha.»

«Blond! Schlank! Blaue Augen!»

«Na toll.» – Da wurde wohl Bertholds Blondinenklischee bedient.

«Ist noch ganz jung!» – Juchhu, Lolita kommt.

«Und super nett!»

«Ah ja.» – Klingt nach goldigem Plapperengel.

«Nächsten Montag ist sie hier!» Berthold strahlte. «Und ich darf sie einweisen!»

Herzlichen Glückwunsch, Herr Kollege! Viel Spaß in der Dunkelkammer!

Am Montag kam die neue Kollegin. Berthold hatte sie direkt beim Pförtner in Empfang genommen und schob sie durch die Tür.

«Hallo, ich bin Svenja!»

Sie sah wirklich hübsch aus. Lange blonde Haare und ganz schlank. Frisch und nordisch, ein bisschen skandinavisch, fand ich.

«Hallo. Ich bin Tom. Willkommen im Reich der geordneten Niveauunterschiede!» Das sollte eine lustige Anspielung auf den Gebäudekomplex sein. Und auf die Behördenhierarchien.

Svenja guckte irritiert. Berthold zeigte mir hinter ihrem Rücken einen Vogel. Soll er doch froh sein, dass die Neue mich gleich blöd findet und sich voll auf ihn konzentriert!

Aber Svenja lächelte freundlich und sagte: «Hallo Tom.»

Berthold hatte recht, sie machte wirklich einen netten Eindruck; offen, locker und sympathisch.

«Ich zeig dir gleich mal alles», kam sofort von Berthold. Und schon zog er Svenja aus dem Raum und begann mit dem Rundgang durch unsere Labore. Svenja lächelte mich im Gehen noch einmal an, hob dabei kurz ihre Schultern und ließ sich mitziehen.

«Bis später!»

«Ja, bis dann.»

Als Svenja in der Behörde anfing, hatte ich schon drei Jahre hinter mir. Ich hatte dem Kollegen schon in den ersten Monaten erzählt, dass ich schwul sei und dass ich Liebe für eine naive Illusion hielt.

«Und wie machst du das dann?», fragte er mich damals.

«Was?»

«Na, mit Sex und so.»

«Ach so», sagte ich.

Ich berichtete ihm, dass ich ab und zu am Wochenende jemanden mitnehmen würde oder zu jemandem mitginge, den ich beim Ausgehen kennengelernt hätte. Dann hätten wir Sex für eine Nacht oder ein paar Stunden. Dass das nicht wirklich oft vorkam, weil ich meist zu schüchtern war, um jemanden anzusprechen, erzählte ich Berthold nicht. Ich war eher auf der Metaebene unterwegs: Sex sei einfach ein körperliches Grundbedürfnis wie Essen, Trinken oder Schlafen. Das müsse befriedigt werden. Mit Beziehungen habe Sex eigentlich nichts zu tun. Jedenfalls bei wirklich erwachsenen Menschen.

«Ach so», sagte Berthold. Sein Blick verriet Skepsis.

Er war verheiratet und hatte zwei Kinder. Meine moderne Haltung zu Sex, Liebe und Beziehungen teilte er wohl nicht. Sein Blick verriet aber auch Neugier. Ein schwuler Kollege war etwas Neues.

«Weißt du», sagte er, «Technik interessiert mich nicht nur bei Computern und Video und so.»

Ich begriff nicht gleich.

«Ich meine», fuhr Berthold fort, «Technik interessiert mich auch körperlich ...»

Ich dachte an Prothesen und Rollstühle.

«Sex, meine ich. Sextechniken.»

Ups.

«Meine Frau und ich machen ganz viele Experimente.»

Ich dachte ‹Will ich gar nicht wissen!›, sagte aber «Ach so.»

Gott sei Dank klingelte in diesem Moment das Telefon.

Berthold unternahm nie wieder einen Versuch, über Sexpraktiken zu sprechen; obwohl ich mir sicher war, dass er liebend gern gewusst hätte, was wir Männer so alles miteinander treiben. Ich überlegte, ob er wohl zu Hause auf seinem Commodore Amiga experimentelle Beischlafprogramme für sich und seine Frau entwickelte. Können Computer so etwas? Keine Ahnung.

Ich nahm Bertholds fünfjähriges Dienstjubiläum zum Anlass, ihn, seine Frau und Svenja zu mir zum Abendessen einzuladen. Kochen war nicht gerade meine Leidenschaft, aber ein paar einfache Gerichte, die über Miracoli und Dosenravioli hinausgingen, konnte ich zubereiten. Ich entschied mich für Porree im Schlafrock. Den musste man nur in Kochschinken und Käsescheibletten einrollen und in einer Auflaufform in den Ofen schieben. Dazu gab es Weißwein und danach Vanilleeis mit Mandelsplittern und Cointreau. Wir saßen in meiner kleinen Küche zwischen den Stahlregalen. Vier Leute passten gerade um den runden Küchentisch, der noch aus der WG mit Doro stammte. Die Tischplatte hatte ich vor zwei Jahren dunkelgrau lackiert, die Beine hellgrau. Die Tür zum Garten stand offen und laue Frühlingsluft wehte herein. Noch blühte der Flieder nicht, doch es duftete nach Minze, die erfolgreich große Bereiche des kleinen Gartens erobert hatte. Bertholds Frau Claudia wurde mit jedem Glas alberner. Berthold lieferte ihr ständig neue Anlässe zum Gackern, indem er eine Hitparade der lustigsten Familiengeschichten abfeuerte, die seine Frau bestimmt schon tausendmal gehört hatte. Sie lachte trotzdem immer heftiger. Nachdem Claudia ihr Vanilleeis aufgegessen hatte, füllte sie ihre Dessertschale noch einmal bis zum Rand mit Cointreau und leerte sie, ohne abzusetzen. Kurz danach rannte sie auf's Klo und musste kotzen. Berthold säuberte anschließend das Gesicht seiner Frau und ihre Bluse zwischen den Geschirrbergen an meiner Küchenspüle.

«Ich gebe Claudia mal ein frisches T-Shirt von mir», bot ich an, «und dann ruf ich euch ein Taxi.»

«Okay», antwortete Berthold, dem die Situation peinlich war. Er hatte seine Frau inzwischen auf einen Stuhl im Garten an die Luft gesetzt und ihr ein feuchtes Küchentuch auf die Stirn gelegt. Umständlich tauschten sie ihre Bluse gegen mein T-Shirt.

«Ich helfe dir noch beim Aufräumen», sagte Svenja zu mir.

«Gern», antwortete ich.

In dieser Nacht blieb Svenja bei mir. Es war ihre erste Nacht mit einem schwulen Mann und meine erste mit einer Frau. Eine schöne Nacht. Sehr spielerisch, sehr locker. Wir entdeckten einander wie neugierige Kinder, die etwas Neues erforschten. Aber auch wie hungrige Erwachsene, die Spaß an ihren Körpern hatten und Lust auf Intensität und Nähe ohne Verpflichtung.

Am nächsten Morgen beschlossen wir, den Arbeitstag zu schwänzen, und gingen weiter auf körperliche Entdeckungsreise. Auch Berthold meldete sich an diesem Tag krank und erschien nicht zur Arbeit. Erst ein Jahr später erzählte er mir, dass er an jenem Abend mit seiner Frau in meinem T-Shirt noch in einen Swingerklub gefahren war. Kann man da duschen, bevor es losgeht?

Auf meine erste Nacht mit Svenja folgten weitere. Wir genossen spielerische Nähe ohne Verbindlichkeiten. Auch unser Alltag war geprägt von Leichtigkeit. Es fühlte sich so an, als machten wir Urlaub in der eigenen Stadt. Wir ließen uns treiben und nutzten den Freiraum, den der Behördenjob bot. Wir tranken montagvormittags Rosé an der Elbe, machten mittwochmittags Picknick auf den Alsterwiesen und schauten freitagnachmittags bei Regen alte Disney-Filme, die wir aus unserer Kindheit erinnerten. Nie vergaßen wir, im Anschluss noch unsere Stechkarte in die Stempeluhr zu schieben, um den Arbeitstag offiziell mit Überstunden zu beenden. Regelmäßig machten wir uns einen Spaß daraus, unserem Vorgesetzten den enormen Arbeitsaufwand zu schildern, mit dem wir einen Brückenneubau dokumentiert oder Aufnahmen beim Deichbau angefertigt hatten.

Svenjas Mutter betrieb eine kleine Pension in Keitum auf Sylt. Als Svenja ihre Mutter dort für ein verlängertes Wochenende besuchte, verbrachte ich die Tage allein in meiner kleinen Wohnung. Abends saß ich im Gärtchen unter dem Fliederbaum, der jetzt violett blühte und intensiv duftete. Ruhe und Alleinsein waren selten geworden. Svenja und ich hätten bestimmt etwas unternommen, uns mit Freundinnen oder Freunden getroffen, gemeinsam gegessen oder eine Kneipe besucht. Jetzt war es plötzlich bei mir wieder so ruhig, wie vor der Zeit mit Svenja. Ich hockte im Schneidersitz auf dem kleinen Stückchen Rasen zwischen Rhododendronbüschen, neben mir ein blassblaues Holztablett mit einem Weinglas, einer Flasche Rosé, etwas Käse und ein paar Kräckern. Ich dachte nach: ‹Svenja ist eine Frau. Bin ich jetzt bi?› – ‹Bi sein› klang für mich spießig, unentschlossen, angepasst. Schließlich wurde in den Siebzigern für die Rechte der Schwulen und Lesben gekämpft; wir hatten uns öffentlich dazu bekannt und das auch von anderen gefordert. – War meine Affäre mit Svenja zweite Wahl? Ein Ausrutscher? Nein, so fühlte es sich nicht an. Es war schön mit ihr. – Interessierten mich Männer nicht mehr? Doch. Ganz eindeutig. – Also bin ich doch ‹bi›? Steckte ich in einem neuen Coming-out als Bisexueller?

Ich beschloss, die innere Auseinandersetzung um Zuordnungen und Begrifflichkeiten als sinnloses Hirngewichse abzutun. Es passte zum Stil der Achtzigerjahre, ambivalent zu sein. Androgyne Gestalten waren angesagt. Boy George trat auf wie Sister George und die eine der Humpe-Schwestern auf dem Plattencover der Neonbabies sah aus wie ein Junge, mit weißem Hemd und schwarzer Fliege. Weg mit den Schubladen! Schluss mit der Grübelei! Kein Alarmzustand erforderlich. Abflug in den Orbit unnötig.

Und dann wurde Svenja regelmäßig übel. Wir befürchteten, dass sie sich im Tropeninstitut einen Virus eingefangen hatte. Wir hatten dort einen uralten Labortrakt fotografiert, der modernisiert werden sollte. Es hatte ausgesehen, als hätten sich jahrzehntelang sämtliche Viren unseres Planeten auf dem Boden breitgemacht und vermehrt. Aber auf Nachfrage erfuhren wir, dass keine Ansteckungsgefahr geherrscht hatte. So ein bisschen Dreck macht niemanden krank, hieß es. Auch meine eingeschränkten Kochkünste oder exzessiver Cointreau-Genuss kamen als Ursache nicht in Frage. Dennoch war Svenja regelmäßig schlecht. Zweimal hatte sie sich in der Dunkelkammer übergeben. Einmal in die Entwicklerschale, die war schnell zu säubern; das andere Mal in die laufende Rotationsmaschine, da wurde die Reinigung etwas komplizierter.

Eines Morgens – wir haben bei ihr in der Wohnung übernachtet – hat Svenja schon den Tisch gedeckt, als ich verschlafen in die Küche komme.

«Guten Morgen!», sagt sie.

«Moin», grummele ich.

«Setz dich. Ich hab' schon Kaffee gekocht.»

«Mhm.»

Als ich sitze, bemerke ich, dass der Tisch für drei Personen gedeckt ist.

«Kommt noch jemand?»

«Ja», antwortet sie.

«Wie? – Jetzt? Zu dieser Zeit?»

«Demnächst.»

«Wer denn?»

«Rate mal!»

«Deine Mutter?»

«Falsch.»

«Omaka?»

«Nein.»

«Unser Vorgesetzter?»

«Oh Gott!» Svenja schüttelt sich in gespieltem Ekel und grinst. «Ne, ne. Der doch nicht! Ich will dich doch nicht foltern.»

«Na, dann sag' schon! Wer kommt?»

«Unser Kind», sagt Svenja und legt einen Schwangerschaftstest auf den dritten Teller.

Lukas wurde an einem sonnigen Tag im Frühjahr geboren. Eingewickelt in ein weißes Frotteetuch mit kleinen rot-schwarz gepunkteten Marienkäfern legte ihn mir die Schwester in den Arm.

«Ihr Sohn!»

«Hallo Lukas ...», ich fing sofort an, mit ihm zu sprechen, «ich bin dein Papa.» Lukas schrie. Aber als ich ihn eng an meine Schulter legte und weiter mit ihm sprach, wurde er ruhig. Das rührte mich sehr. Mit einem verliebten Lächeln auf den Lippen und Tränen in den Augen redete ich leise auf ihn ein.

Die Schwester beobachtete uns einen Moment lang, dann sagte sie: «So, jetzt muss der junge Mann aber gewaschen werden. Wollen Sie?»

Klar wollte ich. Als ich Lukas wusch und dabei näher betrachtete, war ich erstaunt. Er hatte einen sehr länglich geformten Schädel, der mich an Abbildungen von Pharaonen mit eigenartig hohen Kopfbedeckungen erinnerte und viele schwarze Härchen auf dem Rücken. Die Schwester bemerkte meine Irritation.

«Alles okay mit dem Kleinen. Die Delle am Kopf geht wieder weg. Hat bei der Geburt ein bisschen lange auf's Becken gedrückt. Und die Haare auf dem Rücken verschwinden auch – dafür wachsen dann welche auf dem Kopf. Auf einem schönen, runden Köpfchen! Versprochen!»

Als Svenja Lukas zum ersten Mal sah, war der Kopf tatsächlich schon viel runder. Wegen des Kaiserschnitts erwachte Svenja erst später aus der Narkose. Ich legte ihr Lukas in die Arme. Svenja weinte. Eine Stunde später kam ihre Mutter zu Besuch. Svenja weinte. Nachmittags trafen mein Vater, Hannelore und Omaka ein. Svenja weinte.

«Ich habe mich so auf Lukas' Geburt gefreut», schluchzte sie, «und dann habe ich nichts mitbekommen.»

«Jetzt ist er doch bei dir!»

«Aber ihr habt alle schon eine Beziehung zu ihm! Ich bin eine Fremde!» Svenja weinte. Dann schlief sie wieder ein.

Svenja und ich waren glücklich mit Lukas. Sie juchzte und war zu Tränen gerührt, als er sie zum ersten Mal anlächelte. Ich konnte nicht genug davon bekommen, wie er mit seinen winzigen Händen meine Finger umfasste. Klein, aber kraftvoll. Mit dem ersten Lächeln wurde ich ein bisschen später beschenkt. Nachts schlief Lukas oft bei uns im Bett, er passte genau zwischen unsere Köpfe. Die Nächte waren kurz, wie bei allen Eltern kleiner Babys. Das machte nichts, wir teilten uns auf: Svenja stillte, ich wickelte.

Der hohe Freizeitwert des Behördenjobs kam unserem Familienleben zugute. Ich konnte während der Arbeitszeit einkaufen und auch mal die Wohnung putzen, während Svenja mit dem Kinderwagen herumfuhr, den mein Vater uns geschenkt hatte. Von Omaka hatten wir eine weiche rote Wolldecke für Lukas bekommen, sozusagen ihre ‹Damals›-Decke im Kleinformat.

Kollege Berthold nahm freundlich Anteil an unserer Familiengeschichte. Ich hatte erwartet, dass er eifersüchtig sein würde, weil ich bei der von ihm umschwärmten Svenja gelandet war. Doch es kam anders, denn die feste Mitgliedschaft im Swingerklub hatte gesicherte erotische Vielfalt in Bertholds Eheleben gebracht. Auf seine Aufforderung, wir ‹müssten unbedingt mal mitkommen›, sind wir allerdings nicht eingegangen. Auch sein Hinweis auf ‹günstige Dauerkarten› stimmte uns nicht um.

Ich hatte meine kleine Wohnung aufgegeben und war zu Svenja gezogen. Ihre ehemalige Mitbewohnerin hatte ihr Zimmer zu meinen Gunsten geräumt, genauer: zu Lukas' Gunsten, denn der zusätzliche Raum wurde zum Kinderzimmer. Svenja bemalte die Wände mit Tieren und Märchenfiguren. Die sahen sehr niedlich aus, obwohl mein Vater (als er dachte, ich würde ihn nicht hören) zu Hannelore gesagt hatte: «Da stimmt ja keine Proportion!»

«Sind doch aber sehr schöne Farben!», erwiderte Hannelore

«Ausgerechnet *du* lobst Farben!», kam von ihm.

Wir wohnten in dem Viertel, in dem ich aufgewachsen war. Die alte Wohnung am Ufer des Kanals war nur einen Katzensprung entfernt. So kam es, dass Svenja und ich mit Lukas oft zu den Alsterwiesen gingen und er dort im Schatten einer Weide auf seiner kleinen roten Wolldecke lag. Die direkte Begegnung mit dem Haus am Kanal vermied ich, die Vergangenheit war abgeschlossen, ich wollte nicht daran rühren, mein Leben hatte damit nichts mehr zu tun. Vorbei.

Mir fiel auf, dass sich mein Vater, Hannelore und auch Omaka sehr viel reger für mich und meinen Alltag interessierten, seit ich mit Frau und Kind zusammenlebte. Natürlich versorgte ich als Fotograf alle regelmäßig mit Bildern des heranwachsenden Enkels beziehungsweise Urenkels. Bei einem meiner Besuche bei Omaka stellte ich fest, dass sie ihre menschliche Ahnengalerie erweitert hatte. Ganz unten in der Reihe hingen neben mir auch Svenja und darunter Lukas. Hätten wir einen Hund gehabt, wäre wohl auch der am unteren Ende der Hundegalerie platziert worden.

«Hast du die selbst festgenagelt?», fragte ich sie.

«Ja sicher, Tomchen!», sie klang empört. «Was denkst du denn?»

Anscheinend war sie gekränkt, dass ich ihr diese handwerkliche Leistung nicht zugetraut hatte.

«Ich habe in der Nachkriegszeit unser ganzes Haus in Schuss gehalten. Das Dach repariert, Rohre geflickt, Ställe ausgemistet. Da werd' ich doch wohl ein paar Nägel in die Wand kriegen!»

«Schön, dass wir alle da zusammen hängen!», sagte ich.

«Ihr gehört doch dazu», sagte sie knapp.

Ich glaube, als Omaka Svenjas Familiennamen erfuhr – sie hieß Nordmann –, hat sie sie gleich unter ‹Gute Rasse› einsortiert. Ich hakte lieber nicht nach. Dennoch fragte ich mich, ob ich wohl mit Till oder einem anderen Freund jemals einen gemeinsamen Platz an Omakaș Bilderwand bekommen hätte.

Auch bei meinem Vater und Hannelore war zu spüren, dass sie für meine neue Form des Beziehungslebens mehr Begeisterung aufbringen konnten. In die fotografischen Expansionspläne meines Vaters wurde nun auch Svenja einbezogen. Er sprach von einem Familienbetrieb mit mehreren Sparten und diversen Angestellten, der in seinen Visionen immer weiterwuchs und sich später über viele Generationen ausdehnen würde. Lukas' Ausbildung zum Fotografen war aus seiner Sicht schon geklärt. Hannelore strickte ohne Ende und versorgte uns mit Wollkleidung in der gesamten Palette an Farben, die man sich nur vorstellen konnte - mutig kombiniert, wie immer.

• • •

Nicht so begeistert über meine neue Lebensform schienen einige meiner schwulen Freunde zu sein. Siegbert hatte ich zufällig in der Hamburger Innenstadt getroffen. Ich war gerade dabei, Aufnahmen für die Behörde zu machen, als er plötzlich neben mir stand.

«Ey, Tom! Was machst du denn hier?»

«Hi, ... Siegbert!», ich musste erst mal umschalten. Siegbert hatte zugenommen. «Ich mache Fotos.» Neben mir stand unübersehbar eine Planfilmkamera auf einem großen Stativ.

«Beruflich?»

«Ja.»

«Ist ja cool!»

«Mhm.»

«Was machst du denn genau? Architekturfotograf?»

«Ja, genau.» - Hoffentlich fragt er nicht weiter nach.

«Für welchen Architekten denn?» - Mist. Kennt der sich da aus?

«Äh, nicht direkt.» - Der Job bei der Behörde war mir peinlich.

«Wie, nicht direkt?»

«Na ja. Ich bin bei der Behörde.»

Siegbert bekam einen Lachanfall.

«Du? Bei der Behörde? Na, das ist ja megacool! Und was fotografierst du da so? Aktenberge?» - Arschloch.

«Und du?», versuchte ich die Kurve zu kriegen.

«Ich manage eine Großraumdisko in Berlin. Schwule Disko. Total angesagt. Musst mal vorbeikommen!»

«Mhm.»

«Apropos: Was machen die Männer?» - Auch das noch. Aber diesmal war ich schlagfertig.

«Ich hab' nen Neuen. Ist noch ganz jung.»

«Ach wie süß! Und wie heißt der Kleine?»

«Lukas.»

«Nett. Wie alt ist er denn: zwanzig? Achtzehn? - Sechzehn??», Siegberts Augen blitzten, « … noch jünger???»

«Ja. - Eins.»

«Wie? - Eins?»

«Eins. Ein Jahr alt.»

«Ne. Quatsch. - Das geht doch gar nicht!»

«Doch. Ich bin Papa.»

«Was?? - Du hast ein Kind??? - Mit einer Frau????»

«Genau.»

«Brrrrr. - Echt?»

«Ja.»

«Ist ja eklig.»

«Ne.»

«Na, … du musst es ja wissen!»

«Ja.»

Schweigen. - Pause. - Siegberts Gesichtsausdruck veränderte sich: Er kniff den Mund zusammen und zog eine Augenbraue hoch.

Dann sagte er spitz: «Na, dann mach's man gut.»

Im Gehen wandte er sich noch einmal zu mir um: «Und viel Spaß im Staatsdienst!»

Auch bei anderen meiner alten Freunde hatte ich den Eindruck, sie blickten mich jetzt mit Skepsis an oder hielten mich für einen Verräter an der schwulen Befreiungsbewegung. Freude machte mir allerdings Doros Reaktion, als sie von meiner Partner- und Vaterschaft erfuhr.

«Dass man Frauen toll finden kann, muss ich doch wohl als Erste verstehen», sagte sie am Telefon. «Und einen Mann, den du liebst, hast du mit Lukas doch auch noch. Was willst du mehr!»

Doro lebte noch immer mit ihrer Freundin Billie in München. Beide kamen uns besuchen, waren nett zu Svenja und süß mit Lukas - und ich genoss ein harmonisches Zusammentreffen von alten und neuen Zeiten. Und mit dem Mann, den ich liebe, hatte Doro auch recht. Vater-Sohn-Liebe, Eltern-Kind-Liebe, ja, das ist Liebe. Die ist okay.

Svenja, Lukas und ich führten ein geregeltes Leben. Das Kind bestimmte den Tagesrhythmus mit festen Mahlzeiten, Spaziergängen und Schlafenszeiten. Die Nächte wurden ruhiger, je älter Lukas wurde. Auch die kleinen alltäglichen Herausforderungen entwickelten sich altersbezogen. Zu wenig Muttermilch zum Stillen? Sekt sollte helfen. Stimmt, nur durfte die Mutter nicht zu viel davon trinken. Also trank der junge Vater den Rest, bevor er schal wurde. - Das Krabbelkind verwüstete die Schallplatten? Papa schraubte Leisten vor die Regale, die mit kleinen Vorhängeschlössern gesichert wurden. Alle losen Gegenstände in der Wohnung wurden auf einem Niveau ab einen Meter fünfzig über Null verstaut.

Mit der Zeit stellten wir fest, dass unser Leben mit Lukas unseren monatlichen Haushaltsetat aus Behördengehalt und Mutterschaftsgeld schneller aufsaugte, als er sich wieder auffüllte. Das konnte auf Dauer nicht funktionieren. Svenja wollte, dass ich mir eine andere Stelle suchte. Ich konnte mir nicht vorstellen, einen besser bezahlten Job als Fotograf zu finden. Erfolgreich sein in einem Beruf, den man nicht mochte? Daran glaubte ich nicht. Und an meine Qualitäten als Fotograf sowieso nicht. Ich war halt in der Behörde gestrandet.

Svenja war verstimmt, weil ich keine Initiative ergriff. Schließlich fand sie für sich eine Assistentenstelle bei einer bekannten Modefotografin. Halbtags. Deswegen brauchten wir einen Babysitter. Auch hier hatte Svenja eine Lösung. Der neunzehnjährige Sohn der Fotografin war gerade mit der Schule fertig, konnte gut mit Kindern und brauchte ein bisschen Geld.

• • •

Svenja hatte Spaß an ihrer Arbeit bei der Modefotografin. Unser Familienleben wurde unruhiger. Die Aufnahmesitzungen dauerten oft länger als geplant oder kurzfristige Termine wurden anberaumt, die von uns nicht eingeplant waren. Wenn dann der Babysitter nicht spontan konnte, musste ich ran.

«Bei deinem Luschenjob kannst du doch alles einrichten», meinte Svenja dann und ich wusste, dass Widerspruch zwecklos war. Sie kannte ja die Verhältnisse bei der Behörde.

Ein bisschen kam es mir vor, als hätte ich nun einen Vorgesetzten und eine Chefin, zwischen denen ich hin- und herjonglierte. Das Zusammensein mit Lukas genoss ich, fühlte mich aber oft auch zu Hause wie dienstverpflichtet. Manchmal trafen Raphael, der Babysitter, und ich aufeinander, weil sich unsere Aufpasszeiten überlappten oder nicht klar war, wann Svenja mit ihrer Arbeit fertig sein würde. Raphael kümmerte sich wirklich rührend um Lukas. Ich mochte ihn. Wenn wir gemeinsam mit Lukas spielten, klönten wir miteinander. Raphael hatte große Pläne für die Zukunft. Er wollte bald ins Ausland gehen und Architektur studieren – oder erstmal bei einem Entwicklungshilfeprojekt einsteigen – oder später Politik studieren, bei der UNO landen und für den Weltfrieden sorgen. Endgültig entschieden hatte er sich noch nicht. Ich fand seine Begeisterung charmant und bewunderte seinen Tatendrang. Gleichzeitig fühlte ich mich klein und doof und schämte mich für meinen Behördenjob und mangelnde Perspektiven.

An einigen Tagen kam Svenja aus dem Studio zurück, wenn Raphael und ich noch mit Lukas spielten.

«Iss doch mit uns», lud sie Raphael ein.

«Gern», sagte er, «danke!»

Svenja deckte den Tisch, ich machte Eisbergsalat mit Gorgonzola-Dressing und Tomaten mit Mozzarella. Raphael wurde eine Flasche Sekt in die Hand gedrückt.

«Mach auf. Gläser sind im Schrank.» Sekt hatte sich bei uns seit der Stillzeit als Standardgetränk eingebürgert.

Dann aßen wir zusammen.

Während Raphael und Svenja den Tisch abräumten, brachte ich Lukas ins Bett. Oft nickte ich mit ein, während ich eine erfundene Gutenachtgeschichte erzählte. Wenn ich mich wieder aufrappelte, saßen Svenja und Raphael im Wohnzimmer und hatten die zweite Flasche Sekt geöffnet. Svenja erzählte von den Modeaufnahmen für große Magazine, Raphael steuerte Anekdoten über seine erfolgreiche Fotografenmutter und Kindheitserlebnisse in der mondänen Welt der Mode bei. Ich blieb schweigsam. Meine Blicke blieben oft bei Raphael hängen, der nicht nur begeisterungsfähig war, sondern auch hübsch aussah. Einige dieser Blicke registrierte auch Svenja.

An Abenden, die ich allein mit Svenja verbrachte, war ich immer öfter in Gedanken versunken und abwesend. Oder ich setzte mir Kopfhörer auf und hörte Musik. Klassik hatte ich neu entdeckt. Raphael hatte von Bach und Beethoven geschwärmt. Ich hatte mir die entsprechenden Schallplatten gekauft. Es gab Abende, an denen ich alle Brandenburgischen Konzerte hörte oder zwei bis drei Beethoven-Symphonien nacheinander. Svenja ging dann ins Bett, ohne dass wir uns ‹Gute Nacht› sagten.

Ich grübelte viel. War unzufrieden. Mit mir und meinem Job. Ich hing in der Behörde fest, während Svenja mir davonlief, mit ihren Modeaufnahmen. Sie legte Tempo vor und wollte nach oben, während ich am Boden klebte. War das alles, was ich konnte? Wie würde Lukas das finden, wenn er größer wurde? Eine erfolgreiche Mutter und einen mickrigen, griesgrämigen Vater. Ich dachte an früher, an die Visionen vom ganz anderen Leben. An die Ideen von neuen Gesellschaftsformen. An hochtrabende Zukunftsträume von Landkommunen, Welterkundungen, Erleuchtungen. Und nun? Lebte ich als miesepetriger Behördenfuzzi in einer Kleinfamiliensimulation. Und hatte keine Ahnung, wie ich das ändern sollte. Das Gefühl kannte ich doch. Fühlte sich fast genauso an wie damals, als ich das Kiffen aufgab und die Lehre weitermachte. Schmeckte nach Versagen, roch nach Kapitulation. Dachte, das wäre Vergangenheit. Sogar die Sehnsucht nach dem Orbit kam zurück. Nach dem Ausklinken ins All. Mein Talent für ein glückliches Erdenleben schien begrenzt zu sein.

Eines Abends saß Svenja mit Lukas im Arm auf dem Sofa, im Fernsehen lief *Dallas*, ihre Lieblingsserie. Ich lag auf dem Boden und starrte an die Decke.

«Guck mal, Lukas», sagte Svenja mit spitzer Stimme. «Der Papa ist mal wieder im Orbit. Mit uns will er nichts zu tun haben.»

Ich sprang auf, wischte im Gehen Svenjas Sektglas und Lukas' Bauklötze vom Tisch und knallte die Tür zu. Lukas weinte.

Der Ton zwischen Svenja und mir wurde kühler. Manchmal begrüßte sie mich mit: «Guten Tag, Herr Astronaut!» Lukas gegenüber bemühten wir uns um Harmonie. Fliegende Sektgläser und Bauklötze kamen nicht mehr vor. Abende unter Kopfhörern waren selten, weil Svenja sich mit Freundinnen von früher traf und ich dann meine Ohren für Lukas offen hielt. Auch ich hatte ‹freie Abende›, die ich nicht zu Hause verbrachte.

An einem Wochenende, an dem Svenja mit ihrer Mutter und Lukas auf Sylt war, besuchte ich eine Kneipe auf dem Kiez, in der ich früher oft gewesen war. Sie hatte sich nicht verändert. Klein, dunkel, schmuddelig und brechend voll. Hier traf sich eine bunte Mischung aus Alternativen, Hausbesetzern und Schwulen. Die Wirtin war eine wohlbeleibte ältere Dame mit sehr tiefer Stimme und leichtem Bartansatz. Es wurde viel getrunken, Gin Tonic bestand mindestens aus vier Fünfteln Gin und höchstens einem Teil Tonic. An der Musicbox konnte man per Münzeinwurf ein wildes Programm aus Rocksongs, alten deutschen Schlagern, Neuer Deutscher Welle und Musik aus aller Welt zusammenstellen. Ich bestellte einen Gin Tonic und drückte an der Musicbox die Ziffern für *Smooth Operator* von

Sade, *Pata Pata* von Miriam Makeba und *Non, je ne regrette rien* von der Piaf.

Während meines zweiten Gin Tonic steht plötzlich Till vor mir.

«Hallo Tom», begrüßt er mich. Im Hintergrund singt die Piaf.

«Oh, … hallo Till.»

Er hat sich kaum verändert. Die blonden Locken sind noch da. Die Sommersprossen auch. Vielleicht ist er ein bisschen kräftiger geworden, dicker aber nicht.

«Na?», sagt Till jetzt und lächelt mich an.

Er guckt mir direkt in die Augen. Ich bin verlegen. Hoffentlich merkt er das nicht. Ich kippe den Rest Gin Tonic runter.

«Soll ich uns was zu trinken holen?», fragt Till.

Ich nicke. Er nimmt mir das leere Glas aus der Hand.

«Noch mal dasselbe?»

«Ja, gern.»

Till dreht sich um und schiebt sich durch die anderen Gäste zum Tresen. Ich weiß nicht, ob ich ganz schnell verschwinden oder hierbleiben möchte.

Till kommt zurück, in jeder Hand ein Glas.

«Bitte.»

«Danke.»

«Du bist jetzt Papa?», fragt er.

«Ja. – Woher weißt du das?»

«Spricht sich rum.»

«Mhm.»

«Und, wie ist das?»

«Was?»

«Papa sein.»

«Schön.»

«Kann ich mir denken.»

Wir schweigen. Till guckt mir wieder in die Augen. Ich ihm auch. Einen Moment zu lang. Irritation. Blick nach unten. Gut, dass ich etwas zu trinken habe. Ich nehme einen Schluck Gin Tonic. Die Musik ist aus. Eine dürre Frau mit Lederjacke, Leopardenleggins und einem auf mageren Hüften hängenden Nietengürtel steht an der Musicbox und drückt Titelnummern.

Nach kurzer Zeit erklingt *Der Räuber und der Prinz* von D.A.F. Wie kommt die ausgerechnet darauf?

«Und du?», frage ich endlich Till.

«Alternative Fahrradwerkstatt.»

«Aha. Super.»

«Ist okay.»

«Mhm.»

Wieder Schweigen. Ich will trinken, aber mein Gin Tonic ist schon wieder alle.

«Soll *ich* jetzt was holen?», frage ich Till. Sein Glas ist noch fast voll. Merke ich jetzt erst. Peinlich.

«Wir teilen uns das», sagt er und drückt mir sein Glas in die Hand.

Ich trinke einen Schluck. Die lederne Dürre steht immer noch an der Musicbox und schiebt eine weitere Münze nach. Das wird eine lange Titelliste. Ich trinke noch einen Schluck aus Tills Glas. Die letzten Takte von *Der Räuber und der Prinz*. Was wohl jetzt kommt? Die ersten Takte von *Killing me softly*. Das Lieblingslied meiner Mutter. Auch das noch. Ich trinke. Schon ist Tills Glas leer. Auch peinlich.

«Macht nichts», sagt Till. «Weißt du was? Ich wohn' gleich um die Ecke. Hab' noch Wein. Ist billiger als hier.»

«Okay.»

Wir schieben uns durch die Kneipe zum Ausgang. Als ich im Freien stehe und nicht mehr an allen Seiten von Menschen umgeben bin, merke ich, dass ich schwanke. Till lacht.

«Komm, wir kriegen dich schon die Treppe rauf!»

Er wohnt in einem Hinterhaus in einer Seitenstraße der Reeperbahn. Im vierten Stock. In diesem Zustand eine Herausforderung für mich. Till hakt mich ein. In seiner Wohnung sieht es ein bisschen aus wie früher: Es gibt noch ein Matratzenlager aus Dreiteilern mit einer indischen Decke darüber. Es riecht auch ein bisschen nach ‹unserem Damals›. Till kifft bestimmt noch. Er schubst mich auf die Matratzen, zieht mir die Schuhe aus und holt den Wein. Er schenkt zwei Gläser ein und stellt sie auf die Kiste neben den Matratzen. Dann setzt er sich neben mich, guckt mir in die Augen, lächelt bezaubernd und küsst mich. Hilfe! Was nun? Wo bitte, geht's hier in den Orbit? Tills Lippen auf meinen, seine Zunge erkundet meinen Mund …

Ich beginne zu weinen. Ich will nicht. Aber ich weine. Ich will es bremsen, aber das geht nicht. Deichbruch. Die Tränen kommen in Strömen, ich schluchze hemmungslos, bekomme kaum noch Luft.

«Ist schon gut», sagt Till, streichelt mir die Stirn und wiegt mich in den Armen. «Ist schon gut.» Immer wieder: «Ist schon gut.»

Ich werde mit der Flut der Tränen fortgespült. Ich versinke ungebremst in einem unendlichen dunkelgrauen Ozean …

Irgendwann ist es vorbei. Mein Kopf liegt in Tills Schoß, er streichelt meine Haare. Langsam beruhigt sich mein Atem.

«Warte mal 'nen Moment», sagt er nach einer Weile und steht auf. «Ich bin gleich wieder hier!»

Er kommt mit einem feuchten Waschlappen zurück, warm und weich. Er wischt mir das Gesicht ab, ganz sanft. Dann lächelt er mich liebevoll an und küsst mich zärtlich …

Später schlafe ich in seinen Armen ein.

Irgendwann am nächsten Vormittag wache ich auf. In meinem Schädel wütet eine Bohrmaschine. Till schläft noch. Leise ziehe ich mich an und schleiche aus seiner Wohnung. Gleißendes Licht, ein sonniger Sonntagmorgen auf St. Pauli. Auf der Straße ist nicht viel los. Ich komme am Haus unserer ehemaligen WG vorbei. Fremde Namen neben der Tür. Mein ehemaliges Fenster von unten. Jetzt mit Gardinen. Ich gehe zum Heiligengeistfeld und weiter zu den Wallanlagen. Ich erinnere mich an den Regentag, als ich hier entlangging, nachdem Doro und Omaka mich in die Zange genommen hatten. Nach der Lehrstellenkündigung. Bin ich heute weiter als damals? Und ich denke an Till. Es war schön mit ihm. Heute Nacht. Und damals. Raumschiff Zeigefinger auf dem Flug vom großen Wagen zum kleinen Prinzen. Lange her. Vorbei. Es ist nicht gut, an alten Türen zu rütteln. Die soll man besser zulassen. War ein Fehler. Lag am Alkohol. Was vorbei ist, ist vorbei.

Was ich zu dieser Zeit träumte:

Ich kann fliegen. Es ist ganz einfach. Mit Schwimmbewegungen komme ich vorwärts. Ich fliege durch die Straße, in der wir wohnen, etwa einen Meter über dem Boden. Es ist Nacht, niemand ist unterwegs. Ich versuche, höher zu steigen. Auch das ist ganz leicht. Ich schwimme in der Luft nach oben, kann in die Wohnungen der oberen Etagen schauen. Überall ist es ruhig und dunkel, alle Menschen schlafen. Ich steige über die Dächer hinauf und schwebe über die Stadt. Unter mir die Alster, dann die Elbe. Ich komme höher und höher, kann das Meer sehen, in der Ferne die Alpen erkennen. Es geht immer höher hinauf. Unter mir die Krümmung der Erde, über mir das Weltall. Ich steige auf bis ins All. Ich muss nicht atmen, brauche keine Luft zwischen den Sternen.

Oder: Ich gehe durch die Stadt. Es ist heller Tag, überall herrscht normaler Alltag. Menschen gehen einkaufen, Kinder zerren an ihren Müttern, Autos fahren vorbei. Ich komme zu der Straße, in der ich mit meiner Mutter gewohnt hatte. Ich sehe das Haus, in dem ich aufgewachsen war. Es liegt hinter der Brücke am anderen Ufer des Kanals. Ich gehe auf die Brücke zu und will sie überqueren. Immer mehr Menschen erscheinen auf der Straße. Als ich in der Mitte der Brücke ankomme, bin ich umgeben von einer dichten Menschenmenge. Ich komme nicht durch. Die Menschen kommen mir immer näher und bilden einen engen Kreis um mich. Alle starren mich an. Ich bin nackt.

• • •

Svenja und ich trennten uns, als Lukas zwei Jahre alt war. Ich zog in eine kleine Dachgeschosswohnung, 27 Quadratmeter, in einem ruhigen, aber biederen Viertel Hamburgs.

Vor der Trennung war ich an meinen ‹freien Abenden› ab und zu in schwulen Bars gewesen, besonders in einer, die mir gefiel, weil sie komplett aus schwarzen Wänden und metallischen Flächen bestand, die in bläulichem Licht schimmerten. Obwohl die Bar im Keller lag, fühlte ich mich wie in einem Raumschiff. Ein paar Mal hatte ich Sex mit unbekannten Männern, in einem Nebenraum des Raumschiffs. Wortlos. Einmal,

Svenja war bei Muttern auf Sylt, hatte ich einen schönen Franzosen nach Hause begleitet. Er kam aus Marseille und war zu Gast bei Freunden. Ich blieb bis zum Frühstück. Seine beiden Gastgeber waren sehr freundlich zu mir und stellten interessierte Fragen. Ich traute mich nicht zu erzählen, dass ich mit Frau und Kind zusammenlebte.

Im Gegenzug erzählte ich auch Svenja nichts von meinen Ausflügen. Ich behauptete, alte Freunde zu treffen.

Bei Svenja hatte sich der Kontakt zu Raphael intensiviert. Er kümmerte sich immer noch um Lukas, wenn wir einen Babysitter brauchten, war aber längst zum Hausfreund avanciert. Manchmal ging Svenja auch mit ihm aus, nachdem sie bei seiner Mutter im Modestudio gearbeitet hatte. Ich bekam nur einen kurzen Anruf, dass ich mich um Lukas zu kümmern hätte. Dann lud sie Raphael dazu ein, sie und Lukas auf ein Wochenende nach Sylt zu begleiten. In der Woche danach war Svenja sehr wortkarg. Am Freitag kam dann von ihr: «Du, Tom, wir müssen reden.»

Ich befürchtete, dass sie eine Ahnung davon hatte, wie weit meine abendlichen Ausflüge manchmal gingen. Ich vermutete, dass sie mit Raphael gut über persönliche Dinge sprechen konnte und ihm ihr Herz ausgeschüttet hatte. Ich erwartete, dass sie mich nun zur Rede stellen und Konsequenzen fordern würde. Wir verabredeten, Raphael zu bitten, am Samstagnachmittag auf Lukas aufzupassen, damit wir in Ruhe miteinander sprechen konnten. So kam es. Er holte den Lütten ab und wir saßen uns in der Küche gegenüber. – Und schwiegen erstmal.

«Okay», sagte Svenja nach einer Weile, «Thema heute: Männer.»

Ich hatte es geahnt.

«Im Leben läuft's ja nicht immer so, wie erwartet», fuhr sie fort, «da passieren halt Dinge, mit denen man nicht gerechnet hat.»

Sie klang gewollt gleichgültig. Ich konnte ihre Haltung nicht deuten und steuerte ein uneindeutiges «Mhm» bei.

Ich war nervös. Svenja konnte ganz schön sauer werden.

Sie sagte: «So ist das halt manchmal. Hat man sich anders vorgestellt – doch dann ...»

«Ja, dann passiert's halt.» Endlich hatte ich einen Satz herausgebracht.

«Ja», sagte Svenja. – Pause. – «Dann passiert es.»

Das klang nicht nach Vorwurf, sondern eher nach Akzeptanz. Das beruhigte mich etwas.

Ich griff ihren versöhnlichen Tonfall auf: «Hat sich wohl irgendwie so entwickelt.»

«Ja. Kann man so sagen», bestätigte Svenja, «hat sich entwickelt. Damit kennen wir Fotografen uns ja aus.»

Humor war zugelassen. Gut. Es schien sich keine extrem heftige Auseinandersetzung anzubahnen.

«Aus ein bisschen Interesse wird manchmal mehr. Muss ja aber gar nicht viel bedeuten. Ich habe ...», hub ich an.

«Ne, jetzt lass mich mal», fiel mir Svenja ins Wort. «Ich habe das mit Raphael erst nicht so ernst genommen. Aber jetzt, auf Sylt, haben wir miteinander geschlafen. Und sehr viel geredet. Nun weiß ich: Ich liebe ihn und er liebt mich.»

Plopp.

Damit hatte ich überhaupt nicht gerechnet. Meine Gedanken waren nur um meine Männergeschichten gekreist und um die Frage, was sie für unsere Beziehung bedeuteten. Ihren intensiveren Kontakt zu Raphael hatte ich unter Freundschaft gebucht – vielleicht als Ausgleich für die Abende, an denen ich mich unter dem Kopfhörer verkrochen hatte, astronautenmäßig drauf war oder mich angeblich mit alten Freunden traf.

«Du müsstest ja verstehen, dass er mir gefällt. Du hast Raphael ja oft genug angeglotzt.»

Ich wurde rot. Teils, weil ich mich ertappt fühlte, teils aus Wut, weil Svenja ihr Thema auf mich verschob.

«Dein Interesse an Männern ist jedenfalls nicht zu übersehen.»

Es ärgerte mich, dass Svenja den Spieß herumdrehte, noch bevor ich auf ihre Affäre mit Raphael reagieren konnte. Deshalb ging ich in die Offensive.

«Stimmt. Mein Interesse an Männern ist nicht zu übersehen.»

«Na, dann wissen wir ja, wie es für uns weitergeht.» Svenjas Stimme klang nach finalem Statement: «Auf getrennten Pfaden.»

«Okay», sagte ich, «auf getrennten Pfaden.»

Die kleine Dachgeschosswohnung, in die ich zog, fand sich schnell. Ausgerechnet auf Vermittlung von Raphaels Mutter, die diese Wohnung eigentlich für ihren Sohn angemietet hatte. Der zog nun zu Svenja, sodass ich das Dachgeschoss übernehmen konnte. Alles sehr praktisch, dennoch fühlte sich der Tausch merkwürdig an. Auch beruflich gab es eine Veränderung: bei Svenja, nicht bei mir. Sie erhielt eine Festanstellung als Modefotografin bei Raphaels Mutter.

Ich blieb bei der Behörde und wurde zum Wochenendpapa. Wenn Lukas bei mir war, spielten wir mit Duplo-Steinen oder fuhren mit der U-Bahn in den Hafen. Lukas war zweieinhalb. Er mochte das Wasser, die Schiffe und die Möwen. Nachts deckte ich ihn mit der roten Wolldecke zu, die Omaka uns zu seiner Geburt geschenkt hatte. Die Decke war nach der Trennung zu mir gewandert. Svenja hatte sie beiläufig in einen meiner Umzugskartons geworfen. Wenn Lukas schlief, lauschte ich seinem Atem, strich ihm über die Haare und wünschte ihm, dass er es später einmal besser hinkriegen würde als seine Eltern. Oder zumindest besser als ich.

Für mehrere Jahre sah mein Leben jetzt so aus: Morgens früh aufstehen und mit der U-Bahn in die Behörde fahren. Kleine dienstliche Aufträge erledigen und den Rest des Arbeitstages irgendwie mit anderem füllen. Einen Sportclub besuchen, in dem man an stählernen Maschinen mit monotonen Bewegungen Muskeln aufbaut; Kartenspielen mit Berthold in der Dunkelkammer; mit einem Behördenwagen kreuz und quer durch die Stadt fahren, weil einem nichts anderes einfällt. Dem Vorgesetzten Arbeitseifer vorspielen, zu Dienstschluss an der Stempeluhr Überstunden einkassieren, die man wiederum mit freien Tagen abgelten konnte. Abends zu Hause in der kleinen Wohnung Musik hören oder den Fernseher anschalten. Etwas essen, allabendlich eine Flasche Wein entkorken und leeren. Manchmal ins Kino gehen, Omaka besuchen, bei meinem Vater und Hannelore Wäsche waschen (wie zu Lehrlingszeiten). Lange Spaziergänge mochte ich; – in Kneipen, Bars und Diskotheken ging ich nicht. Wenn ich es mal versuchte, fühlte ich mich dort wie ein Alien, der nicht wusste, wie man sich in dieser fremden Welt verhält. Besuch aus dem Weltall. An die Wand oder den Barhocker genagelt. Sehr oft hatte ich den Wunsch, dauerhaft in den Orbit hinaufzusteigen, die Verbindung zur Erde zu kappen und mich endgültig in Nichts aufzulösen.

Der Duft der kleinen roten Decke hielt mich davon ab, mich ins All zu schießen. Lukas war mein Drahtseil, fest verschraubt im Erdinneren. Das wollte ich nicht kappen. Das durfte ich nicht kappen. Keinesfalls. Lukas sollte keinen Vater haben, der sich für immer verabschiedet hatte.

Oft half der Wein dabei, abends nicht vom Grübeln übermannt zu werden; er lullte mich weg, ließ mich abschalten und einschlafen. Er sorgte gleichzeitig dafür, die öden Alltagsabläufe irgendwie auszuhalten und nicht nach Wegen aus dem Dilemma zu suchen. Besonders intensiv spürte ich mein Versunkensein im grauen Schlamm, wenn ich zu Beginn oder Ende meiner Vaterwochenenden auf Svenja traf. Sie ging in ihrer Arbeit auf und genoss es, regelmäßig in andere Länder zu reisen und neue Menschen kennenzulernen. Auch ihre Partnerschaft mit Raphael verströmte Glück und Zufriedenheit.

Unser Verhältnis hatte sich wieder entspannt, auch mit Raphael war es locker und nett. Aber ich merkte, dass Svenja mich und meinen Lebensstil kritisch beäugte. An einem Sonntagabend, als sie gemeinsam mit Raphael Lukas bei mir abholte, sagte sie: «Raphael, fahr schon mal vor. Ich will noch was mit Tom besprechen. Ich komme nach.»

Svenja setzte sich zu mir und nahm meine Hand; eine Geste, die ich von ihr nicht kannte. «Mensch Tom, so kann es doch nicht weitergehen. Du versauerst total. Mach was aus deinem Leben! Schmeiß diesen blöden Raumanzug weg, mit dem du in deinen Kopfkosmos fliehst. Komm endlich runter und leg los!»

Ich konnte nur nicken. Sie hatte ja recht. Ich musste was ändern. Aber wie? Aber wie??

Nach vielen Jahren Abstinenz erinnerte ich mich ans Kiffen. Ich hatte doch oft das Gefühl gehabt, durch Haschisch größeren Weitblick zu erlangen. Und inzwischen war ich erwachsen und erfahren. Vielleicht würde mir ein Joint helfen, einen Ausweg zu entdecken?

Ich beschloss, mir ein kleines Stück Shit zu besorgen und an einem freien Wochenende für Durchblick zu sorgen. Der passende Sonntag kam drei Wochen später …

Was ich beim Kiffen erlebte:

Ich sitze auf dem Fußboden meines Zimmers. Der Raum umschließt mich wie ein Kokon. Das Blut pocht durch meinen Körper. Ich spüre, wie sich der Rhythmus meines Pulses vom Herzen aus über alle inneren Organe, durch Arme und Beine bis in die Fingerspitzen und Zehen fortbewegt. Poch – poch, poch – poch … Sonnenstrahlen fallen durch das Fenster auf mein Gesicht, sie blenden meine Augen. – Sie sind extrem hell. Gleißend. Sie werden mein Augenlicht zerstören und mich erblinden lassen. Ich muss die Jalousie schließen. – Wenn ich aufstehe und ans Fenster gehe, können mich Menschen auf der Straße sehen. Sie werden gleich erkennen, dass ich Drogen genommen habe. Sie werden die Polizei rufen. Die Polizei wird das Haus stürmen und mich festnehmen. – Ich krieche über den Boden bis zur Fensterbank und schiebe mich seitlich nach oben, bis ich an die Zugschnur der Jalousie komme, ohne von draußen gesehen zu werden. Ich verdunkele das Fenster. – Die Nachbarn von gegenüber werden beobachtet haben, wie sich die Jalousie schloss, ohne dass jemand zu sehen war. Sie werden Einbrecher vermuten und die Polizei rufen. Die Polizei wird bei meinem Vermieter klingeln, der unter mir wohnt. Gemeinsam mit den Polizisten wird er bei mir vor der Tür stehen und klingeln. Wenn ich nicht öffne, werden sie die Tür eintreten. Wenn ich doch öffne, werden alle meine geröteten Kifferaugen erkennen und ich werde verhaftet. – – –

Ich muss auf's Klo. – Wenn mein Vermieter die Wasserspülung hört, wird er merken, dass ich zu Hause bin und heraufkommen, weil ich noch Müllgebühren zahlen muss. Wenn ich die Tür öffne, werde ich nicht normal mit ihm reden können. Das wird er merken und mir kündigen, weil er keinen Verrückten im Haus haben will. Alle Nachbarn werden Angst um ihre Kinder haben. Zu ihrem Schutz werde ich zwangsweise in die Psychiatrie eingewiesen werden. – Ich gehe pinkeln und spüle, indem ich eine leere Flasche am Waschbecken fülle und das Wasser ganz langsam ins Klobecken laufen lasse. – Zurück im Zimmer erscheint mir die Musik viel zu laut. Der Regler am Verstärker steht aber so wie immer. – Habe ich noch nie bemerkt, dass das viel zu laut ist? Führt der Vermieter eine Strichliste, auf der er vermerkt, wie oft ich ruhestörenden Lärm mache? Ist heute das Maß voll, und er steht gleich vor der Tür mit den Möbelpackern eines Räumkommandos? – Ich mache die Musik leiser. – – –

Ich habe Hunger. – Ich schmiere mir ein Brot mit Erdnussbutter und lege Rosinen darauf. Die helfen gegen den vom Kiffen trockenen Mund. Ich stehe in der winzigen, fensterlosen Küche und esse das Brot. Ich spüre, wie es im Magen ankommt. – Dort entsteht Druck. – Habe ich ein Magengeschwür? Oder ist es Krebs? Es ist Krebs. Den habe ich nur noch nicht entdeckt, weil ich sonst alle Gefühle verdränge. – Nun bemerke ich auch Druck im Darm. Auch das ist Krebs. Ganz sicher. – Alle Gelenke schmerzen, in den Schultern, in den Armen, in den Hüften, in den Beinen. Sämtliche Gelenke sind zerfressen von Metastasen. – – –

Ich kann nicht mehr stehen. Ich sinke im Zimmer auf den Boden und lehne mich an eine Wand. – Durch den Knick zwischen Ober- und Unterkörper wird die Durchblutung gestört. Meine Beine werden absterben. – Ich lege mich hin. Auf den Rücken. – Das Gewicht meines Brustkorbs ist zu schwer für meine Lunge. Ich werde ersticken. – Mein Kreislauf ist zu schwach, um Blut ins Gehirn zu pumpen. Ich werde nicht mehr denken können. Ich werde kollabieren. Ich werde sterben.

• • •

Ich bin an diesem Wochenende nicht gestorben, die Polizei hat mich nicht verhaftet, und meine Wohnung wurde nicht gekündigt. Ich hatte keinen Krebs und alle Gelenke, meine Lunge und mein Gehirn versahen weiter ihren Dienst wie gehabt. Das

Kiffen hatte mich nicht weitergebracht. Keine erhellenden Einsichten, die mir neue Perspektiven eröffneten. Ich wachte am Montagmorgen vom Weckerklingeln auf, erhob mich, duschte, zog mich an, trank einen Becher Kaffee, aß zwei Brötchen mit Käse und fuhr mit der U-Bahn in die Behörde. Mein Leben ging genauso weiter wie zuvor.

Doro kommt aus München zu Besuch. Sie übernachtet bei mir im Schlafsack auf dem Sofa. Wir frühstücken, klönen bei einem langen Spaziergang an der Elbe, kochen gemeinsam zu Abend, ziehen über den Kiez, kommen an unserem alten WG-Wohnsitz vorbei (an meinem ehemaligen Fenster nun eine grüne Jalousie) und klappern auf St. Pauli Kneipen ab, die noch von dem übrig geblieben sind, was wir früher die ‹Sub› nannten.

«Gehst du viel aus?», fragt mich Doro, während wir weiterziehen.

«Nein, eigentlich nicht.»

«Hockst ein bisschen viel zu Hause rum, Kleiner? Oder?»

«Mhm. - Ja, stimmt vielleicht.»

«Mal im Ernst, Tom. Kann es sein, dass du wie trockner Kleister in der Ecke klebst?»

«Was ist das denn für ein Bild?!»

«Okay, dann eben: Du lebst, als hättest du dich in einem Schuhkarton verkrochen! Du wirkst wie mit Paketband verschnürt! Mensch, Tom!»

Doro hat mich am Wickel.

«Mann, das kann doch nicht richtig sein, so zu leben. - Du bist doch kein autistischer Frührentner!»

Das sitzt. - Doro guckt mich an. - Ich weiß nichts zu sagen.

«Ej. Nicht gleich heulen ...», Doro lächelt warmherzig. «Na, komm mal.»

Doro nimmt mich in den Arm. Tut gut. Ich hole Luft. Deichbruch abgewendet.

Doro schiebt mich ein Stückchen von sich weg, bis sie mir ins Gesicht sehen kann.

«Morgen machen wir einen Schlachtplan. Dich kriegen wir

schon wieder wachgerüttelt.» Doro hakt mich unter und zieht mich weiter.

«Und jetzt marschieren wir fröhlich durch die Nacht», sagt Doro grinsend, «und eins, zwo, drei, vier ...» Ich mache mit. Im Gleichschritt stapfen wir über den Kiez.

«Haltung, Junge, Haltung! Die letzte Schlacht gewinnen wir!», tönt Doro und ballt kämpferisch ihre Faust. «Für irgendetwas muss dein Offiziersblut ja gut sein!»

Frühstück gab es erst am Sonntagmittag. Doro und ich waren lange unterwegs gewesen. Mit ihr zusammen hatte der nächtliche Ausflug richtig Spaß gemacht. Bevor sie wieder zum Zug nach München musste, hatten wir noch eine Stunde Zeit. Zeit, die Doro für den Schlachtplan nutzte. Sie hatte klare Vorstellungen.

Erstens: «Du musst mehr mit Freunden unternehmen.»

Zweitens: «Du musst neue Leute kennenlernen.»

Drittens: «Du musst etwas machen, was dir richtig Spaß macht.»

Ich ging in Abwehrhaltung: alles total schwierig, super komplex, nicht von heute auf morgen lösbar. Wenn überhaupt.

«Wir fangen mal ein bisschen kleiner an», meinte Doro. «Also erstens: Du nimmst wieder Kontakt zu alten Freunden auf. Die mochten *dich* und nicht das, was du beruflich tust. Anrufen, verabreden, zum Kaffee treffen, ins Kino gehen. Und so weiter. Nicht wirklich schwierig.»

Jetzt bloß nicht gleich zustimmend nicken.

«Zweitens: Wenn du alleine nicht ausgehen magst, um neue Leute kennenzulernen, schließt sich das an ‹Erstens› an. Verabredungen zum gemeinsamen Ausgehen. Capito?»

Ich nickte. Das heiß ja erstmal nur ‹Verstanden› und nicht etwa ‹Aye, aye. Wird umgesetzt!›.

«Drittens: Spaß haben – und zwar regelmäßig. Mach was, worauf du so richtig Bock hast: Ballonfliegen, Ziegenmelken, Bockspringen. Was auch immer. Ganz egal. Du musst mal wieder was Neues anpacken! Frische Luft ins Leben bringen!»

Ich dankte für den gut gemeinten Rat. Aber das sei ja gerade das Problem, dass ich nicht wüsste, was mir wirklich Spaß machte; dass ich keine Visionen mehr hätte; dass ich ja auch nichts richtig könnte und mit dreißig auch kaum noch etwas lernen könne und dass es ja wohl sehr peinlich wäre, sich in diesem Alter an Neues zu wagen, nur weil man irgendwie vielleicht Spaß daran haben könne. Den man natürlich überhaupt nicht hätte, weil man das Neue ja gar nicht können könne und sich deshalb Frust ohne Ende an die Backe binden würde. Das wäre ja wie ein Fahrradkurs für blinde Hundertjährige oder das Seepferdchenabzeichen für Arm- und Beinlose. Und überhaupt: wieso etwas Neues probieren, wenn doch das Alte schon nicht funktioniert?

Doro ließ sich nicht beeindrucken.

«Musik ist dir doch total wichtig. Musik liebst du doch.»

Da konnte ich nicht widersprechen.

«Du könntest ein Instrument lernen!»

Och ne. Ich betonte noch einmal mein hohes Alter und wies darauf hin, dass man mit Klavier oder Geige oder womit auch immer spätestens mit fünf Jahren, besser noch mit drei oder zwei oder gleich nach der Geburt anfangen müsste, sonst wäre das vollkommen zwecklos und man wäre mit Sicherheit erfolglos und das wäre dann ja das vorprogrammierte Versagen, wenn man etwas Neues anfinge, das von vornherein nicht gelingen könne. Pure Frustration! Dreißig bin ich! Dreißig!

«Dann drück mal endlich deinem Lukas eine Geige in die Hand.» Lukas war vier. «Sonst bist du auch noch ein schlechter Vater.»

Das meinte Doro bestimmt ironisch.

«Wir haben doch früher in der WG immer gesungen», redete Doro weiter, «beim Abwaschen, Staubsaugen oder einfach nur so. Haben Schlager verarscht. Oder Rocksongs gegrölt. Das hat total Spaß gemacht! Dir auch.»

Stimmt. Das hatte Spaß gemacht. Und ich erinnerte mich daran, wie ich früher, als ich vorgab, Bass zu spielen, immer davon geträumt hatte, auf der Bühne zu stehen und zu singen. In der Fabrik vor fünfhundert Leuten, im Grünspan vor einer wilden Horde austickender Freaks, in der Ernst-Merck-Halle vor Tausenden von langhaarschüttelnden Fans. Stimmt, Singen ist toll.

«Treffer!», jubilierte Doro. «Da kommen ja gar keine Widerworte!»

«Doch, doch», entgegnete ich schnell. «Ich meine: nein, nein. Singen nicht. Kein Singen. Ne, ne, singen will ich nicht. Ist gar nicht mein Ding. Bin ja kein naiver Pubertero mehr.»

«Doch, doch», sagte Doro, «singen willst du. Und das machst du!»

Oh Gott, welch entsetzlich peinliche Vorstellung, irgendwo hinzugehen und zu sagen ‹Guten Tag, ich bin ein dreißigjähriger älterer Herr und möchte gerne singen!› Ich bekam Herzklopfen und Schweißausbrüche ... weil ich wusste: Doro hatte recht. Ich würde wirklich gern singen.

Doro versprach mir, sie würde von München aus rumtelefonieren, um mir Tipps zur Verwirklichung dieses heiklen Plans zu geben. Fünf Tage später klingelte mein Telefon und Doro gab mir die Nummer einer Gesanglehrerin: «Die soll total nett sein und keine Probleme mit Anfängern haben. Bei der geht's um Spaß und nicht um Perfektion. Ruf an! – RUF AN!»

Doro hatte mich am Haken. Da musste ich wohl durch. Ich schob das Telefonat eine Woche lang vor mir her. Dann wählte ich die Nummer und war extrem froh, dass niemand abhob. Beim nächsten Versuch, zwei Tage später, war besetzt. Wieder Glück gehabt. Doro fragte nach. Also nächster Versuch. Diesmal nahm jemand ab, und ich hörte eine Frauenstimme:

«Elisabeth Romano. Hallo?»

Herzklopfen. Kloß im Hals.

«Guten Tag, ich möchte gern singen.»

IV

‹Elisabeth Romano› – schon der Name klang wie Gesang. Ihre Stimme hatte sich am Telefon duftig und rund angehört. Ich konnte mir gut vorstellen, dass sie herrlich sang, von säuselnd verführerisch bis kraftvoll explosiv. Sie hatte mir versichert, es sei überhaupt kein Problem, dass ich gesanglich unerfahren und bereits dreißig war.

«Kommen Sie am nächsten Mittwoch um 17.00 Uhr. Passt das? Dann sehen wir mal.»

17.00 Uhr passte. Noch lieber wäre mir ein Termin am Vormittag oder frühen Nachmittag gewesen, den hätte ich während meiner Arbeitszeit absolvieren können. So machte ich um halb vier Feierabend und fuhr mit dem Bus nach Eimsbüttel. Ich kam fast eine Stunde zu früh dort an und wollte erst mal unverbindlich an der Adresse vorbeigehen, die mir Frau Romano genannt hatte. Terrain sondieren. Sicherheitshalber zog ich die Kapuze meiner Regenjacke über den Kopf. Ich wollte vermeiden, dass Frau Romano zufällig aus dem Fenster schaute, mich entdeckte und vorzeitig hereinrief. Ich ging einmal am Haus vorbei, sah ein Schild ‹Elisabeth Romano – Gesangspädagogin› neben der Tür und tat so, als hätte ich damit nichts zu tun. Schnell weiter. Am Ende der Straße wendete ich und passierte den grauen Altbau aus der Gegenrichtung, noch immer mit der Kapuze über dem Kopf. Mir ging auf, dass mich Frau Romano noch gar nicht kannte und die Tarnung vermutlich überflüssig war. Aber sicher ist sicher. Wäre ja auch peinlich gewesen, wenn sie im Nachhinein bemerkt hätte, dass ich im Vorfeld ihr Haus umschlichen hatte.

Das Gebäude, in dem sie unterrichtete, war ein typischer Eimsbütteler Altbau, Erdgeschoss plus vier Etagen, mindestens drei Mietparteien pro Stockwerk. Ich hatte damals in meiner ersten eigenen Wohnung – der kleinen ohne Bad, aber mit Gärtchen – selbst in einem ähnlichen Altbau gewohnt. Ich wusste, wie hellhörig diese Häuser waren. Da würden also Dutzende von Nachbarn meine Gesangversuche hören können. Schrecklich. Hoffentlich hatte Frau Romano eine schalldichte Kammer. Musste sie doch, als Profi, oder? Ich wurde nervöser. Bereits den ganzen Tag hatte ich darüber nachgedacht, ob ich noch absagen sollte, hatte Begründungen überlegt, die überzeugend klangen: ein eiliger Fotoauftrag für die Behörde, ein verknackster Fuß, eine verstorbene Oma oder eine Explosion im Heizungskeller. Das Einzige, was mich von einem Rückzieher abhielt, war der Gedanke an Doro. Wie sollte ich ihr erklären, dass ich meine erste Gesangstunde in letzter Minute abgesagt hatte? Doro würde mir keine vorgeschobenen Gründe abnehmen. Also drückte ich um Punkt fünf auf die Klingel von Elisabeth Romano. Mein Herzklopfen war vermutlich lauter als der Klingelton. Ich hörte Schritte, die Tür öffnete sich, ein lächelndes Gesicht erschien, eine Hand streckte sich mir entgegen:

«Willkommen!»

Vor mir stand eine kleine, dralle Frau von etwa sechzig Jahren. Eingeschnürt in ein grelles türkisfarbenes Kleid mit goldglitzernden Querstreifen, vorn dominiert von einem dramatischen Busen, hinten von einem großzügig dimensionierten Gesäß. Ihre Füße steckten in korallenfarbenen Stilettos, ihre sonnengelb blondierten Haare türmten sich zu einer Hochfrisur. Schuhe und Haare bewirkten, dass sich ihre Größe auf etwa ein Meter sechzig addierte. Die Farbe von Frau Romanos Lippenstift entsprach dem Korallenton der Schuhe. Ihre eigenen Augenbrauen hatte sie ersetzt durch zwei auf die Stirn gemalte tiefschwarze Bogen, die ihr permanentes Erstaunen ins Gesicht zeichneten. Elisabeth Romano schaute mich durchdringend aus ihren tiefbraunen, von dunkelblauem Lidschatten umrandeten Augen an …

Mir versagte die Stimme. Ich krächzte: «Guten Tag …», schepperndes Räuspern, «ich bin …», glucksendes Schlucken, «Tom Mends.» Nochmaliges Räuspern.

«Hereinspaziert! Hereinspaziert!»

Ich folgte Frau Romano durch den Flur. Wir betraten einen großen Raum mit Klavier. An der Wand hinter dem Instrument klebte eine Tapete, die Mauerwerk mit Efeu imitierte. Auf der anderen Seite des Zimmers stand eine Sofagarnitur aus dunkelgrünem Cord vor einer Tapete aus den Siebzigerjahren: ein großformatiges Muster aus orange- und beigefarbenen Schlangenlinien, die sich auf braunem Grund zu abgerundeten Salmis verknoteten. Die ehemals hohe Zimmerdecke hatte man abgehängt und mit quadratischen Styroporelementen verkleidet, denen der Gilb arg zugesetzt hatte. Liebevoll ausgewählte Accessoires gaben dem Raum eine individuelle Note: zwei langbeinige Reiher aus Teakholz, ein Panther aus Porzellan, ein Setzkasten mit einer Sammlung von Glas- und Porzellaneulen. Dieser Raum war eindeutig Musik- und Wohnzimmer zugleich. Eine schalldichte Kammer gab es nicht. Aber viel Zeug schluckt auch viel Schall, oder?

Frau Romano setzte sich sofort ans Klavier.

«Singen Sie mal nach: mi, mi, mi, mi, - miii, - mi, mi, mi, mi.»

Eine Klangfolge, hinauf und wieder hinab. Ich sang nach. Heiser, rau, tief im Rachen gurgelnd, mit Räuspern davor, dazwischen und danach.

«Na gut, weiter: mi, mi, mi, mi, - miii, - mi, mi, mi, mi.»

Diesmal insgesamt einen halben Ton höher.

«Und weiter ...»

Noch einen Halbton höher.

Danach das Ganze mit ‹ma›, ‹mo› und ‹mu›.

«Gut. Ihre Stimme kriegen wir schon frei. Machen Sie mal so ...», Frau Romano schürzte die Lippen zu einem Fischmaul. Ich auch.

«Und nun noch mal: mi, mi, mi, mi, - miii, - mi, mi, mi, mi.»

In allen Tonhöhen, mit allen Vokalen, aber diesmal mit Fischmaul. Frau Romano nannte das ‹die Blü-Fassung›.

«Singen Sie immer in der ‹Blü-Fassung›! Mit vorgeschobenen Lippen! Das rundet die Stimme. - Und nun zur Atmung ...»

Frau Romano erhob sich und forderte mich auf, meine Hände auf ihren Bauch und ihren Rücken zu legen. Dann atmete sie ruckartig ein und aus.

«Spüren Sie das?» Ich spürte. «Mein Zwerchfell. Sie müssen mit dem Zwerchfell atmen! Das ist die ‹Stütze›».

Nun legte Frau Romano ihre Hände bei mir auf Bauch und Rücken.

«So, jetzt Sie. Na los!»

Ich versuchte, ihre Ruckatmung zu imitieren. Was sie spürte, schien sie nicht zu erfreuen.

«Sie sollen sich keine Blähungen in den Leib pumpen, sondern mit dem Zwerchfell atmen!»

Das versuchte ich ja.

«Na gut. Das wird schon noch. Jetzt lernen Sie noch unsere Einsingübung. Die machen wir immer zu Beginn einer Stunde … und vor jedem Konzert!» Beim Stichwort ‹Konzert› guckte mich Frau Romano verschmitzt an, zwinkerte mit dem linken Auge und knuffte mich in die rechte Seite. Ich zuckte zusammen.

«Unsere Einsingübung …», wiederholte sie und setzte sich wieder an ihr Klavier, «die geht so …», dann sang sie vor, Tonleiter aufwärts:

«Rosaluwenidabömü, Rosaluwenidabömü, Rosaluwenidabömü, …» Danach ging's noch mal die Leiter hinab.

«Diese Stimmübung habe ich im Laufe meiner jahrzehntelangen Unterrichtserfahrung entwickelt. Zusammen mit der ‹Blü-Fassung› ein Garant für gutes Singen!»

Es war nicht leicht, die Übung fehlerfrei zu wiederholen. Ich fand aber, dass das Wortgebilde gut zum Kleidungs- und Einrichtungsstil von Frau Romano passte.

Die erste Gesangstunde bei Elisabeth Romano verließ ich nachdenklich. Ich hatte keinen einzigen albernen Schlager gesungen, keine ausufernde Improvisation gescattet und keinen wilden Rocksong geröhrt. War das nun Singen gewesen, bei dem es ausschließlich um Spaß ging? – Noch am selben Abend klingelte mein Telefon und Doro rief aus München an: «Na, wie war's? Du bist doch hingegangen? – *ODER*?»

«Klar. War ganz gut.»

«Du machst doch weiter? – *ODER*?»

Ich seufzte. «Klar.»

Auch wenn ich nicht so recht wusste, was ich von der Stunde bei Frau Romano halten sollte, so erfüllte mich doch großer Stolz darüber, überhaupt hingegangen und den Mund aufgemacht zu haben. Mutig, der Mann!

Der Mittwochstermin war gesetzt und ich ließ ihn nie ausfallen, auch wenn ich vorher jedes Mal überlegte, ob es nicht doch einen guten Grund für eine Absage gäbe. Ab der dritten Unterrichtsstunde lernte ich das Repertoire kennen, das Frau Romano mit mir zu erarbeiten gedachte: Es bewegte sich zwischen Kunstliedern von Schubert, Musicalsongs und ‹herrlichen Schmankerln aus den schönsten Operetten›, wie sie es nannte. Von Kunstliedern hatte ich noch nie etwas gehört, Musicals hasste ich wie die Pest und Operetten lagen prinzipiell außerhalb des Terrains meiner musikalischen Wahrnehmung. Trotzdem machte ich weiter.

Einmal wöchentlich rief mich Doro an und fragte nach meinen Fortschritten. Herausreden wollte ich mich ihr gegenüber nicht, und so kümmerte ich mich, wie bei der Erstellung des ‹Schlachtplans› verabredet, ergänzend zum Gesangunterricht auch um andere private Unternehmungen. Ich traf mich wieder mit Freunden, zu denen ich in der WG-Zeit Kontakt gehabt hatte; verabredete mich zum Kino, zum Kaffeetrinken, zum Schwimmen oder zu Spaziergängen. Ich forschte nach einer Familie, die Svenja und ich beim Säuglingskursus kennengelernt hatten und sympathisch fanden; entdeckte, dass sie nicht weit entfernt von mir wohnte und schaute spontan vorbei. Eine langjährige Freundschaft entstand, zwischen uns und unseren Kindern, meinem Lukas und ihrer Julia.

Dank Doros Initiative fühlte sich mein Leben besser an. Dennoch gab es immer wieder Abende, an denen ich mich fragte, ob ich das nicht alles nur Doro zuliebe machte. War ich nur ein braver Auftragserfüller, um sie nicht zu enttäuschen? Entwickelte nicht der graue Job bei der Behörde die größte Sogkraft in den seelischen Keller und müsste ich nicht vorrangig hier etwas ändern? Wie aber sollte ich da etwas ändern, wo ich doch nichts konnte, nichts wusste, nichts wollte? Würde mich diese Perspektivlosigkeit nicht immer wieder nach unten ziehen? Trotz aller Bemühungen um Verabredungen und Gesangstunden? Und, mal ganz im Ernst: Was zum Teufel sollte es denn bringen, dass ich bei Frau Romano Operettenschnulzen und Musicalschmalz sang? War das der Befreiungsschlag in Richtung Spaß, der mich ins pralle Leben beamen sollte?

Wenn mich diese Fragen quälten, legte ich Platten meines Jugendidols Jimi Hendrix auf (das ging eigentlich gar nicht, denn in den Achtzigern waren E-Gitarren total verpönt) oder hörte Janis Joplin. Die hatten wirklich ihr Leben gelebt! Gelebt! Gelebt! Gelebt! Die hatten Musik gemacht, ohne Rücksicht auf Mainstream, Kommerz, Stütze oder ‹Blü-Fassung›. Die machten *ihre* Musik! Lebten *ihr* Leben! Hatten sich zwar schon als Twens final weggeballert, aber: War kurz und knackig nicht besser als jahrelang zäher, grauer Schlamm?

Wenn ich an solchen Abenden die erste Flasche Wein geleert hatte und die zweite in Angriff nahm, kam auch noch Cat Stevens auf den Plattenteller. Dann erinnerte ich mich daran, wie Doro damals in unserer WG *Trouble* aufgelegt hatte, wenn mich der Kummer übermannte. Werde ich diese Gefühle denn nie los? Trouble move away!

Bei Frau Romano studierten wir auch Duette, Terzette und Quartette ein. Sie plante ein Schülerkonzert in der Vorweihnachtszeit. Dort sollten wir alle solistisch und in kleinen Ensembles auftreten. Ich hatte schon ein Jahr bei ihr durchgehalten, beherrschte die ‹Blü-Fassung› und – sofern ich nicht zu nervös war – die Zwerchfellatmung. Für den Auftritt sollte ich mit einer Schülerin, die ich aufgrund ihres fleischigen Gesichts ‹Schlachtermädel› getauft hatte, im Duett *Am Rio Negro* aus der Operette *Maske in blau* singen; als Solo war saisonal passend *Rudolph the red-nosed Reindeer* eingeplant und im Quartett sollte ich gemeinsam mit drei anderen Schülern *Ein Freund, ein guter Freund* darbieten, eine der Mitklatschnummern für das große Finale.

Die drei Mitsänger waren Christof, Marcel und Tobias. Tobias hatte ich auch einen Spitznamen verliehen, er war der ‹Mondfisch›. Er hatte ein kreisrundes Gesicht mit blassem, teigigem Teint. Sein blü-gefasster Mund blubberte beim Singen wie der eines Fisches im Aquarium. Nur die aufsteigenden Luftbläschen fehlten. Auch charakterlich war Tobias so feurig wie ein Fisch und so heißblütig wie der Mond. Er arbeitete in einem Kaufhaus in der Weißwäscheabteilung, was aus meiner Sicht selbst im Vergleich zu meinem Arbeitsplatz nicht erstrebenswert war.

Christof hingegen war immer fröhlich und ein Fan des Deutschen Schlagers. Er konnte alle Hitparadenplatzierungen der letzten Jahrzehnte herunterbeten. Meine ironischen Bemerkungen zu seinem Lieblingsgenre nahm er eins-zu-eins und ordnete mich als Seelenverwandten ein. Um nicht bei jedem Zusammentreffen mit Schlagerneuigkeiten überschüttet zu werden, musste ich sehr deutlich sagen, wie sehr doof ich diese Musik fand. Christof sagte: «Schade», und betrachtete mich von da an skeptisch.

Marcel, den dritten im Bunde, traf ich an einem Sonntagnachmittag zufällig in einem schwulen Café (Auftragsbesuch auf nachdrücklichen ‹Befehl› von Doro). Er war mit ein paar Freunden dort, ich setzte mich zu ihnen. Marcel und ich verstanden uns gut, wir hatten einen ähnlichen Humor. Ich vertraute Marcel an, wer bei mir der ‹Mondfisch› und das ‹Schlachtermädel› waren; Marcel revanchierte sich damit, dass Frau Romano bei ihm die ‹Reiher-Callas› hieß. Ich lud Marcel und seine Freunde – wie sich herausstellte Mitbewohner – zum nächsten Wochenende zum Kaffeetrinken ein. Im Gegenzug erhielt ich eine Einladung zu Marcels 26. Geburtstag in seiner WG. Ich dachte an Doros Ermahnungen und ging hin.

Marcels WG teilte sich eine Genossenschaftswohnung in Horn. Dort war es nicht schön, aber günstig. Einförmige Straßenzüge in Rotklinker, Wiederaufbau aus den Nachkriegsjahren; Wohnungen mit kleinen, klammen Bädern oder nachträglich eingebauten Duschkabinen und Nachtspeicheröfen.

Zwei Zimmer der WG gingen in den erstaunlich grünen Hof; der Raum, den Marcel bewohnte, und die Küche lagen auf der Straßenseite. «Verkehrsgünstig gelegen», kommentierte Marcel, als er mir sein Zimmer zeigte. Über die Doppeldeutigkeit stolperten wir erst einen Moment später und grinsten.

«Am meisten Verkehr haben wir in der Küche», knüpfte Marcel an und lotste mich weiter. Und wirklich: Dort war es rappelvoll. Einige Gäste lehnten an der Wand, andere saßen auf Stühlen und Hockern. Weitere schoben sich um den Tisch, auf dem drei Nudelsalate, ein Berg Frikadellen, Senfgläser, Ketchupflaschen und ein Stapel Fladenbrote lagen. Dazu Pappteller, Plastikbesteck und Haushaltspapier als Serviettenersatz. Noch wichtiger: Pappbecher und ein Hinweisschild, dass Wein- und Bierflaschen in der Duschwanne zu finden seien. Auch die Dusche befand sich in der Küche, eine Kunststoffkabine, die neben der Spüle in die Ecke gequetscht worden war. Die Partymusik war eine wilde Mischung aus alten Abba-Hits, Michael-Jackson-Songs bis hin zu Britpop. Viele der neueren Titel kannte ich nicht, denn durch meinen Einstieg in die klassische Musik hatte ich bei aktuellen Sounds den Anschluss verloren. Technisch hinkte ich auch hinterher. Hier in der WG gab es schon einen CD-Player. Soweit war ich noch nicht.

Marcel hatte beim Wein schon merkbar Vorsprung und schoss sich weiter auf das Thema ‹Verkehr› ein. Lautstark kündigte er die neuesten ‹Verkehrsnachrichten› an, aktuelle Infos aus seinem Freundeskreis: wer mit wem, wer nicht mehr mit wem, wer vielleicht mit wem und wer unbedingt mit wem wolle. Marcel drehte mächtig auf.

«Jetzt sorgen wir mal für eine effektive Verkehrsführung», posaunte er und schob Iris – ein junges Mädchen, das auch bei Frau Romano sang – ins Nebenzimmer und drückte sie einem ernst blickenden Jungen an die Brust.

«Hier», sagte er, «der ist hetero. Der Einzige heute. Versuch mal dein Glück!»

Danach griff er sich die Hand eines scheuen Asiaten und drückte sie in die seines Gegenübers.

«Nicht nur voneinander träumen. Heute wird zugegriffen!»

Schließlich packte Marcel mich von hinten an der Schulter und dirigierte mich in Richtung Küche und Kühlschrank. Darauf saß ein hübscher, junger Mann mit einem Pappteller voller Nudelsalat.

«Halli, hallo, der Verkehrskasper ist da! Wir spielen Kreuzung! Das ist Tom», und zu mir, «das ist Daniel.» Dabei schob mich Marcel energisch auf den Kühlschrank neben Daniel. Wein aus meinem Pappbecher schwappte auf dessen Nudelsalat. Daniel grinste.

«Achtung, Tom. Daniel kann *richtig* singen! Den kannst du als Gesanglehrer buchen. Und als Verkehrslehrer vielleicht auch ...» Und fort war Marcel.

Ich saß Schenkel an Schenkel mit Daniel auf der knappen Oberfläche des Kühlschranks. Daniel amüsierte sich.

«Mmmmmm! Nudelsalat in Weißwein!» Er piekte eine tropfende Nudel auf und aß sie. «Exquisit!»

«Tut mir leid», entschuldigte ich mein Geklecker.

«Hauptsache, du hast noch genug zu trinken.» Daniel schnappte sich eine Weinflasche und schenkte mir nach.

«Danke.»

«Und? Willst du singen lernen - oder bist du mehr an Verkehr interessiert?»

Puh. Der geht aber ran - oder verarscht er mich?

«Unentschieden? Na, dann nudel ich dich einfach mal durch ...», sprach's und fing an, mich mit seinem Nudelsalat zu füttern.

Daniel erzählte, dass er erst kürzlich nach Hamburg gezogen sei, um Gesang zu studieren. Ich druckste herum und sprach vage von ‹Architekturfotografie›. Als ich erwähnte, dass ich einen vierjährigen Sohn hätte, war Daniel begeistert. Ich betonte, dass ich zwar Vater, aber ansonsten schwul sei. Man konnte ja nie wissen. – Ich beschrieb meine kleine Dachgeschosswohnung, Daniel sein noch kleineres Zimmer im Studentenwohnheim. Über meine Singerei bei Frau Romano schwieg ich - dem Vergleich mit seinem Hochschulniveau wollte ich mich nicht aussetzen. Daniel schenkte regelmäßig Wein nach.

Irgendwann musste ich auf's Klo. Davor stand eine Schlange von Bedürftigen. Als ich wieder herauskam, wartete unsere junge Sangeskollegin Iris vor der Tür, tatsächlich eng umschlungen mit dem einzigen Heterojungen. Wollten die zusammen da rein?

Ich ging zurück in die Küche. Der Platz auf dem Kühlschrank war leer. Wo war Daniel? Ich machte mich auf die Suche, von Zimmer zu Zimmer. Nichts. Noch eine Runde. Kein Daniel. Zurück in der Küche entdeckte ich Marcel, der sich am Schrank festhielt und glasig guckte.

«Hast du Daniel gesehen?», fragte ich ihn.

«Da - ni - el - ?», Marcels Gehirn lief bereits in Slow Motion, «Daanjellll? … Der - is - schon - wech.»

In den nächsten Tagen dachte ich ständig an Daniel. Warum eigentlich? Im Nachhinein fand ich seine flapsigen Bemerkungen eher frech und das Nudelgefütter aufdringlich. Trotzdem bekam ich ihn nicht aus dem Kopf. Nach drei Tagen war mir klar, dass ich klären musste, warum er mir im Kopf herumspukte. Sonst hörte das nicht auf. Ich hatte keine Telefonnummer von ihm, auch keine Adresse. Ich rief Marcel an. Niemand meldete sich. In einer Welt ohne Mailboxes, Handys und E-Mails gab es nur ‹Erreichen› oder ‹Nicht erreichen›. Erst zwei Tage später erwischte ich Marcel.

«Sag mal, kannst du mir mal die Nummer von Daniel geben?»

«Kannst nur im Studentenheim beim Sekretariat 'ne Nachricht aufschreiben lassen.»

Am nächsten Tag hinterließ ich beim Sekretariat des Studentenwohnheims meinen Namen nebst Telefonnummer, Adresse und Rückrufbitte. – Schon nachmittags klingelte mein Telefon. Bevor ich aufnahm, hatte ich Herzklopfen …

Runterfahren: Omaka wollte wissen, wann ich sie besuche.

Am nächsten Tag drei Anrufe: Svenja kündigte Ferien mit Lukas an; Hannelore bat mich, meinen Vater bei der Besichtigung eines Fotostudios zu begleiten, und Doro erfragte meine Fortschritte bei der Freizeitgestaltung.

«Wie bist du denn drauf?», kommentierte sie meine gedämpfte Reaktion auf ihren Anruf, «is' was?»

«Ne, ne, nur mein Vater nervt mit seinen fotografischen Expansionsplänen.»

«Musst ihm mal klar machen, dass das mit dir nichts wird.»

«Hab ich doch. Aber er hört ja nie zu.»

«Oder du wirst nie richtig deutlich.»

Von Daniel erzählte ich Doro nichts. Da gab es ja nichts zu berichten. Ich ertappte mich dabei, dass ich eine Einladung von Marcel zu einem Kinoabend ausschlug, um zu Hause zu sein, falls Daniel anriefe. Es klingelte nicht.

Samstag ging ich nur ganz kurz zum Einkaufen aus dem Haus. Wieder kein Anruf. Hoffentlich hatte Daniel es nicht versucht, als ich im Supermarkt war. Den ganzen Nachmittag hing ich vor dem Fernseher und guckte einen alten Heimatschinken mit Peter Alexander.

Es klingelte an der Tür. Gegen halb sechs, typische Zeit für meinen Vermieter, um irgendetwas zu Terminänderungen bei der Müllabfuhr oder Erhöhungen der Sielgebühren mitzuteilen. Bevor ich zur Wohnungstür ging, schaltete ich schnell den Fernseher aus. Peinlich, dass er schon tagsüber lief. Ich steckte mein Hemd in die Hose und machte die Tür auf.

Vor mir stand Daniel.

Ich starre Daniel an. Mein Puls geht hoch. Herzklopfen, sofort. Ich weiß nichts zu sagen. Minutenlang, stundenlang – wahrscheinlich nur sekundenlang. Ich starre Daniel ins Gesicht. Er schaut mir direkt in die Augen. Wir schweigen beide. Ich spüre, dass mein Gesicht knallrot anläuft, obwohl man mir mehrfach versichert hat, dass ich nie rot werde, auch wenn ich mich so fühle. Jetzt bin ich bestimmt knallrot. Tom Tomate. Ich bin erstarrt, handlungsunfähig.

«Mein Sekretariat hat mich beauftragt, Kontakt aufzunehmen. Darf ich?» Gott sei Dank, *er* redet.

Ich nicke. Er wartet.

«Komm rein», bringe ich mit krächzender Stimme heraus.

Daniel geht an mir vorbei ins Zimmer und bleibt mitten im

Raum stehen. Wir blicken uns an. Direkt ins Gesicht, in die Augen. Minutenlang, stundenlang. Kein Zeitgefühl. So gucke ich sonst nie. Dann passiert etwas. Wir beginnen gleichzeitig zu lächeln. Ein spezielles Lächeln, so, als würde man sich seit Ewigkeiten kennen, aber zum ersten Mal begegnen. Das Lächeln sagt: ‹Wir›.

Wir verschmelzen mit den Augen, mit den Lippen, mit den Zungen, mit den Armen; mit Schulter und Brust, mit unserem Herzschlag, mit unseren Hüften, mit pochendem Blut in den Adern, in den Schwänzen; mit unserem Atem; Haut an Haut, Arm in Arm, Körper an Körper.

Wir.

Wir.

Wir.

Ich bin vollkommen überwältigt. Alles, was ich immer behauptet habe von infantilen Illusionen über Nähe in Beziehungen – über die Illusion der Liebe – ist weggewischt. Das Gefühl von Geborgenheit und Zusammengehörigkeit, das ich in Kindheit und Jugend zurückgelassen hatte – das ‹Wir› ist wieder da. Ein Deichbruch des Glücks, eine Überschwemmung mit Wärme, eine Offenbarung an Gemeinsamkeit. ‹Die große Liebe›, ‹Liebe auf den ersten Blick› – bescheuerte Phrasen, die es genau treffen. Ich weiß überhaupt nicht, wie mir geschieht – es ist einfach nur wunderschön.

• • •

Daniel besaß ein Auto, einen lindgrünen VW Derby, das war ein Polo mit Stufenheck. Ein Geschenk seines Onkels. Brauner Rost hatte an einigen Stellen die Karosserie zerfressen, am Kühlergrill prangte ein schräg verschraubtes Hufeisen, Fahrer- und Beifahrersitz waren bespannt mit Rücken schonenden Überzügen aus Holzkugelgeflecht. Dieses Auto war rundum unglaublich hässlich. Aber es bewegte sich und uns.

Daniel und ich fuhren damit nach Lübeck und aßen Marzipan, bis uns schlecht wurde. Wir erkundeten Lüneburg und provozierten Reisegruppen im Rentenalter, weil wir händchenhaltend durch die Altstadt schlenderten. Wir fuhren spontan nach Dänemark, um durch die Dünen zu laufen und in die Nordsee zu springen. Wir fuhren in den Harz, gruselten uns an der innerdeutschen Grenze und übernachteten in einem spießigen Landgasthof, wo man uns wortlos und mit eisiger Miene das Frühstück servierte, nachdem man begriffen hatte, dass wir ein Paar waren.

Ich zeigte Daniel, der aus einem kleinem Dorf im nördlichen Hessen kam, die Hamburger Ecken, die ich besonders mochte. Wir düsten mit seinem Derby über die Deiche in den Vier- und Marschlanden, kurvten mit unseren Fahrrädern durch das Alstertal bis hinauf in den Duvenstedter Brook, spazierten hoch oben am Falkensteiner Ufer und blickten über die Elbe bis zu den Harburger Bergen.

An einem heißen Sommertag fuhren wir in Richtung Harburg, aber nicht in die ‹Berge›, sondern zur Fischbeker Heide. Eine Landschaft, die ich besonders mochte: kleine, helle Sandwege zwischen dunkelgrünem oder violett blühendem Heidekraut, Kiefern, Birken, Blaubeersträucher, sonnige Täler und schattig bewaldete Hügel. Als ich klein war, fuhren meine Eltern manchmal mit mir hierher, am Wochenende, in unserer grauen Arabella. Meine Mutter setzte sich unter einem Baum auf eine Decke, zündete sich eine Zigarette an und begann zu lesen. Mein Vater durchstreifte mit mir das Gelände, zeigte mir mitten im Wald tiefe, runde Kuhlen und erklärte, dies seien Bombentrichter aus dem Zweiten Weltkrieg. Dann erklommen wir steile Hänge, die mir als Kind endlos hoch erschienen, und kamen auf ein Hochplateau, auf dem Segelflieger starteten. Ich konnte stundenlang zusehen, wie die leichten weißen Flugzeuge von einer Winde hoch in die Luft gezogen wurden, wie dann das Zugseil ausgeklinkt wurde und an einem kleinen Fallschirm zu Boden sank. Besonders mochte ich den Moment, wenn der Motor der Winde verstummte und man nur noch das Geräusch des am Himmel gleitenden Fliegers hörte.

Die Fischbeker Heide hatte sich seit damals kaum verändert.

Die Wohnsiedlungen in der Nähe waren dichter bebaut, die Parkplätze an den Wanderwegen vergrößert worden, aber das Naturschutzgebiet hatte seine Schönheit bewahrt. Noch immer strömte es den typischen Heidegeruch aus, besonders jetzt, in der Sommerhitze roch es würzig nach Erika und Kiefernnadeln auf trockenem Sand, ein ganz spezieller Duft, den man nur in der Heide findet. Bei meinen Lieblingsdüften stand auch er ganz oben auf der Liste, zusammen mit frisch gemähtem Rasen und holzigem Sägewerk. Haschischduft hatte ich inzwischen von der Liste gestrichen.

Wir holten einen Picknickkorb und eine große Wolldecke aus dem hässlichen Hinterteil des VW Derby. Ich wollte Daniel den Platz zeigen, an dem meine Mutter früher gesessen und gelesen hatte. Ich fand ihn schnell. Die Kiefer war größer geworden, die Sandfläche darunter auch, Heidekraut und Blaubeeren hatten sich etwas zurückgezogen.

«Wollen wir hier picknicken?», fragte ich Daniel.

«Ne, lass uns mal weiter gucken.»

Also bestiegen wir das Hochplateau. Der Flugplatz schien noch in Betrieb zu sein, heute - an einem Dienstag - wurde aber nicht geflogen. Auch ansonsten traf man an diesem Werktag in der Fischbeker Heide keine Spaziergänger. Wegen des guten Wetters hatten Daniel und ich an diesem Tag blaugemacht: Er schwänzte Seminare an der Musikhochschule, ich hatte mich in der Behörde krankgemeldet.

Wir überquerten das Flugfeld und kamen zu einem kleinen hügeligen Kiefernwäldchen, das von grasbewachsenen Lichtungen durchzogen war.

«Hier», meinte Daniel, «hier ist es gut!»

Ich warf die Wolldecke ins Gras, Daniel stellte den Korb darauf. Wir setzten uns auf die Decke, streiften Schuhe und Socken ab und streckten uns aus. Der Himmel über uns war strahlend blau mit vereinzelten, schneeweißen Wölkchen. Hummeln umsummten uns, Fliegen versuchten, in unsere Ohren zu krabbeln. Es roch nach Sommer, Wald und Heide.

«Na, dann mal los!», sagte Daniel und wedelte mir eine Fliege vom Ohr. Er stellte mir den Korb vor die Nase.

«Auspacken!»

Ich kramte das Brot hervor, die Salami und den Käse, ein Glas Oliven, eine Flasche Wein, zwei Plastikbecher und das Schweizer Armeemesser. Dann noch zwei große, weiße Stoffservietten. Die gehörten für mich zu einem stilvollen Picknick.

Mit einem «Voilà!» präsentierte ich die gedeckte Decke.

Daniel guckte mich übertrieben streng an, schwieg einen kleinen Moment und meinte: «Wie? Das ist alles?»

«Mehr hab' ich nicht eingepackt.»

«Das meine ich nicht. Auspacken hab' ich gesagt.»

«Ich versteh nicht.»

«Mann, hast du 'ne lange Leitung. Mach dich nackt!»

«Wie? - Hier???» - Ich schaute mich um. Man konnte weit gucken. Dementsprechend waren wohl auch wir gut zu sehen.

«Ja klar. - Hier!»

«Aber wenn jemand kommt?»

«Schisshase», kommentierte er. «Weißt du, was man mit ängstlichen Pferden macht?» Ich schüttelte den Kopf. «Die bekommen Scheuklappen!»

Grinsend schnappte sich Daniel eine der Servietten und wickelte sie mir als Augenbinde um den Kopf. Nun war ich blind.

«Na, dann geben wir dir mal die Sporen ...», Daniel gab mir unter dem Serviettenrand einen Kuss. «Und wenn eine Wandergruppe vorbeikommt, bitte ich alle, ganz ganz leise zu sein, damit du nicht scheust. Okay?»

Daniel hatte recht, niemand kam, bevor wir kamen. Dann kam das Picknick.

• • •

Wir mussten fast ein Jahr suchen, bis wir eine gemeinsame Wohnung fanden. Sie lag im ersten Stock über einer ehemaligen Ladenwohnung, in einem Stadtteil, in dem kleine Fachgeschäfte durch größere Supermärkte abgelöst worden waren. Die Vermieterin, eine Rechtsanwältin aus den Elbvororten, die ihr Vermögen in Mietshäusern angelegt hatte, behauptete, die Räume unter uns hätten einst einen Milch- und Käseladen beherbergt, unsere neuen Nachbarn waren sich ganz sicher, dass es ein Fischhändler gewesen sei. Am Geruch konnte man die Wahrheit gnädigerweise nicht mehr erkennen. Die Wohnungseigentümerin war eine typische Blankeneserin: blaugrüner Schottenrock und marineblauer Cashmere-Pulli, schwarze Lederslipper mit Bommeln zu Burlington-Kniestrümpfen, dazu Perlenkette mit passenden Ohrringen und wohlfrisierte dauergewellte blonde Haare, in die naturnah anmutende Auswirkungen eines Windhauches implementiert und mit Haarspray fixiert worden waren, so, als käme sie gerade vom Segeln. Tatsächlich spielte sie, wie sie berichtete, Golf und Tennis, und ihr BWL-studierender Sohn war erfolgreicher Polo-Reiter. Warum ausgerechnet ‹Mrs. Blankenese› uns ihre Wohnung vermietete, wussten wir nicht. Jedenfalls glaubten wir nicht, dass ihr Filius neben dem Polospiel auch den Herrenreitern zugeneigt war. Das passte nicht zusammen. Aber ‹Mrs. Blankenese› schien uns irgendwie zu mögen und sich nicht daran zu stören, dass wir in ihrer Gegenwart besprachen, wo wir das gemeinsame Bett aufstellen wollten.

Daniel wünschte sich ein Hochbett. Warum, war mir ein Rätsel. Ich dachte dabei an beulenübersäte Köpfe vom Aufschrecken beim Weckerklingeln und verknackste Knöchel bei schlaftrunkenen Abstiegen. Als Daniel jedoch vorschlug, man könne unter dem Hochbett eine Spielzone für Lukas einrichten, stimmte ich zu. Prima Idee.

Lukas und Daniel konnten gut miteinander. Darüber war ich sehr froh. Daniel tobte mit Lukas und sang ihm abends im Bett mit seiner schönen Tenorstimme Schlaflieder vor. Lukas war inzwischen fünf, er selbst legte Wert auf die Präzisierung ‹fünfeinhalb›.

An einem Sonntagvormittag, Daniel sang bei einem Gottesdienst, saßen Lukas und ich beim Frühstück.

«Du, Papa …», begann Lukas.

«Ja.»

«Du und Daniel, ihr seid doch Freunde.»

«Ja.»

«So richtig gute Freunde.»

«Ja.»

«Also: richtig, *richtig* gute Freunde!»

«Ja, das stimmt.»

«So wie Brüder?»

«Nicht genau wie Brüder. – Aber genauso eng.»

Lukas schwieg. Ich sah, dass er nachdachte. Nach einer Weile kam: «Na ja. Ist ja klar. Wie bei Winnetou und Old Shatterhand.»

Mir gefiel Lukas' Erklärung für unsere Beziehung. Und vielleicht lag er ja auch in Hinsicht auf die beiden Karl-May-Helden nicht ganz verkehrt.

Einige Zeit nach seiner Einschulung kam Lukas mit einem Bild nach Hause, das die Kinder im Unterricht gemalt hatten. ‹Meine Familie› war das Thema. Lukas erzählte mir, ein Junge hätte nur sich, seine Mutter und den Opa gemalt. Lukas fand es traurig, dass kein Papa auf dem Bild zu sehen war. Wir sprachen darüber, dass es in manchen Familien eben keinen Papa gäbe, zum Beispiel wenn die Eltern getrennt wären oder der Papa gestorben sei.

«Deine Mama ist doch gestorben», meinte Lukas, «auf deinem Bild wäre zwar ein Papa drauf gewesen, aber keine Mama.»

«Als meine Mama starb, war ich schon so groß, dass ich keine Bilder mehr gemalt habe», antwortete ich Lukas. «Als ich in der ersten Klasse war, hätte ich auf mein Bild Papa und Mama gemalt.»

«Und Omaka wäre nicht drauf gewesen?», fragte Lukas.

«Ja, stimmt. Omaka hätte auch auf mein Bild gehört.»

«Alle, die wichtig sind, gehören da drauf», meinte Lukas.

«Und wie sieht dein Bild aus?», fragte ich ihn.

«Ich hol's», sagte Lukas, rannte zu seinem Scout-Ranzen und wühlte darin. Dann lief er mit seinem Bild in der Hand zurück zu mir in die Küche.

«Hier!»

Auf seinem Bild stand in der Mitte ein Kind. Umgeben von einer Frau und drei Männern.

«Das bin ich», zeigte Lukas. «Das sind Mama und Raphael. Und das bist du mit Daniel. – Ich bin der Einzige in der Klasse, der drei Väter hat!»

Mein Vater und Hannelore reagierten eher kühl auf meine Liebe zu Daniel. Ob sie gehofft hatten, dass ich dank Svenja meine ‹homosexuelle Phase› endgültig überwunden hätte? Gesagt hatten sie es nicht. Formuliert wurde aber ein anderes Problem. Kurz nachdem ich den beiden frohgemut von Daniel erzählt hatte, wollte ich mich telefonisch zum Wäschewaschen anmelden. Mein Vater war am Apparat.

«Ich gebe dir mal Hannelore», sagte er knapp. Normalerweise hätten wir einfach eine Zeit verabredet, zu der ich mit meiner Wäschetasche erschienen wäre. Die Weiterleitung des Telefonats deutete darauf hin, dass es etwas zu besprechen gab. Gesprächsführung war Hannelores Aufgabe.

«Hallo Tom», meldete sie sich. «Also das mit dem Waschen geht nicht.»

«Passt es heute nicht? Ist morgen besser?», fragte ich zurück.

«Nein. Dein Vater und ich haben entschieden, dass wir das nicht mehr wollen.»

«Was?»

«Du musst das verstehen. Waschen geht jetzt nicht mehr. Uns ist das zu gefährlich.»

«Zu gefährlich?»

«Weil du wieder mit einem Mann zusammen bist.»

«Wegen Daniel?»

«Ja, nein. Nicht wegen ihm. Nicht persönlich. Aber er ist doch ein Mann. Also: Ich meine wegen AIDS. Wir wollen uns nicht anstecken.»

Ich war sprachlos. Hannelore redete weiter: «Da können doch Keime in der Wäsche sein. AIDS-Bazillen.»

«AIDS-Bazillen?»

«Das ist unheilbar. Du musst uns doch verstehen.»

Ich schwieg. Hannelore sprach:

«Wir machen uns auch Sorgen um dich. Und um Lukas. Der dürfte doch gar nicht mehr in deine Wohnung. Was sagt denn

Svenja? Du hast ihr doch von Daniel erzählt? Oder verschweigst du das? Ihr macht das doch nicht heimlich? – Uns hast du es ja auch gesagt. Hat Svenja denn keine Angst vor AIDS? Lässt sie Lukas noch zu dir?»

Ich brachte nur ein trockenes, kaltes «Selbstverständlich» heraus.

«Daniel darf das Kind doch nicht anfassen, oder? Desinfizierst du dir auch immer die Hände? Was ist denn mit deinem Badezimmer? Darf Lukas da noch rein? Das geht doch nicht! Ihr müsst doch …»

Ich legte auf.

Eine Minute später klingelte mein Telefon. Etwas später noch einmal. Ich hob nicht ab.

Abends erzählte ich Daniel von dem Telefonat.

«Da helfen nur Fakten», meinte er.

Natürlich hatten wir uns mit AIDS beschäftigt. Das war ein Riesenthema. Viele Ängste, viele Unsicherheiten. Durfte man Infizierten die Hand geben? Aus demselben Glas trinken? Stammte die Krankheit aus den Laboren der US-Army oder von Affen aus dem Urwald? Klar, wir waren informiert, was gefährlich war und was nicht. Wir hatten uns testen lassen. Hatten angstvoll auf die Ergebnisse gewartet. Negativ. Gott sei Dank. Wir hatten auch besprochen, was werden würde, wenn einer der Tests oder beide positiv gewesen wären. Wir hätten das miteinander durchgestanden. Wären zusammengeblieben. In jedem Fall. Wir wollten unser Leben gemeinsam leben. Ob lang oder kurz. Ein Leben ohne den anderen war nicht vorstellbar. Daniel + Tom = Wir. Große Liebe. Lebenslang. Punkt.

Während der nächsten Tage besorgten wir Informationsbroschüren über AIDS, kombinierten sie mit seriösen Zeitungsartikeln und klebten alles in eine Mappe. Damit stand ich dann bei meinem Vater und Hannelore vor der Tür.

«Lest das. Ich melde mich in einer Woche.»

Die Waschmaschine wurde wieder freigegeben, obwohl ich spürte, dass mein Vater und Hannelore von einem bedrohlichen gesundheitlichen Restrisiko ausgingen.

Später, in unserer gemeinsamen Wohnung hatten Daniel und ich dann endlich eine eigene Maschine, sodass sich dieses Thema erledigte. Das Verhältnis meines Vaters und seiner Frau zu Daniel verbesserte sich nach und nach. Insbesondere Hannelore entwickelte einen persönlichen Draht zu Daniel, als sie entdeckte, dass auch er die Musik von Bach liebte. Hannelore hatte früher im Chor gesungen, besonders das Weihnachtsoratorium hatte es ihr angetan.

«Bei meiner Beerdigung soll *Jauchzet, frohlocket* gesungen werden!», tat sie kund. Das sollten wir uns merken.

Nach einem gemeinsamen Konzertbesuch, bei dem Daniel im *W.O.* die Tenorarie *Frohe Hirten* gesungen hatte, bekam er endgültig einen festen Platz in ihrem Herzen. Meinen Vater hätte Daniel allenfalls als Saxofonist à la Coleman Hawkins gewinnen können. Klassischer Gesang war eher kontraproduktiv.

Als ich mich schließlich traute, Daniel von meinen Gesangsversuchen bei Frau Romano zu erzählen, bestärkte er mich zu meinem großen Erstaunen darin, weiterzumachen; allerdings nicht bei der ‹Reiher-Callas›. Von ihrer ‹Blü-Fassung› hielt Daniel wenig und ihr Repertoire fand er – zurückhaltend ausgedrückt – grenzwertig. Ich ja auch.

Daniel vermittelte mich an eine Dozentin der Hochschule mit Schwerpunkt Jazz und Gospel. Der erste Besuch bei Mrs. McLloyd machte mich wieder nervös. Wie damals bei Elisabeth Romano war ich viel zu früh vor Ort und umkreiste zunächst vorsichtig das Haus. Zu sehen war nur eine Tordurchfahrt, das Studio von Milly McLloyd lag im Hinterhof. Während des Klingelns an der Tür zum Übungsraum klopfte mein Herz und bei der Begrüßung rutschte meine Stimme in den Keller.

«Hi! I'm Milly», sagte Mrs. McLloyd mit niedlichem englischem Akzent, «come in. Du bist Tom? Welcome!»

Ich betrat eine ehemalige Tischlerwerkstatt, die sich in ein Musikstudio verwandelt hatte. Jetzt standen hier Klavier, Schlagzeug, Congas. Hinten sah ich eine gemütliche Ecke zum Abhängen – mit Matratzen und bunten Kissen, fast so wie früher zu WG-Zeiten.

Wie Frau Romano setzte sich auch Mrs. McLloyd sofort ans Klavier.

«Let's make music!», sagte sie und startete schon mit einem Gospel. Beim Refrain forderte sie: «Come on, join meine Singen!» Ich versuchte, die Melodie aufzugreifen. «Take it easy!» So lief die ganze Stunde. «Music soll fun sein, nicht?», meinte Milly.

«Bei die nächste Mal maken wir ein bissken Technique, okay?»

Sogar Gesangstechnik und Stimmübungen machten bei Mrs. McLloyd Spaß. Nie mehr ‹Blü-Fassung›, ade ‹Rosaluwenidabömü›! Und statt ‹herrlichen Schmankerln aus den schönsten Operetten› gab's jetzt Jazz und Gospel. In der Tat: Das war much better!

Wobei: Durch Daniel entdeckte ich auch im klassischen Bereich viel musikalisches Neuland, das mich begeisterte. Schuberts ‹Winterreise›, Verdis Requiem, Bachs Passionen, Händels Oratorien. Daniel sorgte dafür, dass wir einen CD-Spieler anschafften, und machte mich mit guten Aufnahmen von unterschiedlichen Interpreten bekannt. Wenn Daniel selbst auf der Bühne oder in der Kirche stand und sang, schmolz ich dahin. Wie schön, ich habe einen Sänger zum Mann!

Neuland erkundete ich auch bei Daniels Familie im hessischen Hinterland. Daniels Elternhaus lag am äußersten Rand eines kleinen Dorfes, am Hang eines Hügels, mit weitem Blick über Felder und Wälder. Neben dem Wohnhaus standen eine Scheune und eine Remise, darin ein Traktor nebst Anhänger, Pflug und anderen landwirtschaftlichen Maschinen. Jedenfalls hielt ich das eine Gerät für einen Pflug, sicher zuordnen konnte ich als Städter diese Gerätschaften nicht.

Bei unserem ersten Besuch trafen wir pünktlich zum Mittagessen ein und betraten Daniels Heim durch eine Seitentür.

«Wir essen in der Sommerküche», hatte mir Daniel erklärt. Sommerküche? Nie gehört. Daniel erklärte mir, dass sie auf dem Hof zwei Küchen hätten: eine zu ebener Erde, für die Sommerzeit, mit Gummistiefeln und Arbeitskleidung betretbar;

und eine im ersten Stock, die man im Winter nutzte, wenn es weniger Feld- und Stallarbeit gab. Zu der oberen gehörte auch ein Esszimmer, das man keinesfalls mit Arbeitsschuhen betreten durfte. Diese Räume waren im Winter besser beheizbar, in der warmen Jahreszeit wurden die Möbel dort mit Tüchern abgedeckt.

Der Weg in die Sommerküche führte durch einen Raum, der wie eine Kombination aus Werkstatt und Waschküche aussah. Im Zentrum stand ein riesiger Bottich aus Stahl mit einem wagenradgroßen Deckel.

«Das ist der Schweinedämpfer», erklärte Daniel. Ich stellte mir vor, wie darin Schweine gekocht wurden. Zwei passten sicher gleichzeitig in den Dämpfer. Ob die vorher hier im Raum abgestochen wurden? Oder kamen sie wie Hummer lebendig in das kochende Wasser? Ich traute mich nicht, nachzufragen. Bei einem späteren Besuch lag kein Deckel auf dem Schweinedämpfer und ich sah, dass er bis zum Rand mit Kartoffeln gefüllt war.

«Ihr kocht im Schweinetopf Kartoffeln?», fragte ich Daniel.

«Was denn sonst?», fragte Daniel zurück.

«Na, Schweine», meinte ich.

An diesem Tag lernte ich, dass im Schweinedämpfer nicht die Tiere, sondern ihr Futter gekocht wurde.

Als wir erstmalig die Sommerküche betraten, verließ der Vater schweigend den Raum. Daniels Mutter seufzte, dann begrüßte sie ihren Sohn und mich. Daniels Brüder waren auch da, zusammen mit ihren beiden Frauen - eine Geste der Akzeptanz, über die Daniel und ich uns freuten. Man hatte mich darauf vorbereitet, dass der Vater nicht mit Daniels Schwulsein klarkam und sich weigerte, in Gegenwart von Sohn und Partner im Haus zu bleiben.

Damit Daniels Vater während unseres Besuchs nicht obdachlos war, übernachteten wir bei einem von Daniels Brüdern. Dort wurde ich abends auf meine Alkoholverträglichkeit getestet, mit selbstgebranntem Schlehenschnaps in rauen Mengen. Ich bestand den Test, wenn auch nicht ohne erhebliches Schwanken und Lallen. Finale Akzeptanz erreichte ich, als ich vor dem

Haus in die Rabatte kotzte. Während ich mir mit dem Ärmel den Mund abwischte, sagte Daniels ältester Bruder: «Jetzt passt wieder was rein!»

Er klopfte mir anerkennend auf die Schulter und schenkte den nächsten Schnaps ein.

• • •

Der nüchterne Alltag hatte sich verändert. Der Behördenfrieden war gestört. Wir mussten Stundenzettel führen, auf denen unsere Tätigkeiten und die darauf verwendete Arbeitszeit vermerkt wurden. Berthold hatte Ähnliches bereits vor Jahren erlebt und nahm es locker.

«Man muss die Dinger nur taktisch geschickt ausfüllen», meinte er.

Er hatte recht: Ebenso einfach, wie das Anfüllen der Arbeitszeit mit angenehmen Tätigkeiten, die sich um kurze punktuelle Pflichterfüllungen gruppierten, war das Ausfüllen der Stundenzettel, indem man Zeitfenster dehnte und Aufgaben verbal verkomplizierte. Nach einer Weile machte uns das sogar Spaß. Zwischen Berthold und mir entstand ein kleiner Wettbewerb in der Gestaltung bedeutsam wirkender Arbeitsnachweise.

Nach drei Monaten wurden die Ergebnisse der Zeiterfassung ausgewertet. Das Ergebnis war ernüchternd: Der Rechnungshof erklärte unsere Abteilung für unwirtschaftlich. Sie sollte geschlossen werden. Aber nicht radikal, sondern sozialverträglich. Jeder unserer Arbeitsplätze bekam einen sogenannten ‹KW-Vermerk›, was hieß: ‹künftig wegfallend›. Keine Kündigungen, aber keine Wiederbesetzung nach Ausscheiden.

Die Archivarin mit dem grauen Kittel und den Wurzeln in der Kalten Heimat stand kurz vor der Pensionierung; Svenjas blasse Nachfolgerin wollte ohnehin ins Ausland gehen. Demnächst würden also Berthold und ich mit unserem Vorgesetzten allein sein. Keine schöne Vorstellung. Dann erfuhr Berthold, dass er seine Computerkenntnisse endlich beruflich einsetzen und in die Verwaltungsabteilung wechseln könnte. Einen Monat vor seiner Versetzung hatte Berthold einen Tipp für mich:

«In der Uniklinik wird ein Fotograf gesucht. Der Job soll ganz locker sein.»

Er erklärte mir, dass das innerhalb des Öffentlichen Dienstes eine Versetzung wäre und Bedienstete mit ‹KW-Vermerk› bevorzugt übernommen würden.

«Du musst also gar kein Bewerbungsgetüdel machen. Einfach anrufen. Hingehen. Fertig.»

Ich rief an, ging hin und bekam die Stelle. In der Chirurgie.

Bislang hatte ich weggeschaut, wenn im Fernsehen jemand eine Spritze bekam. Ich hatte Angst beim Zahnarzt. Als im Restaurant einmal Ärzte am Nebentisch über Operationstechniken sprachen, verging mir der Appetit. Wenn jemand von Unfällen oder Verletzungen erzählte, wurde mir flau im Magen. Hätte man mich gefragt: ‹Kannst du Blut sehen?›, hätte ich ‹Nein› geantwortet.

Und jetzt sollte ich einen Job in der Chirurgie bekommen.

Vielleicht mache ich dort ja nur Röntgenaufnahmen?

Bestimmt darf man bei Operationen wegen der Infektionsgefahr sowieso nicht fotografieren. Wozu sollte man da überhaupt fotografieren?

Vielleicht mache ich Porträts der Patienten für die Krankenakten?

Eventuell geht es um beruhigende Landschaftsfotos, die auf Fluren und in Krankenzimmern hängen sollen, um Kranke aufzumuntern und ihre Heilung zu beschleunigen. Das war gerade angesagt, darüber hatte ich irgendetwas gelesen.

An meinem ersten Tag erhielt ich zunächst einen weißen Kittel mit dem Logo der Uniklinik auf der Brust. Dann zeigte man mir die Fotoausrüstung: eine Spiegelreflexkamera mit Blitzgerät. Sehr simpel. Die von mir erwarteten Aufnahmen konnten also nicht so kompliziert sein. Und dann ging es los …

Zu fotografieren waren: Herz-OPs, Bauch-OPs, Brust-OPs, Genital-OPs. Unfallopfer, die vom Gabelstapler aufgespießt, vom Kran gestürzt, vom Zug überrollt, von Beton zerquetscht, von Feuer versengt waren. Beinamputationen, Brustamputationen, Armamputationen. Abgetrennte Füße, Finger und Ohren. Hände, in denen Feuerwerkskörper explodiert waren; von Schrotkugeln durchsiebte Bäuche; Lungen, die von Messern durchstochen waren. Menschen im Koma, Krebs im Endstadium, Kinder im Sterben. Der erste Schnitt in die Haut, die nächsten durch das Gewebe, das Durchtrennen der Rippen, das Öffnen des Brustkorbs, das Freipräparieren der Leber, das Herausheben des Darms nebst stückweiser operativer Entfernung, das Verschließen von Gefäßen, des Klammern des Brustkorbs, das Vernähen der Haut. Der schwerverletzte Patient (‹Polytrauma nach Sturz in Ytong-Presse›) direkt nach dem Eintreffen des Rettungshubschraubers, während der Unfall-OP, auf der Intensivstation, beim Heilungsverlauf in der Klinik und in den Monaten danach, Anreise im Rollstuhl. Die alte Dame, der aufgrund von Altersdiabetes schon wieder ein Stück des linken Beins amputiert werden musste. Der zehnjährige Junge, der unangeschnallt Opfer eines Verkehrsunfalls wurde und nicht überleben würde.

Bei meiner Einstellung hatte mich niemand auf die Eindrücke vorbereitet, die mich erwarteten. Es gab auch keinen Testlauf im Operationssaal. Vielleicht ging man davon aus, dass jemand, der bei der Behörde Risse im Straßenbelag, flutbedingte Deichbrüche oder die Sprengung desolater Industriebauten fotografiert hatte, auf entsprechende Schäden oder Eingriffe an menschlichen Körpern gut vorbereitet sei. Von der Außen- und Innenperspektive bei Gebäuden zur Außen- und Innenansicht von Menschen. Nur ein kleiner Schritt? Für mich war dieser Schritt riesig. Eine große Mutprobe.

Als ich am ersten Arbeitstag in den OP gerufen wurde (‹Der Fotograf zum Patienten auf Tisch drei›), betrat ich die Schleuse, um mich umzuziehen. Während ich nackt bis auf die Unterhose nach den passenden OP-Klamotten suchte, musterte mich ein bereits grün vermummter Pfleger, schlank, etwa in meinem Alter.

«Na sowas, Frau Platthofer, Sie haben sich ja mächtig verändert!», kommentierte er meinen Körperbau.

Frau Platthofer war meine Vorgängerin gewesen.

«Äh, ja. Ne, nein. Ich bin der Neue. Erster Tag heute.» Ich streckte dem Pfleger meine Hand entgegen und stellte mich vor: «Tom Mends!»

«Händedruck ist hier nicht angesagt», gab er zurück. «Fass auch da drinnen bloß nichts an. Außer deiner Kamera.»

«Okay. Geht klar.»

Inzwischen steckten meine Beine in einer schlabbrigen grünen Hose und mein Oberkörper unter einem grünen Hemd. Der Pfleger zeigte mir noch, wie man Haube und Mundschutz richtig verknotet. Dann schob ich meine Füße in ebenso grüne Kunststoff-Clogs, tränkte meine Hände noch einmal mit Sterillium und verließ die Schleuse in Richtung OP.

«Hol' dir nicht gleich 'nen Blutrausch!», meinte der Pfleger noch. Im Gehen tippte er sich auf die Brust und sagte: «Ferdi! Bin meist im Herz-OP.» Unter seinem Mundschutz erahnte ich ein Lächeln. Sehen konnte ich es nicht. Aber seine schönen braunen Augen fielen mir auf.

Dann verschwand Ferdi in einem Operationssaal auf der rechten Seite des Flures. Ich musste nach links. Mit dem Knie drückte ich auf die Gummilippe zum Öffnen der Tür und betrat den hellblau gefliesten Raum. Ich war so nervös wie bei einer Konzertpremiere, jedenfalls stellte ich mir das Gefühl vor dem Betreten einer großen Bühne ähnlich vor. Bei diesem Auftritt nahm mich jedoch niemand wahr. Rund um den Tisch standen zwei oder drei Ärzte und drei oder vier Schwestern oder OP-Pfleger. Richtig auseinanderhalten konnte ich das im Saal agierende grün verkleidete Personal nicht. Neben einem Turm aus kompliziert aussehenden technischen Geräten, direkt neben dem Patienten, saß noch eine Frau und blickte aufmerksam auf die blinkenden Anzeigen und pulsierenden Kurven. War das die Anästhesistin? Alle im Raum arbeiteten konzentriert. Man hörte das regelmäßige Piepen, das den Pulsschlag wiedergab, metallisches Klappern von Instrumenten, die beiseitegelegt wurden und ab und zu einen knappen Appell des Arztes, wie «Haken», «Klemme» oder «Absaugen». Genauso kurz und knapp kam plötzlich «Foto». Als ich nicht sofort reagierte, wurde etwas lauter wiederholt: «Foto, Frau Platthofer!» Ich fühlte mich nicht angesprochen. Sämtliche Aktionen rund um den OP-Tisch stoppten. Keine Bewegung mehr, nur das regelmäßige Piepen und das Pumpen der Beatmungsmaschine. Dann drehten sich alle zu mir um und blickten mich durch die Sehschlitze ihrer grünen Maskierung an. Ich schluckte.

«Ach, der Neue», kam dann in ungeduldigem Tonfall vom Operateur. «Holen Sie sich die Bank von da drüben. Dorthin damit!», er wies mit dem Kopf auf eine Position an der Seite des OP-Tisches. Die Hände konnte er nicht nehmen, die steckten im Patienten.

Ich holte die Bank, parkte sie auf der angewiesenen Stelle und wartete.

«Sie sollen da rauf!», sagte der Arzt unwirsch. «Oder dachten Sie, ich brauche ein Tanzparkett?»

Ich bestieg die Bank.

«So, ich hole jetzt das Herz heraus und drehe es auf die Rückseite. Dort ist der Befund. Davon ein Foto. Aber fix!»

Der Operateur hob das Herz aus dem Brustkorb des Patienten. Ich sah die Blutgefäße, die es mit dem Körper verbanden. Der Arzt drehte das Organ um. Auf dessen Rückseite sah ich eine etwa kirschkerngroße braunschwarze Verdickung. Darauf stellte ich scharf und bemerkte, dass meine Hände leicht zitterten. Ich löste aus. Blitzlicht. Fertig.

«Noch eins!», befahl der Arzt.

Ich löste wieder aus. Danach nahmen alle Akteure sofort ihre Arbeit auf, als wäre nichts geschehen. Das Herz wurde in den geöffneten Brustkorb zurückgelegt. Der Operateur gab seine knappen Anweisungen. Ich wurde nicht weiter beachtet. War's das schon für mich? Unsicher wartete ich noch einen Moment.

«Was wollen Sie noch?», fragte der Arzt, «Sightseeing?»

Ich schüttelte den Kopf, stieg von der Bank, stellte sie an ihren Platz zurück und verließ den Operationssaal.

Schon befand ich mich wieder in der Schleuse, pellte mich aus der grünen Hülle und verließ den OP-Trakt.

Als ich wieder in meiner kleinen Fotoabteilung ankam – Schreibtisch, Ausrüstungs- und Archivschrank, winziges Studio und enge Dunkelkammer –, war ich stolz auf die bestandene Premiere. Mir war nicht schlecht geworden, und ich war nicht umgekippt. Mir war die Kamera nicht aus zittrigen Händen in den Körper des Patienten gefallen. Ich hatte keine fahrlässige Tötung begangen.

Auch wenn ich nicht dem Blutrausch verfallen war, so gehörte ich jetzt doch irgendwie zu den ‹Blutsbrüdern›, den tapferen Menschen, die sich freiwillig heftigen Eindrücken aussetzen. Ich klopfte mir innerlich auf die Schulter.

Der Wechsel von der Behörde in die Chirurgie bewirkte, dass ich bereitwilliger antwortete, wenn ich nach meinem Beruf gefragt wurde. Reaktionen wie ‹Du fotografierst bei Operationen? Ist ja krass!› oder ‹Das könnte ich nie!› zeigten mir, dass ich nun etwas mit dem Flair des Besonderen tat. Nicht so schillernd wie fotografische Erfolge in der glanzvollen Modewelt. Aber immerhin.

Zu meinem eigenen Erstaunen rüstete mich die Arbeit in der Chirurgie auch besser gegen die Familienbetriebsplanungen meines Vaters. Wenn er von Fotografie anfing, griff ich nun bereitwillig das Thema auf, berichtete von meinen Erfahrungen am OP-Tisch und präsentierte ihm meine neuesten Aufnahmen von Amputationen, Krebsgeschwüren oder der Implantation einer Hirndrucksonde. Mein Vater tat sich mit diesen Anblicken schwer und suchte schnell nach einem anderen Thema.

Ich stellte fest, dass mir der Umgang mit Patienten leichtfiel. Mit einigen, bei denen ich längerfristige Heilungsverläufe dokumentierte, gab es wiederkehrende Kontakte. Dabei entstanden vertrauensvolle Gespräche, in denen wir über Sorgen und Nöte, über Ängste und Hoffnungen sprachen.

Die Gesprächskultur der meisten Ärzte war eher minimalistisch oder von ausgeprägter Direktheit. Einmal betrat ich im Schlepptau eines Unfallchirurgen ein Krankenzimmer. Der Arzt begrüßte den Patienten mit dem Satz: «Hier ist der Fotograf, der fotografiert jetzt Ihre Beine, denn morgen kommen die ab.»

Mit dieser Aussage wurde die bevorstehende Amputation erstmalig angekündigt. Der Arzt zog die Decke vom Bett, rauschte aus dem Zimmer und ließ mich mit dem Patienten allein. Ich kannte dessen Vorgeschichte: Der Lagerarbeiter aus Billbrook war nach einem Arbeitsunfall eingeliefert worden. Eine tonnenschwere Palette mit Spezialpapier war aus einem Hochregal gestürzt und hatte seine Beine zertrümmert. Nun stellte ich mich auf dramatische Szenen am Krankenbett ein. Einzige Reaktion des Unfallopfers: «Krich ich auch Bilders? Sind ja die letzten mit Beine!»

Anders als damals bei der Behörde hatte ich in der Chirurgie das Gefühl, mehr mit wesentlichen Themen konfrontiert zu sein: Leid und Hoffnung; unerwartete Ereignisse, die Lebensplanungen zunichte machten; Fragen nach dem, was wirklich wichtig ist im Leben. Erstaunlicherweise schockierte mich der Anblick von Blut oder freigelegten inneren Organen nicht, im Gegenteil: So unmittelbar mehr über den menschlichen Körper zu lernen, war faszinierend. Unangenehm an meinem Job fand ich eher das Arbeitsklima, die hierarchische Distanz, den knappen bis schroffen Umgangston, den Profilierungsdruck, den man den Ärzten oft anmerkte. Unerfreulich waren auch einige fotografische Aufgaben, die mit den im Vorfeld befürchteten blutgetränkten Extremerfahrungen nichts zu tun hatten. Viele Stunden, manchmal ganze Tage verbrachte ich mit stupiden Tätigkeiten, die wie am Fließband abgewickelt werden mussten: Abfotografieren von Röntgenbildern, fünfzig Stück, hundert Stück, hundertfünfzig Stück; Reproduzieren von Textbögen, zwanzig Blatt, vierzig Blatt, achtzig Blatt; Beschriften von Diapositiven mit Patientendaten, hundertmal, zweihundertmal, dreihundertmal. Ich stellte Schriftdias her, die auf einen speziellen Strichfilm belichtet und dann umgetont wurden, bis sie blau waren – stapelweise, für den studentischen Unterricht. Uniklinik hieß für die Ärzte und Professoren auch Lehrtätigkeit – und da es noch keine digitalen Medien gab, wurden alle

Texte, Röntgenbilder, Patientenbilder auf Dias in Projektoren geschoben und an die Wände des Hörsaals geworfen. Diese Dias musste ich herstellen. Nichts, was faszinierend oder vergnüglich war oder worüber man mit Stolz berichten mochte.

Das Einzige, was ich in der Chirurgie tatsächlich kaum ertragen konnte, hing nicht mit optischen Extremeindrücken zusammen, es war ein Geruch. Bei vielen Operationen wurde gekautert: Mit einem elektrischen Griffel wurden zertrennte Gefäße verschlossen, sozusagen zugekokelt. Dabei stiegen Qualmwolken auf, die nach verbranntem Menschenfleisch rochen. Übel.

Was ich zu dieser Zeit träumte:

Ich sitze im Linienbus und fahre zur Arbeit. Die Straße zur Klinik führt unter alten Kastanien hindurch. Die Kastanien haben dichte grüne Kronen und strahlend weiße Blütenkerzen. Streifen von Sonnenlicht fallen schräg zwischen den Bäumen hindurch.

Ich sitze auf der rechten Seite des Busses in der vorletzten Reihe von hinten. Hinter mir zwei Jugendliche. Sie rauchen und trinken Cola aus Dosen. Ich schaue zum Fenster hinaus. Am Straßenrand parken Autos, der Fußweg ist fast menschenleer.

Ich bemerke, dass die Jugendlichen leise tuscheln. Einer beugt sich vor, bis er direkt hinter mir ist. Dann lehnt er sich wieder zurück. Beide Jungs kichern.

Plötzlich realisiere ich, dass meine Schädeldecke fehlt. Mein Gehirn liegt frei. Wieder beugt sich der eine Jugendliche vor. Jetzt bemerke ich, dass er seine Zigarettenasche in meine Hirnschale schnippt. Der andere Junge lacht und nimmt einen tiefen Zug aus seiner Zigarette. Dann ascht auch er in meinen Schädel. Beide lachen. Der erste drückt seine Kippe an meinem Gehirn aus. Lautes Lachen.

Nun hebt der andere langsam seine Coladose an den Rand meines Kopfes und lässt das braune Getränk zwischen mein Gehirn und die Schädelknochen laufen. Ich spüre kribbelnde Kohlensäure. Ich überlege, wie lange mein Gehirn dieser Prozedur standhalten wird.

Beide Jungs giggeln vor sich hin. Schließlich stellt sich der erste Junge hin, hebt seine Coladose hoch bis unter das Dach des Busses und kippt von dort oben die schäumenden Reste über mein Gehirn. Der zweite Junge steht auf, wirft lässig seine brennende Zigarette hinterher, deren Glut in der Cola verzischt. Die Jugendlichen steigen aus.

Ich fahre weiter. Eine Station später bin ich am Ziel. Ich verlasse den Bus, betrete das Krankenhausgelände, das Chirurgiegebäude, den OP-Trakt. Ich gehe in die Schleuse und ziehe mir grüne Kleidung an. Dann knote ich mir Haube und Mundschutz um den Kopf. Mein Schädel ist vollkommen intakt.

• • •

Daniel machte mir Mut, mich beruflich weiter zu verändern.

«Du hast dir doch bewiesen, dass du etwas anderes kannst, als in der Behörde zu versauern!»

Das stimmte, die Mutprobe Chirurgie hatte ich bestanden.

«Aber so richtig zufrieden bist du nicht im Krankenhaus.»

Auch richtig. Viele Jahre dort zu arbeiten, mochte ich mir nicht vorstellen. 500.000 Dias von Röntgenbildern in drei Jahrzehnten? Nein danke.

«Und Fotograf war sowieso nie dein Traumberuf.»

Nein, das war eine Notlösung.

«Du kannst dir doch vorstellen, etwas ganz anderes zu machen?»

Ja, mittlerweile konnte ich mir das vorstellen. Bloß: was?

«Die Agentur sucht Leute.»

Daniel war mehrfach von einer Eventagentur als Sänger für Veranstaltungen gebucht worden. Gerade einen Tag zuvor hatte er einen Auftritt bei einem festlichen Firmenjubiläum absolviert.

«Das wäre etwas ganz anderes. Abwechslungsreich und kreativ.»

Was soll eine Eventagentur mit einem Chirurgiefotografen?

«Du hast doch Fantasie. Die kannst du dort einsetzen!»

Ja, Fantasie hatte ich. Irgendein Quatsch fiel mir immer ein. Zum Beispiel, wenn ich Lukas Gutenachtgeschichten erzählte. Aber: Was konnte man beruflich damit anfangen?

«Die haben erzählt, dass sie jemanden brauchen, der sich Veranstaltungen ausdenkt.»

Daniel hatte mir bereits berichtet, dass die Agentur für große Unternehmen arbeitete. Unternehmensveranstaltungsausdenker - ist das ein Beruf?

«Ich habe mit denen gesprochen. Du kannst dich bei ihnen vorstellen. Die sind total nett!»

Ja, nein, aber … Ne, so ein Blödsinn.

«Der Geschäftsführer hat nächste Woche Zeit. Mittwoch passt ihm am besten. Ich habe gesagt, du rufst morgen an und machst einen Termin.»

Oho, vollendete Tatsachen. Das grenzte an Nötigung - dementsprechend war ich etwas eingeschnappt. Es war aber auch sehr fürsorglich von Daniel - also war ich noch ein bisschen mehr verliebt in ihn. Soweit das überhaupt möglich war.

Daniel war liebevoll und aufmerksam. Abends kochte er für uns, sonntags stand er mit dem Frühstückstablett am Bett. Oft hörten wir zusammen Musik. Daniel stellte mir Werke vor, die ich noch nicht kannte, die ‹Dichterliebe› von Schumann, das ‹Requiem› von Brahms, Lieder von Verdi. Er erklärte mir kompositorische Raffinessen und weckte meine Neugier auf unterschiedliche Interpretationen. Daniel förderte sogar meine Gesangversuche bei Mrs. McLloyd, obwohl ich meilenweit vom Schönklang seiner Stimme und der Professionalität seiner Technik entfernt war.

Auch familiär bewirkte Daniel Gutes. Zu Hannelore hatte er schnell einen speziellen Draht entwickelt, und selbst meinen Vater konnte er ein bisschen aufziehen, wenn der mal wieder fotografische Familienbetriebsvisionen entwickelte.

«Du fotografierst die knackigen jungen Fotomodelle - und dein Sohn knipst dann dreißig Jahre später ihre geplatzten Brustimplantate!»

Mein Vater grinste.

Mit Omaka sprach Daniel natürlich nicht über Brustimplantate. Der Umgang zwischen beiden war ein bisschen steif und förmlich. Mir gegenüber hatte Omaka einmal bemerkt, Daniel hätte eine ‹gute Schädelform›. Das war wohl ihre Art, mir mitzuteilen, dass sie Daniel akzeptiert hatte – und meine ‹Homersexualität› anscheinend auch.

Sehr viel bedeutete mir Daniels liebevolle Beziehung zu Lukas. Er war wirklich fast wie ein ‹dritter Vater› für meinen Sohn. Nur zwischen Daniel und Lukas' Mutter Svenja blieb es angespannt. Beide würzten ihre Gespräche gern mit freundlich verpackten Sticheleien. Ich nannte das – in der Chirurgie lernte man ja auch neue Vokabeln – ‹subkutane Verätzungen›. Raphael, inzwischen Svenjas Ehemann, ging locker distanziert mit Daniel um.

Doro kam im Sommer für eine Woche aus München zu Besuch. Sie berichtete, dass es zwischen ihr und Freundin Billie immer öfter Spannungen gab.

«Manchmal befürchte ich, dass es nicht mehr lange gut geht», meinte sie nachdenklich.

Wir gingen am Elbstrand spazieren. Das Sonnenlicht glitzerte auf dem Fluss. Ein großer Tanker fuhr vorbei in Richtung Nordsee. Man hörte das tiefe Brummen des Schiffsdiesels und die Schreie der Möwen. Während sich das Schiff entfernte, näherte sich seine Bugwelle langsam dem Ufer. Hunde rannten an der Wasserkante entlang. Im Sand spielten Kinder. Am Horizont sah man die ‹Harburger Berge›. Daniel hätte sich bestimmt wieder über unseren norddeutschen Höhenzug lustig gemacht, aber er war bei einer Konzertprobe.

«Willst du dich trennen?», fragte ich Doro.

«Nein, nicht wirklich», entgegnete sie. Pause. «Vielleicht doch.» Pause. «Ich weiß nicht.»

Wir sprachen eine Weile über das, was aus Doros Sicht in der Beziehung schieflief, und über das, was sie an ihrer Freundin liebte und schätzte.

«Irgendwie fühlt sich für mich gerade alles ganz unentwirrbar an», seufzte Doro. «Aber solche Phasen gehören wohl dazu. Mal sehen. Wird schon wieder.» Doro hob die Augenbrauen, zog kurz die Schultern hoch und schickte mir ein verhalten optimistisches Lächeln.

Dann rief sie: «Ich bin Erste!», und rannte los.

Ich lief hinterher. Das hatten wir schon zu Wohngemeinschaftszeiten gespielt, wenn irgendetwas doof gelaufen war oder innerlich querlag. Losrennen, Gas geben, auspowern, bis der Atem raste. Wir rannten den Strand entlang. Als sie nicht mehr konnte, schmiss sich Doro in den Sand. Ich landete daneben. Puls auf hundertachtzig. Während wir langsam wieder zu Puste kamen, hielten wir uns an den Händen und schauten in den Himmel. Weiße Wölkchen vor Dunkelblau, unordentliche Kondensstreifen von querenden Flugzeugen, ab und zu ein paar sich attackierende Möwen.

«Es ist schön, dich und Daniel so glücklich zu erleben!», sagte Doro, als die Luft wieder zum Sprechen reichte. «Das habe ich mir immer für dich gewünscht!»

«Ja, das ist schön! Sehr schön. Wunderschön!»

Doro hatte recht. Daniel passte prima zu mir. Wir passten zueinander. Was für ein Glück! Ich konnte mir gut vorstellen, wie wir irgendwann als Doppelopas zahlreiche Enkelkinder zum Lachen bringen würden. Beide grauhaarig und mit Rauschebart, mühsam am Stock gehend, aber von einer wilden Schar um uns herumhüpfender Kinder umgeben.

V

Beim Geschäftsführer der Eventagentur hatte mich Daniel anscheinend in so strahlenden Farben beschrieben, dass dieser auf meine Bedenken, ich könne vermutlich nichts, was man in einer Agentur können müsse, antwortete: «Versuchen Sie es einfach!»

Der Versuch begann im Januar. Ich lief zu meinem ersten Arbeitstag in der Agentur auf. Bye-bye weißer Kittel und grüne OP-Hemden, hallo grauer Anzug und rot gestreifte Krawatte.

Tschüss Kamera und Karzinom, willkommen Computer und Catering. Alles war neu.

Vor meiner ersten Begegnung mit Computern hatte ich einen Heidenrespekt. In der Chirurgie hatte es Planungen gegeben, Textdias zukünftig an Computern herzustellen. Wie das gehen sollte, konnte ich mir nicht vorstellen. Schob man geschriebene Texte in den Computer und der fotografierte sie dann? Konnte man Diafilme mit dem Rechner entwickeln?

Um mich in der Agentur nicht zu sehr zu blamieren, machte ich vorher einen Einführungskursus. Man brachte mir bei, Programmbefehle in MS-DOS auszuführen. Ich lernte alle Befehle auswendig und hoffte, damit für den neuen Job gerüstet zu sein.

MS-DOS-Befehle habe ich nie gebraucht. Stattdessen musste ich Briefe und Faxe an Auftraggeber und Subunternehmen schreiben, Regiepläne verschicken und Catering bestellen. Nur: Wie formuliert man einen Geschäftsbrief? Welche Anrede verwendet man bei einem Vorstandsmitglied? Ich hatte keine Ahnung. Und: Wie speichert man geschriebene Texte in der grauen Kiste, damit sie nicht verloren gehen? Ich tappte im Dunkeln.

Die netten Kolleginnen und Kollegen halfen. Mit ihrer Unterstützung lernte ich, Briefe zu formulieren, Dokumente zu speichern und Faxe zu verschicken. Dann kam das erste Event: ‹Jahresstarttagung› eines Unternehmens aus der Branche der Kraftfahrzeugzulieferer, sechshundert Teilnehmer, in Westerland auf Sylt. Ich stellte mich darauf ein, zuzuschauen, wie die Kollegen die Veranstaltung umsetzen würden, und wollte mir dabei ein paar Notizen für meine zukünftigen Aufgaben machen.

Schwarzer Anzug, weißes Hemd, Krawatte in Bahamabeige. So gekleidet, sowie mit Block und Stift für meine Notizen bewaffnet, meldete ich mich bei der Projektmanagerin.

«Wem darf ich denn auf die Finger gucken?», fragte ich sie.

«Den Künstlern.» Die Kollegin hatte ein Headset auf dem Kopf, ein Klemmbrett in der Hand und schaute angespannt auf ihre Armbanduhr.

«Prima. Und wer zeigt mir, wie das so läuft?»

«Der Regieplan», kam knapp zurück. Sie drückte mir zusammengeheftete A4-Blätter in die Hand. Dann drehte sie sich von mir weg und sprach ungeduldig in das Mikro ihres Headsets.

Ich zupfte sie vorsichtig am Ärmel. «Und wer hat die Oberhand beim Künstlerprogramm?»

Sie drehte sich kurz um: «Du. Wer sonst? Steht alles da drin. Kannst doch lesen, oder?» Sie tippte auf den Ablaufplan und rauschte davon.

Ich schluckte und studierte den Plan. Probenzeiten und Auftritte waren vermerkt, technische Anweisungen, Lagepläne der Künstlergarderoben und des Bühnenaufbaus nebst Auf- und Abgängen waren beigefügt. Bis siebzehn Uhr sollten alle Künstler eingetroffen sein, dann Zuordnung der Garderoben. Von siebzehn Uhr dreißig bis achtzehn Uhr dreißig Soundcheck und Proben, danach Maske. Um sieben würde der Galaabend beginnen.

Von der Technik wurde ich mit einem Headset versorgt, sodass ich neben den Stimmen der Menschen in meiner Nähe auch alle Dialoge meiner Kolleginnen und Kollegen über Funk hörte. Rechtes Ohr live, linkes Ohr Knöpfchen. Auditives Multitasking. Zwischen meinen beiden Ohren flatterte mein Gehirn vor Nervosität. Mein Gott, ich hatte doch keine Ahnung! Das musste ein Desaster werden.

Bis siebzehn Uhr trafen ein: eine fünfköpfige Band für Dinner- und Tanzmusik; ein Jongleur aus Paderborn; zwei schwarzgefärbte Damen, die sich Die Trapezellas nannten, sowie ein Moderator mit nikotingelbem Haar, der sich benahm, als wäre er dauernd auf Sendung. Vermisst wurden die Big Mecks, ein Pärchen aus Mecklenburg-Vorpommern, die Countrysongs spielen sollten.

Ich lief zwischen den Garderoben hin und her und tat so, als hätte ich die Situation im Griff. Die Band wirkte entspannt und professionell. Ich gab den Musikern ihren Regieplan, zeigte ihnen, wo die Getränke standen und wie man den Weg zum Klo fand. Schon machten sie sich mit ihren Instrumenten auf den Weg zur Bühne und bereiteten sich auf die Proben vor. Selbstläufer. Das beruhigte mich etwas. Der Jongleur aus Paderborn redete gern und zeigte mir seine Brandnarben auf den Unterarmen, denn er jonglierte mit Fackeln. Ich hatte den Eindruck, dass er mir später gern noch weitere Teile seines Körpers gezeigt hätte, nach der Gala, im Hotelzimmer.

Die Trapezellas klagten darüber, wie anstrengend ein Künstlerleben für die Nerven sei und dass Lampenfieber die schlimmste Krankheit der Welt wäre. Nur medikamentös könne man das in den Griff bekommen. Sie hatten ihre Reiseapotheke dabei, ihr Medikament war Alkohol.

Der nikotingelbe Moderator verpackte sich in einen schillernden dunkelblauen Smoking, der am Kragen mit silbernen Pailletten besetzt war. Er forderte ununterbrochen mehr Ruhe ein, während er selbst unablässig redete. Wenn er von mir ein Glas Wasser verlangte oder ein frisches Handtuch, schaute er immer, als stünden hinter mir mindestens tausend begeisterte Zuschauer - oder wenigstens eine laufende Fernsehkamera. Alles an ihm wirkte überdreht. Er passte gut zum Motto der Tagung: ‹Mehr Tempo für mehr Leistung›.

Die Big Mecks trafen erst nach Probenbeginn ein. Als die beiden Country-Sänger im Regieplan entdeckten, dass sie für einen Auftritt während des Galadinners eingeplant waren, wollten sie sofort wieder abreisen. Beide hatten mit einem großen Auftritt vor erlesenem Publikum gerechnet, auf den großen Durchbruch im Westen gehofft. Nun sollten sie spielen, während andere kauten und redeten? Nein, niemals! Mit Engelszungen gelang es mir, die beiden zum Bleiben zu überreden.

Um kurz vor sieben, unmittelbar vor Beginn des offiziellen Programms, klopfte mein Herz voller Sorge, der Abend würde mir entgleiten. Trotzdem öffneten sich die Türen des Saales und die Gäste strömten herein. Die Band spielte, der Moderator begrüßte mit launigen Worten und schlüpfrigen Witzen, der Unternehmensvorstand sprach zwanzig Minuten über zurückliegende Erfolge und darüber, dass dieser Abend dazu diene, Kraft zu tanken für die bevorstehenden Herausforderungen des Geschäftsjahres. Dann wurde der erste Gang des Menüs aufgetragen. Während der Festabend äußerlich reibungslos begann, hörte ich durch mein Headset, was hinter den Kulissen schiefging. Vorspeisen wurden zu spät serviert, Ehrengäste des Unternehmens waren falsch platziert worden, zwei Scheinwerfer hatten ihren Geist aufgegeben, am Schlagzeug der Band fiel ein Mikrofon aus, der zuständige Techniker war unauffindbar. Ständig sendete das elektronische Knöpfchen hektische Auseinandersetzungen in mein linkes Ohr.

Während die Band nach dem Dinner auf Tanzmusik umschwenkte, verabschiedeten sich nach und nach die anderen Künstler.

«Danke!», sagten die Trapezellas, «es tat gut, einen Profi wie Sie zur Seite zu haben. Wir Künstler sind ja nervlich so sensibel!»

«Ja», bestätigten die Big Mecks, «Sie haben so eine Ruhe ausgestrahlt. Und immer alles im Griff gehabt.»

Wenn die gewusst hätten, wie ich innerlich durch den Abend geschliddert bin.

Der Jongleur nickte nur kurz, als er aufbrach. Sein Interesse an mir war erloschen, weil ich nicht für ihn entflammt war. Der Moderator rauschte ohne ein Wort an mir vorbei und verabschiedete sich nur bei unserer Projektmanagerin. Vielleicht repräsentierte ihr höherer Status besser ein imaginäres großes Publikum.

Bis halb vier wurde getanzt. Danach kam der Abbau. Um fünf lag ich im Bett. Zu Behördenzeiten hätten wir ein solches Arbeitspensum auf drei bis vier Wochen verteilt.

• • •

«Junge, du siehst blass aus», meinte Omaka, «macht dir die neue Arbeit zu schaffen?»

«Ist okay.»

Ich sah Omaka an, dass sie mich nicht verstanden hatte.

«Alles okay», wiederholte ich lauter. Ihre Ohren waren schlechter geworden und meine Besuche seltener.

Ehrlicherweise hätte ich antworten müssen: ‹Ja, die Arbeit

macht mir zu schaffen. Sehr sogar.› Woher kam nur unsere familiäre Haltung, immer so zu tun, als wäre alles in Ordnung? Nie zu sagen: ‹Ich habe Sorgen› oder ‹Es geht mir schlecht› oder ‹Die Arbeit fällt mir schwer›. Ich fand den Job in der Agentur superturbomegaanstrengend. Ich fühlte mich gestresst und überfordert, unterqualifiziert und überlastet, um Perfektion bemüht und gleichzeitig der Verzweiflung nah. Nur merken sollte das niemand. Mir war nach ‹Ich schaffe das nicht›. Ich sagte: «Ist schon okay.»

Für alle anderen Kolleginnen und Kollegen in der Agentur schien tatsächlich alles okay zu sein. Arbeitstage, die nicht vor zehn Uhr abends endeten, besser noch nach Mitternacht (Lob vom Chef); Wochenenden, an denen Veranstaltungen geplant, umgesetzt, nachbereitet wurden. Stunden über Stunden, in denen man zwischen Meetings, Telefonaten, Briefen und Faxen in wildem Wechsel hin und her switchte. Projekte, die aktuell umgesetzt wurden, vermischten sich mit anderen, die gerade akquiriert wurden, in Planung waren oder bereits abgerechnet und ausgewertet wurden. Megatasking. Noch ohne Internet, E-Mails oder Mobiltelefone. Das war unser Alltag. Den fanden anscheinend alle cool. Außer mir. Obwohl: Auch ich versuchte ja mühsam den Eindruck zu vermitteln, das wäre alles ‹okay›; nein, superprima. Ob einige von den anderen auch litten, es aber nicht zeigten? Die müssen doch auch gestresst sein, oder bin ich der Einzige, der immer an seinen Grenzen entlangschrabbelt?

Immerhin: Eventagenturen waren etwas Neues und gerade sehr angesagt. Wenn man erzählte, dass man dort arbeitete, hörte man ‹Cool!›. Rumdrucksen musste ich also nicht mehr, wenn ich nach meinem Job gefragt wurde. Ich wurde aber nicht so oft gefragt, denn Begegnungen mit Menschen außerhalb der Agentur reduzierten sich aufgrund der exzessiven Arbeitszeiten. Auch Lukas sah ich seltener – und an meinen Papawochenenden war ich oft müde, unausgeglichen und ungeduldig mit meinem Sohn. Das tat mir leid, aber Entspannung gelang mir nicht. Einschlafen: schwierig. Abschalten: gar nicht.

Um mich tagsüber aufrecht zu halten, nahm ich abends Baldrian (meist in Kombination mit Rotwein), damit das dauerrappelnde Gehirn abschalten und ich einschlafen konnte. Gott sei Dank vermied ich einen erweiterten Einsatz von medikamentösen Entspannungsmitteln; die Erinnerung an das umfangreiche Psychopharmakadepot meiner Mutter blinkte als düsteres Warnsignal aus dem Nebel der Vergangenheit auf.

Auch das ‹Wir› zwischen Daniel und mir litt. Ich konnte mich auf seine Themen nicht konzentrieren; fragte nach Dingen, die er mir ein paar Minuten zuvor erzählt hatte; war schnell gereizt oder gedanklich abwesend. Wenn Daniel mit mir schlafen wollte, hatte ich Kopfschmerzen; hatte er Lust auf eine Unternehmung, war ich müde. Daniel meinte, wir müssten einfach etwas Geduld haben, das wäre nur eine Umstellungsphase.

Omaka und ich hatten gegessen und eine Runde Karten gespielt. Omakas Augen waren auch nicht besser geworden. Herz und Karo konnte sie nicht mehr richtig unterscheiden, Kartenwerte erst recht nicht. Dementsprechend legte sie gewagte Kombinationen auf den Tisch, die ich jedoch nicht reklamierte. Sie freute sich darüber, immer zu gewinnen. «Siehst du, im Kopf bin ich noch ganz flink!», sagte sie triumphierend und legte den Karobuben neben die Herzdame. Dann kam eine Karozehn, gefolgt von der Acht, die sie mit der Neun verwechselt hatte. Mit Pik und Kreuz hatte Omaka selten Probleme.

«Weißt du, Tomchen», meinte sie nach dem Spiel, «ich hatte ja auch schwere Zeiten.»

«Ich weiß. Der Krieg, die Nachkriegsjahre.»

«Die meine ich gar nicht. Auch danach war's nicht immer leicht. Ich musste in den Fünfzigerjahren in einem Büro anfangen, da war ich schon über fünfzig. Import, Export. Ich kannte mich überhaupt nicht aus. Musste alles neu lernen. In dem Alter!»

Ich erinnerte mich dunkel, dass meine Großmutter mal als Fremdsprachenkorrespondentin gearbeitet hatte. Bevor ich geboren wurde.

«Ich hab's geschafft. Und du schaffst das auch! Hast doch Offiziersblut. Wirst schon sehen ...», Omaka drückte liebevoll

meine Hände, schaute mir in die Augen und nickte mir zu. «Komm mein Junge – halt dich grade!»
Mach ich ja.

• • •

Als ich an einem Freitagabend die Wohnungstür aufschloss und mich auf ein ausnahmsweise freies Wochenende freute, hörte ich Stimmen aus unserem Wohnzimmer. Während ich meine Jacke an die Garderobe hängte, die Schuhe auszog und die Krawatte löste, erkannte ich, dass Daniel mit Doro sprach.

Beide saßen auf dem Sofa, bei Kerzenlicht und einer Flasche Rotwein. Doro hatte die kleine rote Wolldecke von Lukas auf dem Schoß. Ich begrüßte sie mit einer Umarmung, Daniel mit einem Kuss auf den Mund und setzte mich auf den Boden. Daniel holte mir ein Glas, füllte es und schob mir einen Cracker in den Mund.

«Danke!», sagte ich.

«Bitte!», sagte Daniel – und dann: «Doro hat Kummer.»

Sie nickte.

«Doro zieht wieder nach Hamburg. Sie hat sich von Billie getrennt.»

Daniel schenkte Doro Wein nach.

«Sie hat schon eine Wohnung. Ganz bei uns in der Nähe.»

«Ja», sagte Doro, «ich lad' euch bald mal zum Essen ein. Aber noch ist alles zu chaotisch.»

«Nun erzähl mal», forderte ich Doro auf.

«Billie hat seit drei Jahren ein Verhältnis mit einer Frau aus der Schweiz.»

«Wusstest du davon?»

«Nein, ich hab' nur was geahnt. Sie hat die Schweizerin bei einem ihrer Seminare kennengelernt. Total ihr Typ, so eine drahtige Grauhaarige.»

Doro selbst war eher kräftig als drahtig.

«Ich dachte immer, du warst total ihr Typ?»

«Ihre große Liebe – hat sie jedenfalls gesagt», konterte Doro und lächelte tapfer, «du weißt ja: Liebe macht blind!»

«Und wegen der Schweizerin hast du Schluss gemacht?»

«Ach. Ne, eigentlich kann ich damit leben, wenn zwischendurch mal was anderes läuft. Kam bei mir auch vor.» Doro schwieg einen Moment.

«Aber, dass Billie mir über drei Jahre nichts gesagt hat – nichts – damit habe ich ein Problem.» Doro machte eine Pause.

«Ausführlich hat sie mir von ihren Seminaren erzählt. Immer. Von erfolgreichen Workshops mit Führungskräften. Und von einsamen Nächten in Hotels, in denen sie mich sooooo vermisst hätte. Beschiss. Nichts hat sie vermisst! Sie hatte ja ihre graue Drahtbürste.» – Pause. – Feuchte Augen.

«Ich habe einfach kein Vertrauen mehr. Ich kann ihr nichts mehr glauben.» Doro trank einen Schluck Wein.

«Deshalb also: Billie ade, München ade – Hamburg ahoi!» Doro lächelte wieder.

«Von Grüß Gott zu Moin Moin», fiel mir dazu ein.

«Jo!», bestätigte Doro, hob ihr Glas und sagte: «Hau wech den Scheiß!»

Wir kippten unseren Wein auf ex.

Daniel schenkte nach.

«Nich lang schnacken, Kopf in Nacken!», kam sofort von Doro.

Wieder auf ex.

Nach einem weiteren Glas meinte ich als einziger Hamburger in der Runde zu Doro: «Vergiss die Frunslüüd, schnapp dir 'nen Keerl.»

«Och nö», verneinte sie kopfschüttelnd.

«Doch, doch», betonte Daniel, zog mich an sich und gab mir einen Kuss.

«Passt ihr beiden mal gut aufeinander auf!», sagte Doro leicht lallend. Und dann: «Ich will jetzt tanzen!»

Ich legte ‹Funkiest Man alive› von Rufus Thomas auf. Zu dem alten Soul-Klassiker konnte man super abhotten.

Doro in der Nachbarschaft zu haben, war schön. Manchmal trafen wir uns kurz auf einen Kaffee oder einen Wein. Mehr war bei mir oft nicht drin. Wann immer es ging, frühstückten Doro, Daniel und ich sonntags zusammen; oft erst gegen Mittag, manchmal bis in den Nachmittag hinein oder in den Abend übergehend. In dieser Kombi konnte sogar ich entspannen. Wir sprachen über alles Mögliche, Daniels Konzerte, Doros neuen Job an der Uni, meine Erfahrungen in der Agentur. Für Erheiterung sorgte mein Bericht über ein Unternehmen, das eine Promotionaktion für ein neues Klebeband plante. Der Kunde schwärmte in der Agentur von der hohen Festigkeit, der großen Flexibilität und der zuverlässigen Feuchtigkeitsbeständigkeit seines Produktes. Für die Promotion wünschte er sich ‹getanzte Produktvorteile›. – Das malten wir drei uns aus: Tänzerinnen und Tänzer, die fest aneinander kleben und mit flexibel-dynamischen Bewegungen ihre Resistenz gegen Körperflüssigkeiten aller Art bewiesen.

Daniel nahm Doros Appell, dass wir gut aufeinander aufpassen sollten, ernst. Ein paar Tage später sprach er mich an, morgens, als ich in unserem feuchtwarmen kleinen Duschbad vor dem bedampften Spiegel stand und mir die Zähne putzte.

«Wir müssen mal reden», Daniel legte mir von hinten die Hände auf meine nackten Schultern und sprach in einem ungewohnten Tonfall. Ich konnte - mit vibrierender Elektrobürste im Mund – nicht antworten.

«Wir wollen ja nicht, dass es uns so geht wie Doro.»

Ich stoppte das Bürsten und nuschelte durch den Zahnpastaschaum: «Ist was passiert?»

«Nein, noch nicht. Oder doch, ein bisschen. Deshalb will ich ja mit dir reden.»

Daniel stand noch immer direkt hinter mir. Ich spürte seine Brust an meinem Rücken. Durch den Spiegel schaute ich in seine Augen. Sein Blick irritierte mich. In meinem Magen stellte sich ein flaues Gefühl ein. Eine hellblaue Zahnpastaspur lief an meinem Kinn entlang. Daniel wischte sie weg.

«Putz mal fertig, zieh dich an und komm in die Küche.»

Daniel hatte Kaffee gekocht und Früchtequark zubereitet, für jeden von uns ein Schälchen, mit einer Erdbeere oben drauf.

Ich setzte mich zu ihm an den hölzernen Küchentisch mit der hellblauen Resopalplatte, den er in seinem Elternhaus in Hessen abgestaubt hatte.

«Doro hat Billie nicht mehr vertraut, weil Billie nicht die Wahrheit erzählt hat. Du weißt ja, was dabei rauskam. - Ich will nicht, dass wir uns misstrauen.»

Das flaue Gefühl in meinem Magen nahm zu.

«Also: Ich war ein paar Mal in der schwulen Sauna», kurze Pause, «und habe rumgemacht.»

Ich schwieg.

«Weißt du: Ich brauche mehr Sex. Also eher: verschiedenen Sex.»

Ich schluckte.

«Keine Sorge! Mit uns ist es wunderschön. Das ist Liebessex. - Aber ich möchte auch Sexsex.»

«Sexsex?», hakte ich nach. Was ist das denn?

«Na ja, ich nenn das einfach mal so. Sex, bei dem es nur auf Sex ankommt. Nicht auf Liebe. Sex ohne große Gefühle. Einfach nur aus Geilheit.»

Ich schwieg.

«Das hat gar nichts mir dir - mit uns - zu tun!»

Aha.

«Es ist einfach nur Sex.»

Nur Sex.

«Da gibt es überhaupt keine Gefühle.»

Keine Gefühle.

«Das berührt unsere Liebe nicht.»

Unsere Liebe nicht.

Ich konnte nichts sagen. Mein Magen fühlte sich an, als würde in ihm alter Käse vergammeln.

«Du musst dir keine Sorgen machen.»

Keine Sorgen. Neinneinnein.

Daniel schaute mich liebevoll an.

«Ich wollte es dir einfach erzählen, damit wir uns immer vertrauen können! Nun weißt du es.»

Daniel nahm mich in den Arm. Ich konnte nicht reagieren. Eingefroren. Mein Magen sendete Funksignale in den Orbit.

Daniel griff sich meine Hände und zog mich ins Schlafzimmer. Er schob mich auf unser Bett. Ich war steif wie ein Brett. Daniel knöpfte mein Hemd auf. Dann machten sich seine Hände auf die Reise. Zwei sensible Reisende auf meinem Körper. Zehn zärtliche Finger, auf der Suche nach dem ‹Wir›. Die Funksignale in den Orbit wurden deaktiviert. Ich dockte bei Daniel an. Wir hatten ‹Liebessex›. Wunderschön.

In den nächsten Wochen grübelte ich darüber, warum mir Daniels Offenbarung so zu schaffen machte. Es ging doch nur um Sex, um Sexsex. Es hatte doch nichts mit mir zu tun. Nichts. Daniel war sehr lieb und zugewandt. Unser Liebessex war wunderbar. Warum quälten mich seine Abenteuer? War ich ein monogamer Spießer? Ich hatte doch in den Siebzigern die sexuelle Befreiung erlebt. War ich auf die Moralvorstellungen meiner Großeltern zurückgefallen? Omaka würde ich dazu lieber nicht befragen. War ich neidisch darauf, dass sich Daniel etwas traute, wovor ich Angst hatte? Hätte ich neben Liebessex auch gern Sexsex? Verbot ich es mir aus obskuren Gründen selbst? War ich zu brav, zu eingeschränkt, zu hanseatisch, zu lustfeindlich, zu ängstlich, zu unkörperlich, zu kopflastig, zu irgendwas? Oder im Gegenteil: War Liebe nicht viel wichtiger als Sex? War nur Liebessex der richtige Sex? Befand sich Daniel auf Abwegen? Liebte er mich nicht genug? Liebte ich ihn nicht genug? Gehörten Liebe und Sex nicht immer zusammen? Oder nur manchmal? Oder nie? Nahm ich Sex zu wichtig? Ich war ja auch nicht eifersüchtig, wenn sich Daniel mit anderen zum Essen traf. War Liebe doch eine Illusion? Und das ganze Gefühlschaos aufgeblasener Quatsch?

Ich war total verwirrt und konnte an nichts anderes mehr denken. In der Agentur war ich nicht bei der Sache, brachte Termine durcheinander, wusste mitten in Telefonaten nicht mehr, worüber und mit wem ich sprach. Mein Gott! Es ging doch nur um Sex! Und Daniel hatte mit mir gesprochen. Wir hatten Vertrauen zueinander! Wir konnten uns aufeinander verlassen! Es ist alles gut! Alles ist gut!

Daniel schlug vor, mich zu seinen Ausflügen mitzunehmen: «Dann merkst du, dass es nur um Sex geht. Dass ich dir nichts verheimliche. Und vielleicht macht es dir auch Spaß. Dann haben wir beide nicht nur Liebessex miteinander, sondern auch gemeinsamen Sexsex.»

Ich ging mit Daniel in die schwule Sauna. Total nervös, wie ein Fünfzehnjähriger, obwohl ich Homo-Saunen schon von früher kannte. Damals war ich allerdings so naiv gewesen, dass ich dachte, man mache dort ein paar gesundheitsförderliche Saunagänge und wenn man dabei jemanden träfe, den man nett fände, verabrede man sich für später. Ich hatte tatsächlich nicht bemerkt, dass es dort unmittelbar um Sexsex ging, vor Ort, im Dampfraum, in den Kabinen. Das schnallte ich erst zusammen mit Daniel – mit Anfang dreißig. Ich konnte meine Naivität selbst nicht fassen. Auch unter ‹Klappen› hatte ich mir Treffpunkte vorgestellt, an denen man bei Interesse dezent Zettelchen mit Telefonnummern austauschte. Basta. Im Nachhinein kaum zu glauben. Folgerichtig vermutete ich jetzt, dass meine Probleme mit Daniels Aktivitäten mit meiner eigenen Unbedarftheit zusammenhingen. Das würde nun besser werden, denn Daniel gab mir Nachhilfeunterricht. Neben der Nutzung vielschichtiger Saunaangebote durchstreiften wir auch die nächtlich belebten Gebüsche des Stadtparks. Daniel erklärte mir die interaktiven Möglichkeiten in Pornokinos. (Nein, hier ging es nicht in erster Linie um's Filmegucken. Wieder etwas gelernt.) Wir hatten Sexsex an verschiedensten Orten und in unterschiedlichsten Konstellationen. Daniel hatte recht: Auch mir konnte Sexsex Spaß machen. Besonders Sex zu dritt fand ich geil. Sexsexsex.

Für Irritationen sorgten bei mir manchmal Daniels Auswahlkriterien für Sexsexpartner. Besonders hoch punktete ein großer Schwanz. Wenn dieser der einzige herausragende Produktvorteil war und der Typ ansonsten ein Gesicht hatte wie eine frittierte Bulldogge oder eine frustrierte Zitrone, konnte ich Daniels Interesse nicht nachvollziehen. Ich tickte da eher andersrum. Ein schönes, interessantes Gesicht konnte körperliche Schwächen aufwiegen (jedenfalls bis zu einem gewissen

Grad). Für flotte Dreier schieden Bulldoggen bei mir aus. Daniel erzählte aber von schwanzdominierten Begegnungen, bei denen ich nicht dabei war. Immerhin, er erzählte davon. Wir sprachen darüber. Alles war gut.

Dennoch belastete mich ein Gefühl von Fremdheit. Was war das für ein Daniel, der sich mit unsympathischen Hackfressen vergnügte? Und wenn Daniel alleine loszog, meldete sich immer noch mein Magen. Warum? Mein verklemmtes Spießertum war doch überwunden! Lag es daran, dass ich mich nur unter Daniels Führung in den sexuellen Dschungel getraut hatte? War ich, auf mich allein gestellt, immer noch ein kleiner Schisser? Ich wollte mir nicht vorwerfen müssen, vor diesem Problem zu kapitulieren. Ich wollte unsere Beziehung von dieser Belastung befreien. Also zog auch ich alleine los. Natürlich mit beziehungsinterner Vorankündigung oder Nachinformation. Wir trafen auch konkrete Verabredungen darüber, wie weit jeder von uns beim Sexsex gehen dürfte und welche Bereiche wir für unseren Liebessex reservierten. Es ging ja auch um AIDS-Prophylaxe. Wir waren uns einig: Solange wir miteinander redeten, war alles bestens.

Vor meinen Streifzügen ohne Daniel machte sich Nervosität breit. Ja, beim alleinigen Betreten nicht völlig vertrauten Terrains war ich ein Schisshase. Gut, dass ich mich diesen Mutproben stellte. Sicher würde mich das souveräner und ausgeglichener machen.

Bei einem meiner Saunabesuche lernte ich einen jungen Mann kennen, der ganz bezaubernd lächelte. Einen schönen Körper hatte er auch. Wir hatten Sexsex in der Kabine, dann klönten wir lange an der Bar, schließlich gab mir Falk seine Nummer. Nach meiner fragte er nicht. Gott sei Dank. Ich hätte sie ihm nicht geben wollen, wegen Daniel.

Sein schönes Lächeln und unser Sex in der Kabine gingen mir nicht aus dem Sinn. Den Zettel mit Falks Nummer hatte ich in meiner Hosentasche deponiert. Sollte ich ihn anrufen? Was würde dann passieren? Gefährdete ich die mit Daniel verabredeten Sexsexgrenzen? Sicherheitshalber rief ich nicht an. Aber der Zettel wanderte beim Kleidungswechsel von einer Hosentasche in die nächste.

Nach zehn Tagen rief ich doch an. Aus einer Telefonzelle. Ich erreichte Falk sofort, wir verabredeten uns für Samstagabend. Daniel fuhr an dem betreffenden Wochenende zu einem Konzert nach Köln.

Von der Übernachtung bei Falk mit sehr wenig Schlaf, aber ausgiebigem Frühstück im Bett erzählte ich Daniel nichts. Im Gegenzug erfuhr ich nichts darüber, dass Daniel in Köln die körperlichen Grenzen unseres Sexsexlimits überschritten hatte. Beides kam erst vier Wochen später auf's Tapet. Irgendwie hatte es unter der Oberfläche gegärt. An einer Kleinigkeit entzündete sich ein Streit. Daniel hatte vom Kölner Konzert erzählt, ich hatte nicht richtig zugehört und nach etwas gefragt, worüber er kurz zuvor berichtet hatte.

«Du hörst mir überhaupt nicht zu! Das war ein superwichtiges Konzert! Das solltest du eigentlich wissen. Superwichtig! Hast du überhaupt noch Interesse an mir?»

«Jetzt zieh doch nicht gleich so heftige Register! Nur weil ich einmal nachfrage? Spinnst du?»

Schließlich hauten wir uns die Ereignisse des Köln-Wochenendes um die Ohren. Grenzverletzung versus Grenzverletzung.

«Du hast unsere Verabredungen gebrochen», warf ich Daniel vor, «wie kann ich mich noch auf dich verlassen?»

«Und du? Zettelchen vom ‹süßen Falk›? Übernachtung mit Frühstück? Das hat mit Sexsex nichts mehr zu tun! Nichts, nichts, nichts!», regte sich Daniel auf. «Was wäre, wenn du dich verliebt hättest? Oder bist du's? Du bist es, oder? Unsere Beziehung ist dir scheißegal! Du setzt einfach alles auf's Spiel!»

Nach diesem Streit gab es keinen Liebessex zur Versöhnung. Stattdessen einige Tage eisigen Schweigens.

Unsere gemeinsamen Sexsexausflüge stellten wir ein. Ich hoffte, dass auch Daniels Interesse an Einzelausflügen nachlassen würde. Er war vom kleinen Dorf in die große Stadt gezogen; wollte hier einfach einiges nachholen, dachte ich, und das war nun vollbracht. Nach und nach würde sich bei uns wieder Frieden einstellen. – Bitte möglichst bald.

Aber Daniels Ausflüge nahmen nicht ab, sondern zu. Und wenn Daniel auf der Pirsch war, reagierte mein Magen nach wie vor. Wir redeten wieder miteinander, doch unsere Kommunikation veränderte sich. Nach absolvierten Konzerten sagte Daniel beispielsweise: «Zweimal Schumann *Dichterliebe* gesungen. Gut gelaufen. Der Pianist hat nur einmal gepatzt. Zweimal Sauna besucht. Super Sauna in Hannover.» Oder: «Messias in St. Petri mit schlechtem Chor. Aber der Bass war gut. Auch im Bett. Selbstverständlich nur Sexsex. Sozusagen in hoher und tiefer Lage.»

Auf Daniels provokative Berichte reagierte ich mit Trotz. Ich traf mich ab und zu mit Falk, heimlich, ohne davon zu erzählen. Wenn mich Daniel fragte, wo ich gewesen sei, schob ich arbeitsreiche Abende in der Agentur oder Unternehmensveranstaltungen in anderen Städten vor. Das flog auf, als eine Kollegin von mir wegen eines unauffindbaren Fax abends bei uns anrief, während ich angeblich in der Agentur war.

Daniel stellte mir ein Ultimatum: Falk oder er. – Klare Entscheidung: er. – Gleichzeitig pochte Daniel auf sein Recht auf Sexsex: «Das ist Teil meiner Persönlichkeit. Da sind wir zwei eben unterschiedlich. Und es hat nichts mit uns zu tun. Im Gegensatz zu deinen Liebeleien mit diesem Falk!» – Ich akzeptierte. –

Ab jetzt klammerten wir das Thema Sexsex bei unseren Gesprächen aus. Wir hatten auch wieder Sex miteinander. Aber er fühlte sich anders an. Nicht wie Liebessex, auch nicht wie Sexsex. Eher wie Alltagssex. Wie Zähneputzsex, Händewaschsex, Fernsehsex. Wie Vordemeinschlafenmachenwirhaltsexsex. Nicht vor jedem Einschlafen. Es war eher ein Einmalprowochevordemeinschlafensex. Höchstens.

Dafür erhöhte sich die Quote einseitiger nächtlicher Aktivitäten. Immer öfter erhob sich Daniel wieder, wenn er davon ausging, ich sei bereits eingeschlafen. Er verließ das Bett, zog sich so leise wie möglich an, schloss die Schlafzimmertür hinter sich, ging im Dunkeln zur Garderobe, nahm seine Jacke, steckte die Autoschlüssel ein (Daniel fuhr nun einen alten roten Golf) und verließ die Wohnung. Ich hörte die Tür ins Schloss fallen. Klack. Dann schnelle Schritte auf der Treppe. Ich lag mit klopfendem Herzen im Bett. Ich wusste: Daniel fuhr in die schwule Sauna, in den Stadtpark, in eine Bar mit Darkroom. Angebote für Sexsex gab es in Hamburg ja rund um die Uhr. Ich lag allein im Bett, einsam, wütend, traurig, mit Sturmflutgefühlen im Magen, bei denen bedrohliche Wellen am Deich nagten. Am schlimmsten fand ich den Moment, wenn die Tür ins Schloss fiel. Klack. Dieses Geräusch. Daniels Schritte auf der Treppe, die schneller wurden. Als wollte er ganz schnell fort. Fort von mir, fort von uns, weg vom ‹Wir›.

Auch in Nächten, in denen Daniel nicht das Haus verließ, befürchtete ich bei jeder Bewegung seiner Bettdecke, dass er diese gleich zurückschlagen und sich leise auf einen Ausflug vorbereiten würde. Ich hatte Angst vor dem nächsten ‹Klack› der Wohnungstür.

An einem Wochenende, an dem ich allein zu Hause war, hatte ich einen Traum:

Ich liege im Bett und schlafe. Neben mir liegt Daniel. Er ist wach. Ich weiß, dass ich träume. Ich will Daniel sagen, dass er mich wecken soll, aber ich kann nicht sprechen. Daniel schlägt die Decke zurück und verlässt das Bett. Wenn er mich weckt, ist der Traum vorbei, wir werden beide im Bett liegen und schlafen. Daniel zieht sich an. Ich will rufen ‹Weck mich!›, aber ich habe keine Stimme. Daniel öffnet die Schlafzimmertür und betritt den Flur. Ich will aufstehen und ihn festhalten: ‹Bitte, weck mich auf!›. Ich kann mich nicht bewegen. Daniel nimmt seine Jacke und den Autoschlüssel. Die Schlafzimmertür hat er offen gelassen. Als er die Wohnung verlässt und die Tür hinter sich zuzieht, macht es ‹Klack›, laut wie ein Schuss.

Wenn ich jetzt das Licht anschalte, wird der Traum vorbei sein, ich werde aufwachen, Daniel wird schlafend neben mir liegen. Ich suche den Lichtschalter der Nachttischlampe. Ich finde ihn. Klick. Das Licht geht nicht an. Ich versuche es wieder. Klick, klick, klick, klick. Es bleibt dunkel. Ich will aufstehen, das Deckenlicht anschalten, aufwachen, den Traum beenden, aber ich kann nicht, liege wie gelähmt im Bett. Der dunkle Flur macht mir Angst. Irgendwo lauert eine Gefahr.

Ich höre, wie von außen ein Schlüssel in das Schloss der Wohnungstür geschoben wird. Ich höre, wie sich der Schlüssel dreht. Mein Herz klopft heftig. Die Wohnungstür öffnet sich. Jemand betritt den Flur. Ich kann nichts sehen, höre auch keine Schritte; ich spüre nur, wie etwas näher kommt. Ich will aufwachen! Jemand betritt das Schlafzimmer und kommt auf mich zu. Lautlos, unsichtbar. Ich habe große Angst. Ich spüre das bedrohliche Wesen direkt vor mir. Es hebt seine Arme und legt mir die Hände um den Hals. Panik. Die Hände drücken zu. Ich bekomme keine Luft mehr. Todesangst. Die Hände gehören meiner Mutter.

Nach diesem Traum sitze ich senkrecht im Bett. Mein Herz rast, meine Stirn ist feucht von kaltem Schweiß. Ich schalte sofort die Nachttischlampe an. Licht! Licht!!! Ich stehe auf und renne zu jedem Lichtschalter in der Wohnung. Licht an, Licht an, Licht an. Ich bleibe mitten in der Wohnung stehen, im Flur, im Zentrum; von dort aus kann ich in alle hell erleuchteten Zimmer schauen.

Ob meine Mutter bei einem ihrer Suizidversuche versucht hatte, mich mitzunehmen? Als Kind, nachts, als es dunkel war? Ob sie in mein Kinderzimmer gekommen war, ganz leise; ob sie gemeint hatte, mich nicht zurücklassen zu können? Ob sie mir tatsächlich die Hände an den Hals gelegt und dann doch nicht hatte zudrücken können? Oder: Ob sie nur darüber nachgedacht hatte, dies zu tun, und ich das in einem ihrer Blicke spürte, die so merkwürdig fern und traurig wirkten? Diese Blicke, die mich als Kind manchmal trafen und die ich hasste, weil sie mir Angst machten.

Ich habe mich in dieser Nacht nicht wieder ins Bett gelegt. Ich war froh, als endlich der Morgen dämmerte. Und dennoch: Dass meine Mutter vielleicht darüber nachgedacht hatte, mich mitzunehmen und nicht allein zurückzulassen, hatte auch etwas Tröstliches.

• • •

Daniel sang in Lübeck Schuberts *Winterreise*. Doro und ich saßen im Publikum. Der Pianist spielte großartig und Daniel sang wunderschön. Den Liederzyklus hatte ich vor Jahren durch Daniel kennengelernt, es war unser erstes gemeinsam besuchtes Konzert gewesen. Brigitte Fassbaender hatte gesungen; ungewöhnlich, eine Frauenstimme bei diesem Werk. Inzwischen liebte ich diese vierundzwanzig Lieder. Melodien und Texte verschmolzen perfekt, die Klavierstimme klang wie moderne Musik, obwohl sie über hundertfünfzig Jahre alt war. Ich hörte Daniel singen und liebte ihn.

Nach dem Konzert spazierten Doro und ich durch das winterliche Lübeck. Daniel hatten wir kurz beglückwünscht, er musste sofort weiterreisen zu einer Probenwoche für ein Opernprojekt in Frankfurt.

Vor dem alten Lübecker Rathaus herrschte dichtes Schneegestöber, der Turm der Marienkirche war nicht mehr zu sehen. Doro und ich hakten uns ein und ließen uns wie die Schneeflocken treiben. In einem der schmalen Gänge zwischen barocken Backsteinbauten stießen wir auf ein schiefes Fachwerkhaus, aus dessen kleinen Sprossenfenstern warmes Licht leuchtete. Wir kehrten ein und bestellten zwei Grogs.

Nachdem wir ein bisschen aufgetaut waren, fragte mich Doro: «Du, Tom. Bist du mit Daniel noch glücklich? Ist bei euch alles okay?»

«Solange wir miteinander reden, ist doch alles in Ordnung», antwortete ich. «Oder?»

«Ist es das?»

Ich schwieg lange. Dann sagte ich: «Nein. Ist es nicht.»

Ein intensives Gespräch begann. Über Daniel und mich, über Liebe und Einsamkeit, über Ver- und Misstrauen, über Sexsex und Liebessex. Über Gegensätze, die sich anzogen und Gegensätzliches, das kollidierte. Über Schmerz und Glück, Hoffnung und Verzweiflung, Fehler und Chancen. Über Klarheit und Verwirrung.

Die Stühle wurden hochgestellt. Wir waren die letzten Gäste. Wir zahlten und brachen auf.

Am nächsten Tag fuhren wir an die Ostsee und gingen bei

klirrender Kälte am Strand entlang, schweigend, in dicke Schals gewickelt, unter Wollmützen verborgen, vom Wind umpfiffen. Der Sand war mit Schnee bedeckt, aber der Himmel leuchtete strahlendblau und die tief stehende Sonne blendete uns. Auf dem Rückweg kamen Sonne und Wind von hinten. Wir schoben unsere Mützen ein bisschen nach oben, nur auf einer Seite, sodass wir uns besser hören konnten.

«Du hast recht», sagte ich zu Doro, «Daniel und ich tun uns nicht mehr gut. So geht es nicht weiter.»

Als Daniel eine Woche später aus Frankfurt zurückkam, bat ich ihn nach dem Kofferauspacken zu einem Gespräch an den Küchentisch.

«Daniel, ich möchte mich trennen.»

«Bei uns läuft es nicht gut», bestätigte Daniel, «vielleicht ist eine Pause angesagt. Etwas Abstand.»

«Nein, ich möchte mich trennen. Wir haben schon so lange versucht, klarzukommen. Es klappt nicht. Es wird immer schlechter.»

Daniel sagte nichts. Mir klopfte das Herz.

Dann kam von Daniel: «Okay.»

Wir schauten uns an.

«Okay?», fragte ich nach.

«Ja, okay. Ist wohl besser so.»

Wir schauten uns immer noch an.

Dann nahmen wir uns in die Arme.

Danach hatten wir Liebessex. Liebesliebessex.

Abschied-vom-‹Wir›-Liebessex.

Anschließend sprachen wir über die Trennungsmodalitäten.

Daniel würde sich eine kleine Wohnung suchen, notfalls ein WG-Zimmer. Unsere jetzige Wohnung konnte er sich wegen der unregelmäßigen Konzertgagen nicht leisten, ich mir dank meines Agenturjobs schon. Wir überlegten, wer welche Möbel mitnehmen würde und was uns für getrennte Haushalte jeweils fehlte. Manchmal deutete Daniel bei diesen Gesprächen an, dass wir irgendwann, wenn wir beide uns berappelt hätten, vielleicht in ein paar Jahren, unsere Hausstände wieder zusammenführen könnten. Diese Andeutungen kommentierte ich nicht. Bis zu Daniels Auszug räumten wir unsere Wohnung um, ich schlief im Wohnzimmer auf dem Sofa.

Die neue Raumaufteilung brachte es mit sich, dass Daniel unser ehemals gemeinsames Schlafzimmer einige Male für Sexsextreffen nutzte. Ich fand, dass ich nicht protestieren dürfte, das ginge mich nun wirklich nichts mehr an. Mein Magen stimmte dieser Einschätzung allerdings nicht zu.

Die Wohnungssuche dauerte nur zwei Monate. Ich half Daniel bei seinem Umzug in eine kleine Anderthalbzimmerwohnung. Mit dabei war auch Ulf, den mir Daniel als seinen neuen Freund vorgestellt hatte. Ich war verblüfft: Dieser Wechsel war sehr schnell gegangen. Ich wusste nicht, warum, aber ich konnte diese Beziehung nicht ernst nehmen.

Daniel und ich blieben nach seinem Auszug in Kontakt. Er besuchte mich manchmal zum Kaffee, oder wir trafen uns zu Konzerten, für die sich Ulf nicht interessierte. Ab und zu kochte Daniel in seiner kleinen Wohnung und lud mich zum Essen ein. Wir konnten offener und lockerer miteinander reden als vor der Trennung. Daniel berichtete mir auch von Problemen mit Ulf. Bei den beiden passierte etwas Merkwürdiges. Auch Ulf hatte ein lebhaftes Interesse an einem regen Sexsexleben. In dieser Hinsicht hätten Daniel und er also gut zusammenpassen müssen. Aber Daniel war eifersüchtig. Er wollte nur noch Liebessex mit Ulf und stellte eigene Sexsexaktivitäten komplett ein. Ulf fühlte sich eingeengt und reagierte mit exzessiver Ausweitung seines Spielfelds. Daniel litt immer mehr und hatte bald kein anderes Thema mehr als seinen Kummer mit Ulf. Doro und ich machten uns Sorgen um Daniel. Er war vollkommen neben der Spur.

• • •

Mitte April erhielt ich einen unerwarteten Anruf von Marcel, meinem ehemaligen Mitsänger bei Frau Romano. Nachdem ich ihn von der ‹Reiher-Callas› zu Milly McLloyd gelockt hatte, sang er noch immer. Ich hatte das Singen aufgrund des stressigen Jobs bei der Agentur längst aufgegeben. Der Kontakt zu Marcel war geblieben, schließlich hatte er mich bei seinem trunkenen ‹Verkehrsunterricht› erfolgreich mit Daniel verkuppelt, indem er mich zu ihm auf den Kühlschrank geschoben hatte. Dafür war ich Marcel dankbar. Und für unsere Trennung trug er schließlich keine Verantwortung. Nun hörte ich ihn am Telefon.

«Hast du im Mai schon was vor?», fragte Marcel.

«Na ja, arbeiten und so. Nichts Besonderes.»

«Kannst du Urlaub nehmen?»

«Vielleicht. Glaub' schon. Wieso?»

«Willst du mit nach New York?»

«Nach New York?»

«Ja, nach New York.»

«Wieso?»

«Ich wollte mit einer Freundin fahren. Und nun ist sie schwanger.»

«Was?»

«Nein, nicht von mir! Sie ist schwanger und will nicht mehr.»

«Sie will nicht mehr?»

«Mitkommen!»

«Ach so.»

«Willst *du* mitkommen? Stattdessen?»

Nach New York? Spannend! Au ja. Ich sagte zu, ich bekam Urlaub und einen Flug, der war damals ganz schön teuer. Dafür hatte Marcel ein Privatquartier, das nichts kostete. Wir würden am ersten Mai starten. Ich war aufgeregt, noch nie war ich so weit geflogen, über den Atlantik; noch nie war ich in Amerika gewesen; noch nie in einer so großen Stadt – außer in London und Berlin. Zehn Tage New York! Wow!

Kurz vor Reisebeginn besuchte ich ein Konzert von Daniel. Er sang die Bachkantate *Ich habe genug*. Großartig! Besonders bei der sanften Arie *Schlummert ein, ihr matten Augen* hatte ich dauernd eine Gänsehaut und feuchte Augen. Nach dem Konzert umarmte ich Daniel und lobte ihn aus tiefstem Herzen: «Du hast noch schöner gesungen als je zuvor. Das war wirklich himmlisch!»

Daniel strahlte.

Zurück aus Amerika. Gerade bin ich aus dem Taxi gestiegen, jetzt stehe ich vor der Haustür, müde und verschwitzt. Der Mai des Jahres 1994 ist heiß in Hamburg, Temperaturen wie im Hochsommer. Mein Koffer ist schwer. Jetzt nur noch die Treppe hoch, dann bin ich zu Hause. Ein langer Nachtflug liegt hinter mir – über den großen Teich. Ich bin 36 Jahre alt und stolz darauf, in New York gewesen zu sein. Die Stadt war großartig! Ich habe viel zu erzählen. Aber erst möchte ich ein bisschen schlafen, das hat im Flieger nicht geklappt. Treppe rauf. Rechts der mit Mitbringseln beladene Koffer, links rutscht mir die Umhängetasche von der Schulter. Als ich sie hochziehen will, fällt mir der Schlüssel aus der Hand. Ich fluche. Auf halber Treppe muss ich alles abstellen, den Schlüssel aufnehmen, mich neu organisieren. Endlich die Wohnungstür. Aufschließen, rein in den Flur, Koffer abstellen, Umhängetasche fallen lassen, Jacke aus. Endlich zu Hause!

Der Anrufbeantworter blinkt. Den hatten Daniel und ich mal von einem Freund geschenkt bekommen, der ihn aus Amerika mitgebracht hatte; ein Gerät, das in Deutschland noch nicht erhältlich war, mit zwei Minikassetten, hochmodern.

Der Anrufbeantworter blinkt. Ich drücke den Abspielknopf:

«Hallo Tom. Doro hier. Bitte ruf mich sofort an, wenn du zurück bist.»

In meinem Kopf legt sich ein Schalter um. Eine düstere Ahnung, so ähnlich wie in den Träumen, in denen etwas Bedrohliches im Raum hängt. Etwas sehr Bedrohliches. Mein Magen reagiert entsprechend.

Aber ich rufe Doro nicht an. Stattdessen gehe ich ins Badezimmer, drücke den Stöpsel in die Wanne und drehe den Wasserhahn auf. Ich kippe Badeöl in den Wasserstrahl, es duftet nach Rosmarin. Während sich die Wanne füllt, ziehe ich mich aus. Dann lege ich mich in das warme Wasser.

Ich liege in der Wärme, bis die Finger schrumpelig werden, lasse ab und zu heißes Wasser nachlaufen. Ansonsten bleibe ich reglos. Ich weiß: Die Bedrohung betrifft Daniel. Ich weiß nicht, warum ich es weiß.

Nach dem Bad ziehe ich frische Kleidung an.

Dann koche ich mir einen Tee.

Danach packe ich den Koffer aus.

Ich bringe den leeren Koffer auf den Dachboden.

Ich schaue die Post durch.

Ich lege die sauber gestapelte Post neben meine Mitbringsel aus New York.

Erst jetzt nehme ich das Telefon und wähle Doros Nummer.

Daniel ist tot.

Ich kann mich nicht daran erinnern, wie Doro es mir mitgeteilt hat. Ich weiß nicht mehr, was sie am Telefon sagte und was danach passierte. Vermutlich haben wir uns getroffen. Ich bilde mir ein, bereits beim Blinken des Anrufbeantworters eine Vorahnung gehabt zu haben; ich meine, spätestens bei Doros knapper Rückrufbitte gewusst zu haben, was passiert war. Wusste ich es tatsächlich? Oder hat sich diese Deutung nachträglich in meine Erinnerung geschoben, vor den eigentlichen Moment der Gewissheit? Ist dieser Moment der Gewissheit so schwer zu ertragen, dass er aus dem Gedächtnis gelöscht wird und durch eine Vorahnung ersetzt wird, die es möglicherweise nicht gegeben hat?

Die Erinnerung an den langen Aufenthalt in der Badewanne ist gewiss. Ich kann immer noch die Wärme spüren, den Rosmarinduft riechen, meine aufgeweichten Finger sehen. Sonst badete ich nie länger als zehn, fünfzehn Minuten, nur dieses eine Mal. Gefühlte Stunden. Hätte ich ohne Vorahnung so lange im Wasser gelegen?

Für dieses Bad habe ich mich geschämt, so, als hätte ich mich vor dem Anruf bei Doro gedrückt; vor dem, was da auf mich zukommen würde. Erst viel später konnte ich mir zugestehen, dass ich Wärme tanken musste, bevor ich mich dem Kälteschock stellte.

Daniel hat sich das Leben genommen.

Doro und Ulf hatten sich zufällig in einem Café getroffen. Ulf war der Meinung, Daniel wäre auf einer einwöchigen Konzertreise; Doro hingegen hatte Daniel erzählt, dass er seine Familie in Hessen besuchen wollte. Ulf hatte sich gewundert und bei einem befreundeten Musiker nachgefragt, was es denn mit der Konzertreise auf sich habe. - Die Konzerte gab es nicht. Nun waren beide irritiert und beschlossen, zu Daniels Wohnung zu fahren. - Der Schlüssel steckte von innen.

Ulf klingelte bei der Nachbarin. Die hatte Daniel seit Tagen nicht gesehen. Doro lief zur nächsten Telefonzelle und alarmierte den Rettungsdienst. Der erschien zusammen mit der Polizei. Die Wohnungstür wurde aufgebrochen, Polizei und Rettungsdienst betraten die Wohnung, Doro und Ulf mussten im Treppenhaus warten. Kurz darauf kam ein Polizist zurück in den Hausflur und sprach mit Doro und Ulf.

Daniel lag leblos auf seinem Bett.

Daniels Leichnam wurde abgeholt und in die Rechtsmedizin transportiert. Seine Wohnung wurde versiegelt. Die Polizei informierte die Familie in Hessen.

Daniel hatte eine Überdosis Tabletten eingenommen.

Vermutlich hatte Daniel die Pillen bereits einen Tag nach meiner Abreise geschluckt. Ein starkes Schlafmittel und ein Medikament zur Muskelentspannung, beides in hoher Dosis. Zunächst schlief er ein, später haben dann Atmung und Herzschlag ausgesetzt.

Bereits am zweiten Tag meiner Reise dürfte Daniel tot gewesen sein. – Ich war auf dem Empire State Building. – Sechs Tage später standen Doro und Ulf vor Daniels verschlossener Tür. – Ich besuchte das Museum of Modern Arts. – Die Polizei brach die Wohnung auf, Doro und Ulf erfuhren, was passiert war. – Ich schlenderte den Broadway entlang. – Doro hinterließ bei mir ihre telefonische Nachricht. – Ich saß mit Marcel am Times Square und aß ein letztes Sandwich. Dann packten wir unsere Koffer, fuhren mit einem Yellow Cab zum Airport und checkten ein. Nach einem Nachtflug über den Atlantik landeten wir an einem außergewöhnlich heißen Tag in Hamburg.

Gedanken, die mir durch den Kopf jagten:

Es ist wie damals beim Tod meiner Mutter: Ich bin verreist, als es passiert. Ich komme zurück. Es ist vorbei. So viele Ähnlichkeiten. Die eindeutige Vorahnung, einst im Auto meines Vaters, diesmal am Anrufbeantworter in meiner Wohnung. Zweimal der Tod im Bett, mit Tabletten. Zweimal kein Abschied, noch nicht mal von den Toten. Jedes Mal Schmerz, den ich hinausschreien will, aber nicht kann. Immer das Gefühl, mir schnürte sich der Hals zu. Wieder die Angst vor etwas Dunklem, das mein Leben überschattet; mit einer Macht, der ich kaum gewachsen bin. Dunkelheit, die sich über alles Helle legt, wie eine dicht gewebte schwarze Decke, die weder Licht noch Luft durchlässt. Ich wünschte mir, dies wäre ein Traum und ich könnte das Licht anschalten, würde aufwachen und es wäre vorbei. Doch selbst wenn es ein Traum wäre, würde im Traum der Lichtschalter nicht funktionieren, es würde nicht hell werden; die düstere schwarze Decke würde sich über mich legen, mich immer enger umschlingen, mir den Atem nehmen. Aber es ist kein Traum. Ich bin wach, es ist hell. Die Dunkelheit ist unsichtbar.

Daniel und meine Mutter hatten sogar am gleichen Tag Geburtstag.

Mir fällt wieder ein, dass ich irgendwann von einem Suizidversuch Tills gehört hatte. Till, meine erste Liebe. Auch er hatte mit Todessehnsucht zu kämpfen.

Kommt da noch mehr?

Muss ich die Welt warnen, dass Liebe zu mir den Tod bringt? Verbreite ich Unglück? Sollte ich flächendeckend Plakate kleben mit der Aufschrift ‹Haltet Abstand von Tom. Er bringt euch den Tod.›?

Ich wünsche mich in den Orbit, in die gläserne Kapsel im All. Schießt mich im Raumanzug zum Mond! Ich will hier weg. Ich mag hier unten nicht mehr mitmachen. Nehmt mich raus aus diesem Spiel! Ich kann es nicht ertragen!

Aber ich kann das Spielfeld nicht verlassen. Ich habe einen Sohn. Ich liebe Lukas. Lukas zurücklassen kann ich nicht. Will ich nicht. Auf keinen Fall. So ein Vater darf ich nicht sein.

VI

Doro, Ulf und ich saßen in meiner Küche. Für mich war klar: Diesmal sollte es anders laufen als damals bei meiner Mutter. Wir wollten eine Trauerfeier für Daniel organisieren, die zu ihm und uns passte. Keine, die ein Bestatter empfahl oder irgendwelche Konventionen verlangten. Wenn seine Familie auf dem Dorf etwas plante, das nicht zu unseren Vorstellungen passte, würden wir etwas Eigenes auf die Beine stellen.

Aber vorerst kamen wir noch nicht einmal in Daniels Wohnung. Das amtliche Siegel verklebte die Türritze, der Schlüssel lag bei der Polizei und würde ausschließlich Familienangehörigen ausgehändigt werden. Nur ich kannte Daniels Verwandtschaft. Also würde ich Kontakt aufnehmen.

Ich wählte die Nummer mit der Vorwahl des kleinen hessischen Dorfes. Ich sah das Telefon vor mir, auf der Kommode in der Diele zwischen Wohnzimmer und ‹Winterküche›. Daniels ältester Bruder Bernd nahm ab. Ich nannte meinen Namen.

«Tom», reagierte Bernd, «wie gut, dass du anrufst!»

Dann blieb ihm die Stimme weg, schließlich sagte er: «Was für eine Scheiße!»

«Ja», antwortete ich, «große Scheiße.»

Bernd war anzumerken, dass er sich über meinen Anruf freute, sofern man das in dieser Situation so nennen konnte. Und ich war froh, dass sich nicht der Vater gemeldet hatte. Doch der war ein halbes Jahr zuvor gestorben, Herzinfarkt in der Scheune. Daniel hatte mir nichts davon erzählt.

«Und nun auch noch Daniel», sagte Bernd und begann zu weinen.

«Ja. – Nun auch noch Daniel.»

«Ich komme, so schnell es geht, nach Hamburg», kündigte Bernd an, «können wir uns treffen?»

«Ja klar.»

Bernd kam am übernächsten Tag an. Einen Moment standen wir etwas unbeholfen voreinander, wussten nicht, was wir sagen sollten. Dann fielen wir uns in die Arme, schluchzten hemmungslos und ließen Tränen und Rotz fließen.

Am nächsten Morgen hatten wir einen Termin bei der Polizei. Bernd sollte ein paar Fragen beantworten und würde den Schlüssel zu Daniels Wohnung erhalten.

Die Kripobeamtin hielt eine Ermittlungsakte in den Händen und befragte Bernd. Ich saß daneben und konnte ein wenig in die Akte linsen. Dabei entdeckte ich, dass darin Fotos aus Daniels Wohnung eingeklebt waren. Ich hatte den toten Daniel nicht mehr gesehen, genau wie meine Mutter. Ich hätte mich gern von beiden verabschiedet. Vielleicht wäre es gut, diesmal wenigstens die Fotos zu sehen? Ich traute mich zu fragen.

Die Polizistin schaute in die Akte, verzog das Gesicht und klappte den Deckel zu.

«Das geht nicht.»

«Warum nicht?»

«Behalten Sie den jungen Mann lieber so in Erinnerung, wie sie ihn kannten.»

«Ich würde wirklich gern diese Fotos sehen.»

«Nein. Glauben Sie mir, es ist besser so.»

«Ich habe in der Chirurgie gearbeitet, als Fotograf. Was meinen Sie, was ich da alles gesehen habe. Mir sind solche Bilder vertraut.»

Ich schaute der Polizistin mit größtmöglichem Nachdruck in die Augen. «Das ist ganz normal für mich. Bitte! Er war mein Freund.»

Sie holte tief Luft, atmete seufzend wieder aus und gab mir die Akte. «Na gut. Aber auf Ihre Verantwortung.»

Ich öffnete den Aktendeckel und erblickte vier Fotos. Nein, solche Bilder waren mir nicht vertraut. Der einzige Tote, den ich in der Chirurgie gesehen hatte, war bleich und eingefallen, gelblich-weiß und wächsern gewesen. Der tote Daniel war schwarz-braun verfärbt und aufgedunsen, als drohe er bei der geringsten Berührung zu platzen. Düster, aufgebläht, erschreckend. Ich erkannte Daniel kaum. Die Bilder schockierten mich. Aber: Ich sah, dass Daniel auf seinem Bett lag, den Oberkörper aufrecht an die Wand gelehnt, zwei dicke Kissen dahinter. Sein Kopf neigte sich leicht zur Seite, als wäre er gerade eingenickt. Daniels Haltung sah friedlich aus. Vollkommen friedlich. Entspannt. Das zu sehen, tat gut. Unendlich gut.

«Danke», sagte ich zu der Polizistin und gab ihr die Akte zurück. Sie bot sie Bernd an, aber der schüttelte den Kopf. Stattdessen erhielt er den Wohnungsschlüssel. Vor der Dienstzimmertür fielen Bernd und ich uns wieder in die Arme und weinten.

Nachmittags waren wir mit Doro und Ulf an Daniels Wohnung verabredet. Ich hatte Bernd erklärt, wer die beiden sind. Ihm war es sofort recht, dass sie mitkamen. Das Siegel klebte noch an der Tür. Nun durften wir es abreißen. Bernd drückte mir den Schlüssel in die Hand. Ich hielt ihn mit fragendem Blick Ulf hin. Der schüttelte den Kopf. Also öffnete ich die Tür.

Heftiger Verwesungsgeruch schlug uns entgegen. Daniel hatte eine Woche bei hohen Temperaturen in seiner Wohnung gelegen. Die Auswirkungen der Wärme hatte ich auf den Fotos schon gesehen, nun roch ich sie. Ulf musste würgen und lief zurück ins Treppenhaus. Doro und ich rissen die Fenster auf, Bernd starrte auf Daniels Bett.

«Wir lassen erst mal Luft rein und kommen in einer Stunde wieder», schlug Doro vor. Gute Idee: Fenster öffnen, spazieren gehen.

Ohne Ziel strichen wir durch die Straßen. Wir sprachen darüber, was nun zu tun sei. Trauerfeier, Beisetzung, Wohnungsauflösung, Papierkram. Wir erfuhren von Bernd, dass Daniels Körper die Hamburger Rechtsmedizin bereits in Richtung Hessen verlassen hatte. Er würde dort neben seinem Vater beigesetzt werden. Ausgerechnet dort. Wir verkündeten, dass wir auch eine Trauerfeier hier in Hamburg abhalten wollten. Bernd war dankbar dafür, dass Doro, Ulf und ich Hilfe bei der Wohnungsauflösung anboten. Beim Papierkram konnten wir nicht helfen, den musste die Familie regeln.

Erst nach über zwei Stunden standen wir wieder bei Daniel vor dem Haus.

«Wollen wir in der Wohnung noch etwas erledigen?», fragte ich.

Alle schüttelten ihre Köpfe.

«Dann gehe ich nur kurz rein und mache die Fenster zu», schlug ich vor.

«Ich komme mit», sagte Doro.

«Okay.»

Der Geruch in der Wohnung war immer noch heftig. Auf meiner Liste der unangenehmsten Düfte drängte er sich auf Platz eins. Mit weitem Abstand zum Geruch von verbranntem Menschenfleisch, den ich aus der Chirurgie kannte. Wir ließen die meisten Fenster gekippt. Regen war nicht angekündigt.

Am nächsten Tag lief ich zum ersten Mal nach meiner Amerikareise wieder in der Agentur auf.

«Na, wie war's in New York?», fragte eine Kollegin strahlend, «geile City, oder?!»

«Ja, super.»

«Klingt ja nicht gerade enthusiastisch.»

«Doch, war toll.»

«Mhm. Hast wohl noch einen Jetlag. – Ich zeig dir mal, was anliegt ...»

In irrem Tempo listete sie auf, was momentan zu tun sei, welche Events unmittelbar bevorständen und wie viele großartige ‹New Business›-Perspektiven sich entwickelt hätten, seit die neue Akquisiteurin ‹derart hammermäßig losgelegt› hatte.

Dann setzte ich mich an meinen Computer (386er, nagelneu)

und versuchte, mich einzuarbeiten. Ich starrte auf den Bildschirm – sah die Fotos aus der Polizeiakte vor mir – das Bett in Daniels Wohnung, seinen CD-Player, auf dem das Cover des Requiems von Verdi lag, wohl die letzte Musik, die er gehört hatte. – Ich sah das Bett meiner Mutter vor mir, mit dem blutigen Laken, ihren roten Aschenbecher mit der letzten Zigarettenkippe. – Neben Daniels Bett stand ein halbleerer Teebecher. – Ich sah Daniel bei mir vor der Tür stehen, damals. Hörte seinen ersten Satz: «Mein Sekretariat hat mich beauftragt, Kontakt aufzunehmen.» – Ich erinnerte mich daran, wie wir Kontakt aufgenommen hatten.

– WIR. –

«Tom?», meine Kollegin stand in der Bürotür, «alles okay? War New York scheiße?»

«Nein. War toll», sagte ich. Und dann: «Daniel ist tot.»

Der Staudamm brach. Tränen schossen aus mir heraus. Ich verlor die Haltung, rutschte vom Stuhl, landete, als wäre Schwerkraft die einzige Kraft, die es noch gab, unter dem Schreibtisch. Ich blieb flach auf dem grauen Nadelfilz liegen, mit dem Gesicht in einer salzigen Pfütze aus Tränen.

Die Kollegin holte den Geschäftsführer. Der hockte sich schweigend zu mir und legte mir die Hand auf die Schulter.

Mein Urlaub wurde bis zu Daniels Trauerfeier verlängert, mit der Abrechnung der Urlaubstage wolle es die Agentur nicht so genau nehmen, sagte der Geschäftsführer. Auch bei der Planung der Feier bot er Hilfe an; denn: ‹das ist ja auch ein Event – sozusagen›.

Wir nutzten das große Besprechungszimmer der Agentur, im deutsch-englischen Marketing-Slang ‹Meeting-Raum› genannt, um die Trauerfeier vorzubereiten. Lange, zeitlich ausufernde Treffen mit bis zu fünfzehn Teilnehmern, die alle Daniels Abschied mitgestalten wollten: Freundinnen und Freunde, Musiker, Sängerinnen, Kantoren, seine nette Nachbarin, sogar zwei Professoren der Musikhochschule und natürlich Doro, Ulf und ich. Ein junger Kantor schlug vor, seine Pastorin zu fragen, ob wir ihre Kirche nutzen dürften. Ich hatte Bedenken, denn eine christliche Feier wollte ich nicht. Die Pastorin kam zu einem unserer ‹Meetings›, war sehr nett und versprach uns freie Hand bei der Gestaltung der Feier. Sie hatte nur eine Bedingung:

«Ein bisschen reden möchte ich als Gastgeberin schon. Schließlich sind wir ja in meiner Kirche. Und ich bin Christin. Aber keine Sorge: Ich werde Sie mit meinem Glauben nicht vereinnahmen!»

Das war okay.

Während der ausufernden Treffen entwickelte sich eine Trauerfeier, bei der die größte Herausforderung darin bestand, dass sie nicht aus dem Ruder lief. Immer mehr Menschen wollten sich einbringen und ihren Teil zu Daniels Verabschiedung beitragen. Hätten wir allen Wünschen und Angeboten Raum gegeben, wäre die Feier fünfstündig gewesen. Oder sechs, weil vermutlich noch spontane Beiträge hinzugekommen wären. Es war schwierig, die Flut der Vorschläge einzudämmen, ohne jemanden zu kränken und zu verletzen. Vermutlich gelang dies auch nicht vollständig.

Daniels Trauerfeier dauerte schließlich zwei Stunden. Die Kirche war voll. Statt eines Sarges (Daniel lag ja schon im Kühlraum des Bestatters seines Heimatdorfes) stand ein großes, gerahmtes Foto von ihm vor dem Altarraum, umgeben von Blumen. Ich hatte es in der Dunkelkammer meines Vaters selbst vergrößert, seit Jahren hatte ich dort freiwillig keine Bilder mehr entwickelt.

Die Feier begann mit einer Aufführung der Bachkante *Ich habe genug*, mit komplettem Orchester auf alten Instrumenten. Es sang Daniels Gesangsprofessor – in tiefer Lage – nicht wie Daniel mit hoher Tenorstimme. Die Texte der drei Arien verknüpften sich für mich jetzt endgültig mit Daniels Tod: *Ich habe genug* war Ausdruck seines Leidens am Leben und des Wunsches zu sterben; *Schlummert ein, ihr matten Augen* eine sanfte, zärtliche Vision vom friedlichen Jenseits; in *Ich freue mich auf meinen Tod* ging es ungeduldig, fast trotzig - endlich - auf den Tod zu. Den christlichen Hintergrund der Komposition habe ich einfach unterschlagen. - Hatte Daniel, als er diese Kantate kurz vor meiner New-York-Reise so unglaublich schön und überzeugend sang, bereits seinen eigenen Tod vor Augen gehabt?

Es gab weitere musikalische Beiträge; die Pastorin sprach, sehr schön, ganz ohne Bekehrungsgestik; Ulf las ein Märchen vor, angeblich Daniels Lieblingsmärchen, ich hatte nie davon gehört; Doro trug ein Gedicht vor, danach redete auch ich.

Worüber ich sprach, weiß ich nicht mehr, die gesamte Trauerfeier liegt in meiner Erinnerung wie ein ungeordnetes Puzzle hinter trübem Glas. Müsste ich ihren Ablauf rekonstruieren, um meine Teilnahme zu beweisen, so würde ich scheitern. Ein Beweisstück wäre die unendlich lange Kondolenzliste, auf der auch mein Name steht. Dennoch, auch wenn die Erinnerung verschwommen ist, das *Gefühl* der Abschiedsfeier für Daniel stellt sich sofort ein, wenn ich die ersten Takte der Bachkantate höre.

Drei Tage später folgte die zweite Trauerfeier, diesmal mit Sarg und Erdbeisetzung, auf dem Friedhof in Daniels Heimatdorf. Doro und ich waren auf Einladung der Familie nach Hessen gefahren, Ulf hatte abgesagt. In der Friedhofskapelle fand eine christliche Zeremonie statt. Der junge Pfarrer des Dorfes sprach. Er wirkte sympathisch und hatte Doro und mich bei unserer Ankunft sehr freundlich begrüßt. Nun sprach er über den Sündenpfuhl Großstadt und über schlechte Einflüsse, die Daniel vom rechten Weg abgebracht hätten, und dass er nicht die Kraft gefunden hätte, wieder auf den Pfad der Tugend zurückzukehren, und wir deshalb für alle Sünder beten und mit der Kraft unseres Glaubens das Kreuz gegen das Böse erheben müssten. Ich wurde wütend, immer wütender, traute mich aber nicht, aufzustehen und die Stimme zu erheben. Dann folgten wir den Sargträgern über den ‹Gottesacker›. Nach einem letzten Gebet des jungen Pfarrers wurde Daniel in seinem Sarg direkt neben seinem Vater in der Erde versenkt. Wahrscheinlich musste man dankbar sein, dass er als ‹Selbstmörder› überhaupt hier liegen durfte und nicht ehrlos hinter der Friedhofsmauer verscharrt wurde.

Nach Trauerfeiern und Wohnungsauflösung fädelte ich mich wieder in den Alltag ein. Der Agenturjob fiel mir schwer. Ich konnte mich kaum konzentrieren, verwechselte einiges und vergaß vieles, war ungeduldig oder reizbar. Abends und an den Wochenenden grübelte ich über Daniels Entschluss zu sterben und über unsere gescheiterte Liebe. Dass die Liebe nicht verflogen war, merkte ich erst jetzt, nach seinem Tod. Wir waren an unserer Beziehung gescheitert, nicht an verschwundenen Gefühlen. Als Daniel nach unserer Trennung sagte ‹irgendwann finden wir wieder zueinander›, hatte ich nichts davon hören wollen. Jetzt wünschte ich mir sehnlichst, es wäre doch so gekommen. Meine Einsamkeit fühlte sich an, als liefe ich nackt durch einen Eissturm. Oder, als hätte man mir im Orbit die gläserne Kapsel zerschossen und mich schutzlos dem Vakuum des endlosen Nichts überlassen.

Ich hörte wieder und wieder die Bachkantate – oder die *Winterreise,* die für mich zum musikalischen Suiziddrama geworden war. Beim zwanzigsten Lied, am ‹Wegweiser›, fällt die Entscheidung, in den Tod zu gehen. Beide Kompositionen kaufte ich fast zwanghaft mit allen möglichen Sängern und verglich, welche Interpretationen mir am meisten unter die Haut gingen. Um abschalten oder schlafen zu können, trank ich abends Wein, der aber oft nicht dem Sandmann die Tür öffnete, sondern den Tränen die Schleusen.

Bei den Fahrten zu Lukas, der inzwischen mit Mutter Svenja und ihrem Mann Raphael in einer Kleinstadt vor den Toren Hamburgs lebte, spürte ich, dass ich kaum noch Energie hatte. Wenn ich am Steuer saß, war es, als könnten jederzeit meine Hände vom Lenkrad rutschen. Ich fürchtete, in den nächsten Knick zu rauschen oder in der nächsten Kurve einen Abhang hinunterzudonnern. Lukas im Auto mitzunehmen, erschien mir verantwortungslos, da ich Sicherheit nicht garantieren konnte. Trotzdem holte ich ihn regelmäßig zu mir nach Hamburg.

Auch die Papa-Kind-Wochenenden litten unter meinem Zustand. Lukas musste mit einem ungeduldigen, fahrigen Vater zurechtkommen, der tagsüber müde war, weil er nachts schlecht schlief.

An einem Samstagabend im Oktober, nach einem herbstlichen Besuch bei Hagenbecks Tierpark und einem Abendessen mit Nudeln und Tomatensoße, bringe ich Lukas ins Bett. Wie immer liege ich nach der Gutenachtgeschichte noch ein bisschen neben ihm.

«Du, Papa …», beginnt mein zehnjähriger Sohn.

«Ja?»

«Daniel hat sich doch umgebracht …»

«Ja.»

«Und deine Mama hat sich auch umgebracht …»

«Ja.»

«Geht das jetzt immer so weiter, und irgendwann machst du das auch?»

• • •

Mir ist das Gleichgewicht abhandengekommen. Ich bin nicht mehr im Lot. Ich fühle keine Lebensfreude, sehe keine Perspektiven. Ich habe keine Energie, keine Kraft, keinen Mut. Ich fühle mich, als wäre ich in einer panzerverglasten Kugel aus dem Orbit auf die Erde gestürzt, würde nun ziellos über den Boden rollen, während ich im Inneren der Kugel ohne Orientierung hin- und hergeworfen werde. Bei den Firmenevents ist gerade ein Kleinkünstler in Mode, der in einer durchsichtigen Kunststoffkugel über die Bühne kullert, grinsend, in einem Clownskostüm. Ich lächele nur noch aus Höflichkeit; ein Darsteller, der ein fremdes Leben spielt. Noch bewahre ich Haltung, stehe aufrecht, könnte aber jederzeit zusammensacken. Omakas Händedruck und ihre Appelle an mein ‹Offiziersblut› vermeide ich, wie ich überhaupt Begegnungen vermeide, die nicht unbedingt notwendig sind. Abgesehen von Lukas ist Doro die Einzige, die mir näherkommen darf. Sie lasse ich ein wenig hinter mein Panzerglas schauen. Ein wenig. Achtung: stopp! Bitte nur bis an die innere Absperrung vortreten! Aber Doro ist eine wache Beobachterin.

Doro – nicht Omaka – drückt meine Hände.

«Tom», sagt sie und hält mich fest, sodass ich nicht entwischen kann; blickt mir in die Augen, sodass mir Wegschauen nicht gelingt.

«Tom, du musst etwas für dich tun. Damals der Tod deiner Mutter, nun Daniel. Das ist zu viel. Du rutschst weg. Ich wünsche dir – mir auch –, dass etwas dich auffängt. Tom, du bist mir wichtig! Und Lukas braucht dich erst recht!»

Ploing, ploing, ploing! Doro pocht heftig an meine Glaskugel. Ich würde gern darin wegrollen, mich in Luft auflösen oder im Orbit verdampfen.

«Bitte, Tom. Lass dir helfen! Mach eine Therapie!»

Doro drückt meine Hände so fest, dass ich mir wünschte, meine Unterarme ausklinken zu können, um aufzustehen und wegzugehen. Doro einfach mit meinen Händen sitzen lassen. Die Hände brauche ich eh nicht mehr. Ich will mich nicht festhalten, ich will weg.

«Wenn du möchtest, helfe ich dir bei der Suche nach einem Therapeuten!»

Meine Hände lassen sich nicht ausklinken, ich spüre Doros Wärme an meinen Fingern, merke, dass sie durch die Glaskugel gedrungen und hinter meiner inneren Mauer gelandet ist. In Luft auflösen kann ich mich nicht. Stattdessen atme ich tief ein.

Mit einer heiseren Stimme, die tief in meiner Kehle klemmt, höre ich mich sagen: «Ja, es wäre toll, wenn du mir hilfst.»

• • •

Gleich im ersten Beratungsgespräch wurde mir empfohlen, eine stationäre Therapie zu machen, eine richtige Auszeit zu nehmen, gründlich an einem stabilen seelischen Fundament zu arbeiten. Ich schaute mir mehrere Kliniken an, sprach mit unterschiedlichen Therapeutinnen und Therapeuten und beriet mich mit Doro. Als die Entscheidung gefallen war, meldete ich mich an und stellte mich auf eine Wartezeit von drei Monaten ein. Doro war beruhigt - ich eher beunruhigt, weil ich keine Ahnung hatte, was da auf mich zukommen würde.

In der Agentur arbeitete ich auf Sparflamme, mit Wissen des Geschäftsführers, der mir versicherte, ich bräuchte mir um meinen Job keine Sorgen zu machen. Gut zu wissen.

Mit Lukas konnte ich noch zwei Wochen Ferien auf Amrum machen. Wir rannten am breiten Strand der kleinen Insel entlang und beobachteten am Watt das Auflaufen der Flut. Lukas schien genau begriffen zu haben, dass eine Therapie seinen Vater stärken könnte und wirkte gelöster als in den Monaten davor.

Als ich Lukas vor Beginn meines stationären Aufenthalts zum letzten Mal sah, schenkte er mir eine Mixkassette, die er für mich aufgenommen hatte, mit Musik ‹zum Guttun›. Ich würde sie oft hören.

Die erste wohltuende Erfahrung in der ‹Klapse› war: Ich bin lebenswert, auch wenn ich nichts leiste, nichts auf die Reihe kriege, nichts weiß oder kann. Lebenswert, nur weil ich da bin. Punkt. Auch ohne gerade Haltung, pochendes Offiziersblut oder perfekt geplante Business-Events für erfolgreiche Leistungsträger. Einfach so. Leistungsentkoppelt und ergebnisoffen. Verblüffend.

Die nächste Lernerfahrung ergab sich aus der räumlichen Situation. Vierzehn Patientinnen und Patienten lebten auf der Station, alle in Doppelzimmern. Man konnte sich nicht aus dem Weg gehen, tagelang, wochenlang. Rückzüge in reale Freiräume oder fiktive Raumkapseln, imaginäre Ritterrüstungen oder erdferne Orbits waren nicht möglich. Das hatte mich im Vorfeld am meisten besorgt: null Privatsphäre. Ob ich damit klarkommen würde? Schwer vorstellbar.

Erstaunlicherweise fand ich es gut, nie allein zu sein. Und Privatsphäre funktionierte auch im Doppelzimmer. Mit Tieftauchlesen, Ausdemfenstergucken oder Einfachaufnichtsreagieren. Zur Not halfen Kopfhörer und CD-Player. Marcel hatte mir vor Beginn der Therapie die nagelneue Einspielung der Beethoven-Symphonien mit Gardiner geschenkt. «Tolle Musik, die nichts mit Daniel zu tun hat», war sein Kommentar dazu gewesen. Tatsächlich. Gegen Beethoven und Lukas' Mixkassette kam mein Zimmernachbar nicht an.

Das enge Zusammenleben auf der Station bewirkte, dass man Konflikten nicht ausweichen konnte. Menschen, die einem auf den Wecker gingen, gingen einem so lange auf den Wecker, bis es schellte und schepperte. Manchmal flogen wüste Beschimpfungen oder – seltener – wahllos ergriffene Gegenstände durch die Luft.

Mein persönlicher Durchbruch in Sachen Unfreundlichkeit gelang, indem ich einen Mitpatienten, dessen säuselnde Angepasstheit mich zur Weißglut brachte, als ‹schleimiges Arschloch› anbrüllte. Ich lernte schimpfen, meckern, pöbeln, über Höflichkeitsgrenzen hinweg und nicht immer in angemessener Intensität. Es war super, Ärger einfach mal rauszurotzen. Mit Erstaunen stellte ich fest, dass die Welt nicht zusammenbrach, wenn man sich so verhielt, sondern man danach – abgekühlt – wieder miteinander reden konnte. Manchmal besser als zuvor.

Zu meiner Verwunderung drehte sich vieles in der Therapie gar nicht um die Suizide von Daniel und meiner Mutter, sondern um mich.

Wir sprachen über meine wiederkehrende Sehnsucht nach dem Rückzug in den Orbit. Die Therapeutin konnte das gut verstehen. «Schlecht ist nur, dass dieser Rückzugsort außerhalb Ihres Lebens liegt. Vielleicht können Sie sich statt der Raumkapsel im All eine gemütliche Höhle in Ihrem Inneren vorstellen? Einen warmen Rückzugsort, den Sie immer dabeihaben; im Alltag – hier unten auf der Erde.»

Als Doro mich nach vier Wochen Therapie zum ersten Mal besucht, machen wir einen Spaziergang im Wald. Direkt hinter dem Klinikgelände beginnt ein kleiner Pfad, der an einem schmalen Bach entlangführt. Die Laubbäume des Mischwaldes sind kahl, nur die Tannen, Fichten und Kiefern tragen dunkelgrüne Nadeln. Ihre Kronen rauschen im kühlen Nordwind. Ich springe und hüpfe den Weg entlang und singe:

«Ein Männlein hüpft im Walde, ist toll und dumm,
Es hat vor lauter Blödsinn den Kopf voll Mumm.
Sagt, wer mag das Männlein sein,
das da hüpft im Wald allein?
Mit dem durchgeknahalltehen Köpfelein.»

Doro schüttelt amüsiert den Kopf: «Ne, Tom, mal im Ernst. Du bist nicht verrückt, das weißt du ja selbst. Aber wenn du meinst, dass du abgedreht, überdreht, albern, quatschig, blödsinnig und sonstwas sein darfst – dann nur los!»

Was ich während der Therapie erlebe:

Aus einem Sammelsurium von Gegenständen, Spielsteinen und Stoffen bauen wir ‹unsere Häuser›. Jeder soll spontan seine individuelle Behausung gestalten – Sprechen ist verboten. Alle schieben, stapeln, rücken, basteln. Am Ende streifen wir zwischen den Fantasiegebäuden umher. Nun soll jeder beschreiben, was er bei den Bauten der anderen empfindet. Meines wird kommentiert mit: ‹Sieht schön aus von außen. Aber wie kannst du darin leben?› und ‹Das hat ja gar keinen richtigen Eingang›.

Ich zeichne einen Wald, der durch eine Mauer getrennt ist. Der Wald vor der Mauer ist bedrohlich und gefährlich, hinter der Mauer ist es friedlich und schön. Ich befinde mich im vorderen Teil. Die Bedrohung ist so stark, dass ich um mein Leben fürchte. Ich muss über die Mauer auf die sichere Seite fliehen. An der Mauer lehnt eine Leiter. Zehn Sprossen rauf, rüberspringen, und ich wäre in Sicherheit. Aber ich erlaube mir nicht, die Leiter zu benutzen. Das wäre zu einfach. Ich versuche, unmittelbar neben der Leiter aus eigener Kraft über die Mauer zu klettern. Das ist schwierig, ich rutsche immer wieder ab. Ich schaffe es nicht, über die Mauer auf die sichere Seite zu kommen.

Warum in aller Welt darf ich die Leiter nicht nehmen? – Das ist zu einfach??? – Selbst wenn ich bedroht werde, muss ich es mir schwer machen? – Was ist das denn für ein Scheiß!!!

• • •

Nach acht Wochen in der Klinik und vierzehn Tagen Wiedereingewöhnung in Hamburg empfing mich der Geschäftsführer in der Agentur mit einem Gespräch.

«Mit deinem Job wird es so nicht weitergehen.»

Oh, wurde da doch zu viel versprochen? Wollte man mich vor der Therapie nur nicht beunruhigen? Meinte man jetzt, mir schlechte Nachrichten wieder zumuten zu können?

«Wir haben uns Gedanken gemacht, was für dich das Beste sein könnte.»

Sozialverträgliche Kündigung? Danke, das ist nett von euch.

«Deine Stärken liegen ja nicht unbedingt im Organisieren, Umsetzen, Abrechnen.»

Zum Abschied noch eine detaillierte Schwächenbilanz?

«Versteh mich nicht falsch. Du kannst das alles. Aber dein Herzblut ist das nicht. Oder?»

«Stimmt.»

«Siehst du. Wir sehen dich mehr in der Konzeption, in der kreativen Gestaltung.»

«Aha.» Jetzt bekomme ich noch eine Empfehlung für die Beratung beim Arbeitsamt. Vielen Dank, sehr aufmerksam.

«Wir haben eine sehr gute Auftragslage.»

Schön für euch.

«Der Markt und die Herausforderungen wachsen. Deshalb müssen wir unsere Strukturen verändern.»

Ah! Gleich kommt die ‹betriebsbedingte Kündigung›.

«Was hältst du davon, wenn du Kreativdirektor wirst?»

Wie denn? Wo denn?

«Wenn du möchtest, bist du ab sofort zuständig für die Konzeption der Events, für deren Gestaltung.»

Was wird denn das jetzt für eine Kurve?

«Keine Planung und Umsetzung, keine Recherche, Kalkulation und Abrechnung. Allerdings müsstest du die Konzepte natürlich auch schriftlich ausarbeiten und bei den Kunden präsentieren.»

In meinem Kopf lief – unendlich langsam – ein Umdenkprozess ab.

«Und, hättest du Lust dazu?»

Der innere Weg von der Kündigung zum Karrieresprung war sehr, sehr lang. Der mühsame Verarbeitungsprozess meines Gehirns ging zulasten meiner Mimik. Der Geschäftsführer sah mich an und prustete los.

«Was hast du denn gedacht, was hier auf dich zukommt? Das jüngste Gericht?»

Es machte mir Spaß, Konzepte zu entwickeln, Ideen zu finden, Veranstaltungen zu gestalten. Es gelang mir, Konzepte so zu formulieren, dass Kunden neugierig auf die Umsetzung wurden. Das Präsentieren belastete mich anfangs. Ich hatte großes Lampenfieber, wenn ich vor Marketingchefs, Personalleiterinnen oder Vertriebsvorständen stand. Doch es machte auch Spaß, wenn es gelang, sie von meinen Konzepten zu überzeugen und zu begeistern.

Nun hatte ich während laufender Events nicht mehr so viel Stress, da ich weder planen noch umsetzen musste. Als ‹Creative Director› schaute ich mir an, was in der Praxis aus meinen Ideen geworden war. Manchmal ergab sich die Gelegenheit, meinen Sohn zu den Veranstaltungen mitzunehmen. Der dreizehnjährige Lukas fand vor allem den technischen Aufwand spannend und blickte gern hinter die Kulissen der Inszenierungen. Bei einer großen Produktpräsentation eines Gabelstaplerherstellers wurde besonders geklotzt. Zwei neue Modelle sollten an Stahlseilen auf die Bühne schweben, so als landeten sie aus einem anderen Sonnensystem auf der Erde; ‹Galaktischer Stapelspaß› wurde den Kunden versprochen.

Lukas und ich schauten uns den Aufbau an. Es wimmelte von Technikern, Traversen wurden aufgebaut, Trennwände errichtet und mit Molton bespannt, Scheinwerfer wurden gehängt und erprobt, das Schienensystem mit Winden und Stahlseilen für den ‹Weltraumflug› vom TÜV getestet. Plötzlich tippte mir jemand von hinten auf die Schulter.

«Hey, Tom!»

Ich drehte mich um und sah einen graublond gelockten Mann im schwarzen Overall, einen breiten Gürtel mit mehreren Rollen Gaffertape und ‹Leatherman› auf den Hüften. Er lächelte mich freundlich an. Ich brauchte einen Moment, bis ich schaltete.

«Hallo Till!»

Bei Events musste ich ständig damit rechnen, auf unglaublich bedeutsame Führungskräfte zu treffen, deren Namen mir nicht einfielen, und mit denen ich umgehend in lockeren Small Talk verfallen musste. Mit Till hatte ich definitiv nicht gerechnet.

«Was machst *du* denn hier?»

«Siehst du doch: aufbauen. Bühnentechnik.»

«Keine Fahrradwerkstatt mehr?»

«Ist lange her. Und du?»

«Ich gehöre zur Agentur. Konzeption.»

«Auch nicht schlecht. Du bist also noch in Hamburg.»

«Ja.»

«Wir können uns ja mal treffen.»

«Klar. Ich geb dir meine Karte.»

Ich zog mein Visitenkartenetui aus dem dunkelblauen Jackett und gab Till eine meiner ‹Creative Director›-Karten. Till schaute drauf: «Oh, Herr Direktor! Danke. Ich habe leider keine Karte.»

Till schrieb seine Nummer auf ein knittriges Zettelchen.

«Muss weiterarbeiten. Enges Timing. Kennst du ja! Tschüss, Tom! Und tschüss … ?», Till schaute fragend neben mich.

«Sorry. Hab euch gar nicht vorgestellt. Das ist Lukas, mein Sohn! »

«Ah! Na dann: hallo und tschüss, Lukas!», Till gab meinem Sohn die Hand, «war schön, dich zu sehen!»

«Ciao», sagte Lukas.

«Tschüss», sagte ich.

Till verschwand zwischen den Traversen auf der Hinterbühne.

«Und», fragte mich Lukas, «wer war das?»

«Das war Till. - Mein erster Freund.»

«Was??? - Dein erster Freund? - Echt?»

«Ja. So etwa mit siebzehn.»

«Nett.»

«Ja.»

«Wäre der nicht wieder was?»

«Wäre was bitte?»

«Ein Freund, meine ich. Für dich. Dein Freund.»

«Ach ne, das ist schon lange vorbei.»

«Macht doch nichts. Aus Alt mach Neu. Der ist doch immer noch nett.»

Ich schwieg.

«Also, ich würde ihn nehmen. – Als neuen Stiefvater», bekundete mein Sohn mit frechem Grinsen.

Ich rief Till nicht an. Er mich auch nicht.

Lukas begleitete mich auch manchmal zu Omaka. Er hatte seinen Spaß mit ihr. Omaka war inzwischen für unterhaltsame Überraschungen gut, da sie langsam dement wurde. Lukas ließ sich mit Freuden von den neuesten Indizien überraschen. Omaka schippte löffelweise Zucker in den Kaffeefilter und goss mit kaltem Wasser auf. Sie trug Damenstrümpfe verkehrt herum, wie kleine Dromedarhöcker saßen die Fersen auf dem Spann ihrer Füße. Omaka redete mich mit ‹Herr Langner› an, wer auch immer das war. Sie fragte Lukas, ob er schon bei der HJ sei. Beim nächsten Besuch war mein Sohn dann ‹ihr geliebtes Brüderchen› und ich ‹wohl ein neuer Nachbar›. Omaka kippte Milch in die Blumentöpfe und kam stundenlang nicht auf das Wort ‹Kühlschrank›, obwohl sie davor stand und mir mitteilen wollte, dass er defekt sei. Was er nicht war. Omaka bat um Unterstützung bei der Bundestagswahl.

«Wen wähle ich nur immer? Wen nur? Ich weiß es nicht mehr. So einen dicken mit ‹K›.» Wir ließen Omaka zappeln.

«Wie heißt der nur? Ich komme nicht drauf.»

Dann hatte sie es: «Den Kaiser, den Kaiser! Ich wähle den Kaiser!»

Auch ich fand das alles ziemlich lustig, sah aber noch eine andere, nicht so komische Seite: Omaka war immer weniger in der Lage, ihr Leben selbstständig zu führen.

Zunächst versuchte ich es mit einem Pflegedienst, der morgens und abends bei ihr nach dem Rechten schaute. Aber Omaka ließ sich nicht helfen: «Nun muss ich immer um fünf aufstehen, damit ich gewaschen bin, wenn diese Fremden kommen!»

Manchmal lag sie beim Eintreffen der Pflegerin nackt und blutend auf dem kalten Steinboden des Badezimmers. Später mussten wir den Herd abklemmen, weil sie zu kochen begann, und dann vergaß, die Herdplatte auszuschalten. So ging es auf Dauer nicht weiter. Das wurde gefährlich.

Nach einem ihrer Wannenstürze wurde sie mit gebrochenem Arm ins Krankenhaus eingeliefert. Ich suchte nach einer Lösung für die Zukunft. Der Vorschlag des Arztes: Kurzzeitpflege. Also verfrachtete ich Omaka nach dem stationären Krankenhausaufenthalt in ein Pflegeheim. Und nun? Der Vorschlag der Heimleitung: aus Kurzzeitpflege mach Dauerpflege. Mit Omaka konnte ich das nicht mehr besprechen. Ich wurde bei meinen Besuchen im Heim entweder mit «Herr General» begrüßt oder aufgefordert: «Dann legen Sie mal los, Herr Professor.» Einmal schaute sie mich stolz an und sagte: «Ich habe geübt, Herr Lehrer!», und dann sagte sie in fließendem Französisch ein Gedicht auf. Ich lobte sie dafür. Sie freute sich. Aber Entscheidungen fällen konnte Omaka nicht mehr. Ich entschied. Sie blieb im Pflegeheim.

Nach ein paar Monaten löste ich Omakas Wohnung auf. Pflegeheim und Mietwohnung sprengten die finanziellen Möglichkeiten. Der Fairness halber erzählte ich ihr vorher davon. Ihre Reaktion: «Ach, das alte Haus am Meer. Da will ja niemand mehr hin.» Einmal fragte sie später noch nach: «Konnten Sie meine Villa verkaufen, Herr von Stachnow? Wo ist denn das Personal untergekommen?»

Die Ahnengalerie mit den Fotos der Familienangehörigen nagelte ich in ihrem Pflegezimmer an die Wand, ganz oben meine Urgroßeltern, ganz unten Lukas. Omakas Kommentar: «Die sind doch alle gefallen.»

Die Bildergalerie mit den Hunden unterschlug ich.

Omakas alte rote Wolldecke nahm ich mit zu mir nach Hause. Aber sie roch mittlerweile so sehr nach ‹Damals›, dass ich sie entsorgte, bevor der Geruch durch alle Räume kroch.

• • •

Die Eventbranche boomte, und die Agentur wuchs. Der Geschäftsführer hatte große Pläne: Niederlassungen in diversen Städten, irgendwann auch international. Dafür brauchte er einen Partner. Er fand eine andere Agentur, mit der er sich zusammenschloss. Ein größeres Netzwerk entstand. Meine Aufgabe verschob sich von kreativer Arbeit zum ‹Management von Kreativleistungen›. Das machte mir keinen Spaß. Die Ausrichtung der Agentur wurde immer gewinnorientierter, jedes Team wurde zu einem ‹Profit Center›, interne Konkurrenz sollte das Geschäft beleben. Damit fühlte ich mich nicht wohl. Ich ließ mich beraten (denn ich musste ja Probleme nicht mehr alleine lösen!) und machte mich selbstständig. Ideenfindung, Konzeption, Präsentation. Meine alte Agentur wurde nun zu einem meiner Auftraggeber. Ich hatte ziemlich viel Bammel vor dem Schritt ins Freie, aber er funktionierte.

Omaka verkündete eines Tages, sie würde sich ‹jetzt abholen lassen, von dem da oben›. Sie blieb im Bett und stand auch für die Mahlzeiten nicht mehr auf. Essen tat sie trotzdem, im Liegen. Nach einigen Tagen deutete sie mit dem Finger zum Himmel hinauf und beschwerte sich: «Der da oben hat mich wohl vergessen!» Mir gegenüber meinte sie: «Sie haben Einfluss, Herr General. Ich muss endlich abgeholt werden. Sie haben doch Befehlsgewalt. Schicken Sie mal Ihren Adjutanten mit einer Eildepesche da rauf.» Wieder der Fingerzeig nach oben.

Omakas Appelle an den himmlischen Abholer verhallten ungehört. Woche für Woche.

Dann kam eine neue Pflegerin auf die Station, patent, beherzt und mit frischem Schwung: «So, Frau Karsten, jetzt stehen Sie mal auf. Gleich gibt es Kaffee und Kuchen.»

Meine Großmutter stand auf, schlurfte in den Speisesaal und setzte sich hin. Apfelkuchen stand auf dem Tisch, mit Sahne. Eine Praktikantin schenkte ihr heißen Kaffee ein und goss Milch dazu. Omaka führte die Tasse zum Mund, trank einen Schluck – und starb.

Kurz nach Omakas Bestattung kam meine Stiefmutter Hannelore ins Krankenhaus. Reine Routine. Sie hatte schon seit längerem Rheuma, nur die Medikamente sollten neu eingestellt werden. Mein Vater nutzte die sturmfreie Bude, um laut Jazz zu hören und ohne Kontrollinstanz ausgiebig Gin Tonic zu trinken.

Hannelore zog sich eine Infektion zu, vermutlich ein Krankenhauskeim. Sie hatte dem Keim nicht viel entgegenzusetzen. Hannelore fiel ins Koma. Mein Vater bekam Panik. Er hörte den Ärzten nicht richtig zu, redete ständig dazwischen und war nur auf der Schiene unterwegs ‹machen Sie was› – ‹wieder gesund werden› – ‹bessere Medikamente geben› – ‹dann muss hier eben mal ein *richtiger* Fachmann ran.›

Mir wurde bei den Gesprächen mit den Ärzten klar: Hannelore würde nicht wieder gesund werden. Unausgesprochen stand bereits die Frage im Raum: Maschinen laufen lassen oder ausstellen?

Als wir an einem Donnerstagmorgen wieder in der Klinik eintrafen, wurden wir abgefangen und ins Arztzimmer gebeten.

«Herr Mends, Ihre Frau ist vor zwanzig Minuten verstorben. Unser Beileid.»

Mein Vater erstarrte kurz. Dann sagte er in einem fremdartig sachlichen Tonfall: «Wir haben so eine Patientenverfügung. Die brauchen Sie doch jetzt. Ich fahre sofort nach Hause und hole sie.»

«Nein, Herr Mends. Die Verfügung brauchen wir jetzt nicht mehr.»

«Es geht ganz schnell. Das macht keine Umstände. Ich hole sie!»

«Herr Mends, Sie sollten jetzt hierbleiben und sich von Ihrer Frau verabschieden.»

Mein Vater sagte nichts mehr.

Hannelore lag nun in einem anderen Zimmer. Ohne Schläuche und Apparate. Mein Vater trat an ihr Bett. Dann sackte er zusammen.

Nach Hannelores Tod stand mein Vater unter Schock. Er klagte und weinte fast durchgehend. Bei jedem Gespräch landete er innerhalb kürzester Zeit bei seinen Erlebnissen als Flakhelfer. Wie in einer hypnotischen Schleife gefangen. Er war sechzehn gewesen, als Hamburg im Sommer 1943 die schweren Bombardements erlebte. Die Alster war getarnt, es gab ein Stegesystem auf dem Wasser, mit Flakgeschützen und Baracken. Hier war er zusammen mit Kumpels aus seiner Schule stationiert. Ein Sechzehnjähriger mitten im Bombenhagel.

Worüber wir auch sprachen, nach spätestens zwei Minuten war mein Vater bei der Flak angekommen. Dann erzählte er immer die gleichen Sequenzen, fast wörtlich. Im Mittelpunkt standen aber nicht die schrecklichsten Eindrücke des Infernos, sondern eine Situation, in der er aus der Wohnung seiner Familie bei schon brennendem Treppenhaus einige Ölgemälde und den Koffer einer einquartierten Tante rettete. Mir kam es vor, als hätte er dieses Bild seiner jugendlichen Heldentat in einem goldenen Rahmen über die rußigen Bilder des Grauens genagelt, damit er diese nicht mehr sehen musste.

Rein technisch gesehen kam mein Vater gut zurecht, er kaufte ein, versorgte sich mit Essen und hatte eine zuverlässige Putzfrau. Es spielte sich so ein, dass ich ihn etwa zweimal die Woche besuchte, doch ihm war das viel zu selten. Ich reagierte bei unseren Treffen empfindlich auf unterschwellige Vorwürfe – und konnte seine Flakgeschichten nicht mehr hören. Unser System geriet in Schieflage.

• • •

Zu meinem 40. Geburtstag schenkte mir mein jugendlicher Sohn Lukas einen rosafarbenen Karton mit blauer Schleife.

«Mach auf!»

In dem Karton lagen lauter verschlossene Briefumschläge. Weiße, braune, handbeschriftete, mit Maschine beschriebene, einige mit bunten Stickern beklebt.

«Na, was ist das wohl?», fragte Lukas mit einem gespannten Lächeln.

«Keine Ahnung.»

Hinweis von Lukas: «Abschiedsbriefe sind es jedenfalls nicht.»

«Gott sei Dank. Die weltgrößte Sammlung von Abschiedsbriefen ist auch nicht mein Lebensziel.»

«Na, was kann es dann sein?», Lukas machte eine dramaturgische Pause ... «Ich habe eine Kontaktanzeige für dich aufgegeben. Und das sind die Zuschriften!»

Ups.

Lukas: «Ich finde, du hast da Nachholbedarf.»

Ich schluckte. Da musste ich Lukas leider recht geben.

«Danke. Tolle Idee!»

Das Spektrum der Briefe ging von seitenlangen Lebensgeschichten bis zu faktenorientierten Telegrammen im Stil von ‹BBB - 45 - 1.80 - 95 - 22›. Fünf der Männer fand ich interessant. Mit denen telefonierte ich. Bei einem kam ich kaum zu Wort, einer klang wie eine Kreuzung aus Donald Duck und Breitmaulfrosch, der Nächste nervte mich mit einem ‹Verstehst du?› an jedem Satzende. Mit zweien verabredete ich mich.

Robert war Lehrer an einer Grundschule. Sympathisch, humorvoll, schlank und schwarz gelockt. Runde Nickelbrille und Aktentasche aus hellem Rindsleder. Richtig nett - und völlig unerotisch. Aus meiner Perspektive. Er kommentierte unser Treffen mit «Bingo» und hätte gern eine gemeinsame Zukunft geplant. Mich aus seinen Plänen mit einem Nein zurückzuziehen, fand ich schwierig. Ich druckste ungeschickt herum, er war gekränkt; ich bot freundschaftlichen Kontakt an, er sagte vielen Dank, den bekäme er an jeder Straßenecke.

Das Treffen mit dem letzten Kandidaten hätte ich danach am liebsten gestrichen. Doch Lukas gegenüber fühlte ich mich in Zugzwang. Auch Doro hätte sicherlich nachgefragt. Also hingehen. Treffpunkt Stadtpark, vorm Planetarium, zu einem Spaziergang. Zeit: 15.00 Uhr. Name: Ferdinand.

Ich steuerte das Planetarium über einen Seitenweg an, mit leichter Verspätung. So konnte ich schon mal vorsichtig gucken, wer da auf mich wartete. Klar, wir hatten Fotos ausgetauscht, aber was hieß das schon. – Tatsächlich saß er schon auf einer Bank. Ein sonniger Nachmittag, Spaziergänger mit Hunden, junge Mütter und ihre Kinder, eine Rentnerin mit Rollator, überholt von energischen Nordic Walkerinnen mit rhythmisch auf dem Boden knirschenden Metallstöcken. Ferdinand schien etwa meine Statur zu haben, soweit ich das im Sitzen beurteilen konnte. Fotos und Realität passten zusammen. Gut so.

Als ich auf die Bank zukam, stand Ferdinand auf und kam auf mich zu. Ein offenes Lächeln, dann eine ausgestreckte Hand.

«Hallo Tom!»

«Hallo Ferdinand!»

«Gehen wir gleich eine Runde?»

«Gern!»

Wir steuerten auf die große Spielwiese zu.

«Lustig, dass wir uns so wiedersehen!», sagte Ferdinand.

Wiedersehen? Wieso wiedersehen?

«Du guckst ziemlich verdattert. Erinnerst du dich nicht?»

Woher sollten wir uns kennen?

«Sorry. Nee. Keine Ahnung.»

«Na, du hast ja ein schlechtes Gedächtnis. Wie soll das erst im Alter werden!»

Das war mir jetzt ein bisschen peinlich. Vielleicht irgendein Agenturkontakt? Oder – oh je – ein verdrängtes Abenteuer während meiner Sexsextestphase?

«Dann musst du raten!»

Ich hob hilflos meine Schultern.

«Einen Tipp bekommst du: Frau Platthofer.»

Frau Platthofer? Das war doch meine Vorgängerin in der Chirurgie gewesen. Kennen wir uns aus dem Krankenhaus? Ein ehemaliger Patient?

«Lange Leitung, was? Du Fotograf, ich OP-Pfleger. Waren beide mal grüne Männchen.»

Dass ich darauf nicht gekommen war! Stand doch sogar in seiner Zuschrift, dass er in der Uniklinik arbeitete. Aber hatte ich Ferdi jemals ohne OP-Haube und Mundschutz gesehen? Ich glaube nicht.

«Tut mir echt leid! Aber mehr als deine Augen habe ich damals nie gesehen.»

«Und, gefallen sie dir?»

«Ja», lachte ich. Schöne Augen.

Wir umrundeten die große Wiese und kamen an den Stadtparksee. Kanus auf dem Wasser, Schwäne und Enten, hinter der Trennmauer das Schwimmbad mit arschbombenden Kindern, kraulenden Männern und klönenden Fregattengrüppchen unter plastikbeblümten Badekappen.

Ferdinand erzählte mir, dass er mich damals in der Chirurgie durchaus deutlicher wahrgenommen hatte als ich ihn.

«Ich hab versucht, dich anzuflirten. Aber du warst total zu – oder hast nichts gemerkt.»

«Hatte damals einen Freund.»

«Ja, und? Man kann doch trotzdem Spaß haben.»

«Nee, ja. Na klar. Aber …»

Ich wusste erst mal nicht mehr weiter. Ferdinand bemerkte meine Irritation. Wir landeten in einem Gespräch über Beziehungen, Liebe, Sex. Ferdi wünschte sich eine offene Partnerschaft. Nähe mit Freiheit. Ich erzählte ihm, dass Daniel und ich das damals versucht hätten, aber nicht gut damit klargekommen wären.

«Was ist denn aus deiner Beziehung geworden?», fragte Ferdi, «Habt ihr euch getrennt?»

«Ja, auch.»

«Wie: auch?»

«Na ja. Daniel ist gestorben.»

«Oh.»

«Also nicht gleich, sondern später.»

«AIDS?»

«Nein, Suizid.»

«Oh.»

Den Stadtparksee hatten wir inzwischen zur Hälfte umrundet. Wir kamen an dem kleinen Becken vorbei, auf dem ferngelenkte Modellboote fuhren und gingen weiter in Richtung Rhododendronpfad. Unser Gespräch war gut und tief und vertrauensvoll. Ich mochte Ferdi. Und ich fand ihn attraktiv.

Nicht nur seine Augen. Aber seine Vision der offenen Beziehung erschreckte mich. Nicht noch einmal Nächte, in denen mein Mann das Bett verlässt und Abenteuer sucht. Vielleicht total spießig. Oder immer noch zu verklemmt. Keine Ahnung. War halt so.

«Nach der Sache mit Daniel hab ich einfach Schiss.»

«Kann ich verstehen», meinte Ferdinand.

«War ganz große Liebe und ging voll in die Grütze.»

«Ja, das ist übel.»

«Ich glaube, ich bin jetzt ein Beziehungsschisser.»

«Schade», kam von Ferdi, «und wie wär's dann mit Freundschaft?»

«Mmh.»

Ferdi zog fragend die Augenbrauen hoch.

«Oh, ja. Sorry. – Ja klar, gern - meine ich.»

• • •

Mein Vater hatte sich daran gewöhnt, dass ich ihn zweimal pro Woche besuchte. Aufgrund einer intensiven Arbeitsphase hatte ich in den letzten zwei, drei Monaten oft Besuche bei ihm abgesagt. Gerade als ich wieder das Gefühl habe, regelmäßiger bei ihm aufzulaufen und ihn zufriedenzustellen, klingelt bei mir abends das Telefon. Ich melde mich.

«Hier ist dein Vater.»

«Hallo Papi. – Was gibt's?»

«Nichts Spezielles.»

«Etwas Unspezielles?»

«Du könntest öfter zu mir kommen.»

«Ich bin doch wieder viel regelmäßiger bei dir. Das waren die Jobs.»

«Manchmal muss man Prioritäten setzen.»

«Mach ich ja.»

«Ich finde, dein Vater sollte an erster Stelle stehen.»

– Oh. –

«Man weiß nicht, wie lange ich noch da bin.»

«Nein, das weiß man nie.»

«Das ist jetzt eine Plattitüde. Es geht hier um mich. Ich bin schließlich dein Vater.»

«Danke. Weiß ich. Musst du mir nicht erklären.»

In der Leitung herrscht gereiztes Schweigen. Ich höre meinen Vater atmen. – Dann sagt er:

«Du hast schon deine Mutter in den Tod getrieben. – Und deinen Freund, diesen Daniel. – Nun bin ich wohl an der Reihe. Ich scheine dir vollkommen egal zu sein.»

Mein Puls steigt auf 180. Wut kocht wie glühende Magma aus meinem Inneren nach oben. Herzschlag donnert. Ich explodiere:

«DU ARSCHLOCH!!!»

Ich knalle das Telefon in die Ecke.

Kontaktabbruch. Sendepause. Ohne Zeitbegrenzung.

Monate später. Mein Anrufbeantworter blinkte: eine neue Nachricht.

«Praxis Dr. Lambert. Nielsen. Der Herr Doktor bittet Sie um Rückruf.»

Dr. Lambert? Dr. Lambert? Es dauerte eine Weile, bis ich schaltete: der Hausarzt meines Vaters. Was wollte der denn? Ich rief an.

«Praxis Dr. Lambert. Nielsen am Apparat.»

«Tom Mends. Herr Dr. Lambert wollte mich sprechen.»

«Ich stelle durch …»

«Lambert.»

«Tom Mends. Ich sollte Sie anrufen.»

«Ach, ja. – Herr Mends. – Es geht um Ihren Vater. Er hat mir erzählt, dass Sie keinen Kontakt mehr zu ihm haben. Aber ich dachte, dies sollten Sie wissen: Bei Ihrem Vater wurde Lungenkrebs diagnostiziert. Weit fortgeschritten. Ihr Vater ist im Krankenhaus. Es sieht nicht gut aus.»

«Wo liegt er denn?»

«Auf der Onkologie der Uniklinik.»

«Danke. – Und danke, dass Sie mich informiert haben.»

«Bitte.»

Eine durchgrübelte Nacht, am nächsten Tag telefonische Beratung mit Lukas und mit Doro. Dann eine Entscheidung. Ich machte mich auf den Weg ins Krankenhaus, in die Onkologie, zu meinem Vater. – Nach über sechs Monaten Funkstille.

Station 4, ein langer Gang, rechts und links die Türen zu den Krankenzimmern. 401, 402, 403 ... 411. Hier blieb ich stehen, holte noch einmal tief Luft – und klopfte an die Tür.

«Herein.»

Ich öffnete die Tür. Mein Vater saß an einem Tisch am Fenster in der Sonne. Vor ihm lag die Zeitung.

«Hallo Papi.»

Er guckte mich an.

«Hallo Tom.» – Pause. – «Schön, dass du hier bist.»

Knapp drei Wochen später wurde mein Vater auf Rat der Ärzte in ein Hospiz verlegt. Das Zimmer war pastellgelb gestrichen, die Möbel waren zartblau, die Vorhänge rotbraun gestreift. An der Wand ein Aquarell mit einem Sonnenauf- oder untergang. Wohl eher einem Untergang.

«Die Farben hier hätten von Hannelore sein können», meinte mein Vater trocken.

Vor dem Fenster stand eine alte Kastanie. Auf dem Hof unter dem Baum eine weiße Sitzgruppe, auf der bei gutem Wetter Bewohner mit Besuchern saßen und klönten. Mein Vater saß nie unter dem Baum, er verließ das Bett nur noch in Richtung Bad. Das Hospizpersonal betreute ihn geduldig und liebevoll; sogar die junge Psychologin fand Zugang zu ihm.

«Bei der kann man auch als Kerl mal heulen. Das macht der nichts aus», erklärte mir mein Vater. «Vielleicht gefällt ihr das sogar, einen starken Mann mal schwach zu sehen. Solche Frauen soll's ja geben.»

Mit der Zeit stellte mein Vater auch die Gespräche ein. Er redete nur noch das Nötigste, ansonsten lag er dösend im Bett. In seinem Zimmer waren nur das Gezwitscher der Vögel und die raschelnden Blätter der Kastanie zu hören – und das monotone Brummen der Sauerstoffmaschine, die ihm beim Atmen half.

An einem sonnigen Frühsommervormittag klingelte mein Handy.

«Mit Ihrem Vater geht es zu Ende. Können Sie kommen?»

Ich nahm das Fahrrad, das ging am schnellsten. Zwölf Minuten später betrat ich leicht verschwitzt die Eingangshalle des Hospizes. Eine der ehrenamtlichen Sterbebegleiterinnen empfing mich.

«Vor drei Minuten.»

Mein Vater lag friedlich in seinem Bett, den Kopf nach oben gerichtet, seine Hände auf der Bettdecke verschränkt.

«Sie können bei ihm bleiben, solange Sie möchten.»

Ich nickte und setzte mich neben ihn auf die Bettkante. Ich legte meine Hände um seine. Sie waren noch warm. Meine Tränen begannen zu fließen. Ich ließ seine Finger los und rückte näher an ihn heran. Ich schob meine Hände zwischen seinen Rücken und das große weiße Kopfkissen.

Lange saß ich so da, ganz nah bei meinem Vater, mit meinen Händen zwischen seinem Rücken und dem Bett – bis seine Körperwärme fast verschwunden war. Dann stand ich auf und rief die Bestatterin an. Im Foyer des Hospizes entzündete ich eine Kerze. So machte man das hier, als Symbol dafür, dass jemand gestorben war. An diesem Tag war es die einzige Kerze.

Bei der Trauerfeier für meinen Vater war die Kapelle gut gefüllt. Ich hatte mich entschlossen, selbst zu reden. Auch die Musik hatte ich ausgewählt: Als Erstes hörten wir *Time after Time* von Ben Webster. Nachdem der letzte Saxophonton sanft im Nichts verhaucht war, stand ich auf, ging zum Rednerpult und ließ meinen Blick durch die Kapelle schweifen. Mit meinem Sohn, der in der ersten Reihe neben Doro saß, tauschte ich ein Lächeln. Nun war er auch schon ein erwachsener junger Mann. – Ich atmete noch einmal tief ein, roch den typischen Tannen-, Blüten-, Kerzenduft der Friedhofskapelle und begann zu sprechen …

Ich erzählte davon, wie mein Vater mit mir als kleinem Jungen im Treppenhaus Fangen spielte und mich immer siegen ließ; wie ich vom hohen Kleiderschrank aus in seine Arme sprang und er mich sicher auffing. Ich sprach von seiner Kreativität und seinem handwerklichen Geschick. Auch unser nicht allzu großes Talent, miteinander tiefgehende Gespräche zu führen, erwähnte ich. Und seine vielen gemeinsamen Jahre mit Hannelore. Meine Rede endete:

«Als ich meinen Vater vor einiger Zeit fragte, welche Vorstellungen er vom Tod habe, sagte er: ‹Dann ist Schluss. Nichts. Basta.› – Bei Besuchen an Hannelores Grab hörte ich ihn jedoch flüstern: ‹Irgendwann komm' ich zu dir!›»

Zu Coleman Hawkins' *On the Sunny Side of the Street* betraten die typischen hamburgischen Sargträger in ihren schwarzen Umhängen die Kapelle. Vor dem Sarg nahmen sie ihre Dreispitze ab und verneigten sich. Auf das Signal «Bitte!» umfassten sie synchron die Tragegriffe, hoben den Sarg meines Vaters an und machten sich auf den Weg zu Hannelores Grab.

Das anschließende Kaffeetrinken fand in Wellingsbüttel statt. Das alte Restaurant mit dem weitläufigen Garten, der steil ins Alstertal abfiel, wirkte wie aus der Zeit gefallen. Eine Mischung aus Jahrhundertwende (die türmchenbewehrte Villa), Fünfziger- bis Siebzigerjahre (Einrichtung und Tapeten) plus Moderne in Form von Registrierkassen mit Farbdisplay und Latte macchiato mit Anisplätzchen. Ich mochte diese schrabbelig-schräge Mischung. Außerdem hatte sich mein Vater hier regelmäßig mit seinen Klassenkameraden getroffen. Fünf seiner ehemaligen Schulfreunde waren zur Beerdigung erschienen und freuten sich über diese herrliche Gelegenheit, ausführlich Flakgeschichten auszutauschen.

Ich saß mit meinem Sohn und Doro an einem Tisch, neben uns Lukas' Mutter Svenja mit ihrem Mann Raphael. Sehr nett, dass beide gekommen waren. Unseren Tisch komplettierten Marcel, mein ehemaliger Mitsänger und New-York-Reisegefährte, und OP-Pfleger Ferdi, zu dem sich eine lockere Freundschaft entwickelt hatte.

Für mich vollkommen unerwartet, war auch ‹Chef› erschienen, mein Fotografenlehrherr; inzwischen ein alter Mann. Seine Frau hatte die Traueranzeige im Hamburger Abendblatt entdeckt. Mit der überlauten Stimme eines Schwerhörigen erklärte mir ‹Chef›:

«Ihr Vater und ich waren doch Berufskollegen! – Und durch Sie als Stift sozusagen familiär verbunden! – Da wollte ich Ihrem Vater heute ein letztes Geleit geben! – Und Ihnen mein Beileid aussprechen!»

Neben ‹Chef› platzierte ich meinen ehemaligen Behördenkollegen Berthold, der mit seiner Frau gekommen war. Die beiden waren also (dank des Swingerclubs?) noch zusammen. Auch Berthold hatte die Todesanzeige gelesen und gestand, nicht so sehr wegen meines Vaters hier zu sein, sondern eher, um mich mal wieder zu treffen. Das ging in Ordnung.

Die größte Überraschung war für mich ein Herr in Tweedjackett und schwarzem Rollkragenpulli, mit schneeweißen Haaren und buschigen, über den Brillenrand hochgekämmten Augenbrauen. Ein Kollege meines Vaters von früher? Der Weißhaarige gab mir die Hand:

«Sie werden sich nicht an mich erinnern. Ich kannte Ihren Vater und Ihre Mutter gut. Wir waren mal Nachbarn. Sie waren damals noch ein Kind.»

Herr Franken! Natürlich erinnerte ich mich. Besonders an die Situation nach dem Suizidversuch meiner Mutter. Ich wollte mich bei Herrn Franken für sein damaliges Verhalten bedanken, wurde aber schnell in Gespräche mit anderen Gästen verwickelt. Schade, vermutlich ahnte er nicht, wie wichtig seine beruhigenden Worte für mich als kleiner Junge gewesen waren.

Nach dem Wellingsbütteler Kaffeetrinken ging ich mit Lukas und Doro noch einmal in Ruhe ans Grab. Die Grube war inzwischen zugeschüttet worden. Auf dem länglichen Hügel lagen Blumen und Kränze. Hannelores Grabstein lagerte einen halben Meter entfernt von seinem üblichen Platz, er würde später vom Steinmetz abgeholt und um die Daten meines Vaters ergänzt werden.

«Wie geht's dir jetzt?», fragte mich Lukas.

«Erleichtert.»

«Vermisst du deinen Vater?», hakte Lukas nach.

«Ich habe eher irgendetwas *an ihm* vermisst, als er noch lebte. Vater-Sohn- oder Sohn-Vater-Liebe ist uns nicht so gut gelungen.»

«Anders als bei uns», sagte Lukas und lächelte mich an.

«Schön, dass du das sagst. Danke.»

Meine Augen wurden feucht. Lukas umarmte mich.

Wir schwiegen.

«Weißt du», nahm ich den Faden wieder auf, «ich glaube, mein Vater und ich haben uns einfach nicht verstanden. Im wörtlichen Sinn. Wir blieben uns fremd. Zwei Wesen von verschiedenen Sternen. Wahrscheinlich haben wir es uns beide anders gewünscht, hat aber nicht geklappt.»

«Und dein Vater und Hannelore», fragte nun Doro, «haben die sich geliebt?»

«Mein Vater hätte laut ‹Ja› geschrien. Jedenfalls seitdem Hannelore tot ist. Ich fand das Miteinander der beiden immer anstrengend. Ständig Kabbeleien, Genörgel, Gemecker. Möglicherweise war das ihre Form der Liebe.»

«Vielleicht waren die nur so drauf, wenn du dabei warst», warf Lukas ein, «vielleicht hast du im siebten Himmel gestört?»

«Nein», meinte ich irritiert, «das kann ich mir nicht vorstellen.»

«Ach Quatsch. Ich mir auch nicht», bestätigte Lukas.

«Obwohl – kann schon sein, dass ich für die beiden ein Ballast war. Das Kind, das mein Vater aus der vorigen Ehe mitgebracht hatte. Wäre ja nachvollziehbar, auf alle Fälle aus Hannelores Blickwinkel.»

«Dann hat sie sich aber Mühe gegeben, oder?», ergänzte Lukas.

«Stimmt. Hat sie.»

«Wollen wir noch ein bisschen spazieren gehen?», schlug Doro vor.

«Ja gern.»

Nach ein paar Schritten fragte Lukas: «Deine Mama und Omaka liegen doch auch hier irgendwo. Ist das weit?»

«Etwa zwanzig Minuten», schätzte ich.

«Gut», sagte Doro, «dann zeigt mir mal eure Familiengräber.»

Wir überquerten die große Hauptstraße im Zentrum des Ohlsdorfer Friedhofs in Richtung der ältesten Gräberfelder. Kurvige Sandwege führten zwischen großen Rhododendronbüschen hindurch, überragt von hohen Kiefernstämmen. Während wir gingen, fragte mich Doro: «Hast du bei der Trauerfeier jemanden vermisst?»

«Im Gegenteil. Mit vielen hatte ich überhaupt nicht gerechnet.»

Lukas meinte: «Fehlten eigentlich nur alte WG-Kumpels oder Agenturfuzzis, oder?»

«Ach ne, war schon gut so. Hab' ja keinen Kontakt mehr zu Leuten aus Agentur- oder aus WG-Zeiten.»

«Und was ist mit Till?», fragte Lukas.

«Woher kennst du denn Till?», hakte Doro erstaunt nach.

«Hab ich mal bei einem von Toms Events kennengelernt», erklärte Lukas, «fand ihn nett.»

Ich wunderte mich: «Dass du dir Tills Namen gemerkt hast!»

Lukas, grinsend: «Ich hätte ihn ja auch als neuen Stiefvater genommen!»

Doro an mich: «Hast du denn noch Kontakt zu Till?»

«Nein», antwortete ich.

«Schade», sagte Lukas.

Meine Mutter und Omaka lagen im Gemeinschaftsgrab der Familie Karstens, ein großzügiges ‹Grundstück› in unmittelbarer Nähe zu Hans Albers' letztem Wohnort. Im Zentrum stand ein drei Meter hoher Findling, beschriftet mit ‹Familie Karstens› und dem Spruch ‹Die Liebe höret nimmer auf›. Davor einzelne Granitplatten mit Bronzeschildern für die verstorbenen Familienmitglieder. Omakas Grabplatte lag vor denen ihrer Eltern, daneben die ihrer schon lange verstorbenen Geschwister; eine Reihe weiter vorn die meiner Mutter. Die Anordnung ähnelte Omakas Bildergalerie. Nur Gedenksteine für Hunde gab es nicht.

Lukas schaute auf die Gräber: «Vermisst du sie?»

«Meine Mutter und Omaka? Ja, beide.»

«Bist du auch sauer auf deine Mutter?»

«Ja, manchmal bin ich wütend, dass sie einfach abgehauen ist. Und traurig, weil ihr egal war, wie mein Leben weitergeht.»

«Jungs», unterbrach uns Doro, «es tut mir leid. Ihr führt ja wirklich tolle Gespräche, aber ich muss mal. Bei der Friedhofsverwaltung müsste doch ein Klo sein. Könnten wir aufbrechen?»

Das Verwaltungsgebäude beim Haupteingang war noch einmal fünfzehn Minuten entfernt. Doro zuliebe versuchten wir, es in zehn zu schaffen. Während wir im Eiltempo über den Friedhof gingen, startete Lukas das nächste Gespräch: «Du hast dich von deinem Vater doch jetzt ganz gut verabschiedet, oder?»

«Was meinst du damit?»

«Naja, du warst bei ihm, als er gestorben ist. Die Trauerfeier war schön, du hast sogar geredet …»

«Ja, stimmt. War irgendwie ein guter Abschied.»

«Bei deiner Mutter war das nicht so, oder?»

«Nein, das war totaler Mist, damals.»

«Kannst du da nicht noch was nachholen?», fragte Lukas, «einen Brief schreiben, oder so?»

«Einen Brief an Mami?», darauf war ich noch nie gekommen.

«Keine schlechte Idee», meinte Doro.

«Ich weiß nicht. Einen Brief an meine Mutter nach über 25 Jahren? Ist das nicht ein bisschen albern?»

«Musst ja keine Briefmarke draufkleben. Mit der Postzustellung wird es ohnehin schwierig», flachste Doro.

«Aber mal im Ernst», fuhr sie fort, «vielleicht ist es gut, an sie zu schreiben.»

«Mhm.»

Wir waren an der Friedhofsverwaltung angekommen.

«Geh du jetzt erst mal pinkeln», forderte ich Doro auf.

• • •

Meine Haltung zu Lukas' Briefidee pendelte zwischen ‹toller Einfall› und ‹totaler Quatsch›. Schließlich fand ich, wenn mein Sohn das vorschlägt, sollte ich es zumindest versuchen.

Was ich an meine Mutter schrieb:

Liebe Mami, vor fast dreißig Jahren hast du dich mit ein paar Zeilen von mir verabschiedet. Dann hast du dein Leben beendet und mich in meinem zurückgelassen. Ich war siebzehn, du warst achtundvierzig. Ich kehrte von einer Reise zurück, du gingst auf eine Reise ohne Wiederkehr. Mir blieben: ein zerwühltes Bett mit Blutflecken, deine letzten Zigarettenkippen, die Klapperlatschen in Reinschlüpfposition. Und dein Brief.

Gut, dass du mir geschrieben hast. Dein Brief war für mich ein Zeichen, dass es dir nicht völlig gleichgültig war, was mit mir passierte. Das war und ist nämlich ein beschissenes Gefühl, dass die Mutter ‹Tschüss› sagt und einen allein zurücklässt; in einem jungen Leben, dessen weitere Entwicklung gerade beginnt. Neugier und Spannung auf das, was werden würde, bekamen durch dein Adieu einen heftigen Dämpfer. Ausgebremst. – Nachdem du in den Tod gegangen warst, habe ich so getan, als würde mir das nichts ausmachen. Schluss, aus, vorbei. Vergangenheit abhaken. Nicht mehr dran denken. Das habe ich versucht. Hat aber nicht geklappt. Konnte auch nicht klappen, denn es war der falsche Weg. Das habe ich aber erst viel später gemerkt. Dein Entschluss zu gehen hat mein Bleiben geprägt.

Damals bin ich ganz schön ins Schlingern geraten. Dein Suizid, verwirrende Erfahrungen mit Drogen, ein schwules Coming-out, Probleme in der Schule, all das zusammen war ein bisschen viel. Heute bin ich froh, dass ich es trotzdem geschafft habe.

Während ich an dich schreibe, sitze ich an meinem Küchentisch. Draußen ist es dunkel. Ich stelle mir vor, dass du mir gegenübersitzt. Ich sehe dir ins Gesicht, in deine blauen Augen. Wir nehmen unsere Hände und schauen uns an. Deine Hände sind kälter als meine. Jetzt beginnen meine Tränen zu fließen.

Ich möchte dir gern von meinem Leben erzählen. Das hast du ja alles verpasst. Weißt du was? Ich habe einen Sohn! Ist das nicht toll? Er heißt Lukas. Mit einem Enkelkind hättest du bestimmt nicht gerechnet. Du wärst bestimmt eine tolle Oma gewesen. Aber du wolltest nicht alt werden, eines Tages eine alte Frau sein mit Falten und grauen Haaren, oder? Ich finde, es ist ein riesengroßes Geschenk, einen Sohn zu haben. Ich würde gern eines Tages Opa sein. Ich möchte gern alt werden.

Es muss für dich eigenartig sein, wenn ich mit dem ‹riesengroßen Geschenk, einen Sohn zu haben› so auf die Tube drücke. Du hattest ja auch einen Sohn. In der Tat habe ich mich manchmal gefühlt wie ein weggeworfenes Geschenk. Ein Geschenk, dem als Kind erzählt wurde, wie sehr es geliebt wurde, und … dann lag es vergessen in der Ecke.

Ja, ich hätte dich gern an den Schultern gepackt und geschüttelt und geschrien: ‹Das kannst du nicht machen! Du kannst nicht einfach abhauen! Bleib verdammt noch mal hier!›

Ich hätte dich auch gern in den Arm genommen, getröstet und gesagt: ‹Das kriegen wir schon hin. Du schaffst das. Du wirst wieder froh.›

Ich erinnere mich an Situationen in meiner Kindheit, da dachte ich, die Verantwortung dafür zu tragen, ob du dich in deinem (und damit auch in meinem) Leben halten kannst. Mit neun? Mit zehn? Weißt du: Das fühlt sich als Kind ziemlich gruselig an. Diese Erinnerungen an dich – meine Mutter – auf der Kippe, am Rande der Klippe, und ich – ein kleiner Junge – muss den Absturz verhindern. Beklemmende Erinnerungen.

Auch ich habe mich manchmal am Rande der Klippe gefühlt. Oder besser: auf der Abschussrampe mit tickendem Countdown. Ich wollte in den Orbit verschwinden, wollte mich in einer gläsernen Kugel aus dem Staub machen und das Leben und alle Menschen unten auf der Erde zurücklassen. Dieses Gefühl überkam mich manchmal sogar noch, als ich schon einen Sohn hatte. Ich habe mir aber geschworen, Lukas einen Vater, der in den Orbit abzischt, nicht zuzumuten. So eine Entscheidung konntest du wohl am Ende nicht mehr fällen. Schade.

In meinen Gedanken sitzt du noch immer mit mir an meinem Küchentisch. Wir halten Händchen. Ich lächele dich an und denke: ‹Weißt du was? Wir lassen jetzt mal diese ernsten Themen, ich möchte dir noch so viel erzählen!› – Aber ein ernstes Thema muss doch noch sein …

Es gab noch einen Menschen in meinem Leben, den ich sehr geliebt habe und der sich das Leben genommen hat: Daniel. Mit ihm hatte ich zum ersten Mal wieder das Gefühl, dass aus uns ein ‹Wir› wurde. Ich war sehr glücklich mit ihm – und dann sehr unglücklich. Wir trennten uns. Eine Weile später machte ich eine Reise, kam zurück, – und Daniel war tot. Verreisen, wiederkommen, kein Abschied, Ende, vorbei. So wie bei dir damals. Das hat mich von den Füßen gehauen. Aber es hat auch etwas bewirkt. Ich habe nicht mehr versucht, so zu tun, als wäre nichts passiert. Ich habe bewusst getrauert, und ich habe mir helfen lassen. Und das war gut.

Ich würde dich jetzt gern zu einem Spaziergang einladen und dir zeigen, was sich draußen alles verändert hat, seit du weg bist. Von 1975 bis heute ist einiges passiert, das Orwellsche Jahr 1984 und das legendäre Jahr 2000 liegen lange hinter uns. Wir sausen zwar nicht in Flugautos herum und wohnen nicht in multikulturellen Wohngemeinschaften auf dem Mars. Aber wir simsen und twittern, googeln im Browser, um Websites mit Downloads zu finden und haben eine Flatrate für unsere Smartphones.

Ha, jetzt verstehst du kein Wort mehr! Es hat sich eben doch vieles verändert. Virtuelle Welten bestimmen unseren Alltag. Aber das müsste ich dir ganz in Ruhe erzählen. Und ich befürchte, so richtig erklären könnte ich es dir trotzdem nicht.

Auch wenn nicht alles positiv ist, wovon ich dir berichten kann, ist es doch schön, dir von meinem Leben und der Welt um mich herum zu erzählen. Das habe ich vermisst.

Ich fand den Grabspruch der Familie Karsten auf dem großen Findling immer kitschig: ‹Die Liebe höret nimmer auf›. Eine pathetische Floskel, alleswollender, nichtssagender Trauerkitsch. Heute frage ich mich, ob an dem Spruch nicht doch etwas dran ist.

Du wärst jetzt gute achtzig, ich bin Anfang fünfzig. Das ist doch ein guter Zeitpunkt zum Abschiednehmen für Mutter und Sohn, findest du nicht?

Tschüss, ich liebe dich, dein Tom

• • •

Telefonat mit meinem Sohn:

«Hallo Lukas, ich wollte mich bedanken!»

«Wofür?»

«Ich habe den Brief geschrieben. An meine Mutter.»

«Und?»

«War gut.»

«Schön!»

Pause. Dann Lukas wieder:

«Wenn's gut war – vielleicht solltest du auch mal an Daniel schreiben?»

«Hab' ich auch schon überlegt.»

«Und?»

«Ich glaube, das klappt nicht.»

«Wieso?»

«Hat er nicht verdient. Er hat mir ja auch keinen Brief hinterlassen.»

«Ne, das kann's ja wohl nicht sein. Meinst du das ernst?»

«Nein, nicht wirklich.»

«Was dann?»

«Was querliegt, ist ja vor allem das Scheitern der Beziehung. Trotz großer Liebe.»

«Ja, und?»

«Ich hab' so das Gefühl, das hätten wir miteinander klären müssen.»

«Du meinst: damals?»

«Ja. Heute würde ich das versuchen. Nicht so schnell aufgeben.»

«Na, dann mach mal.»

«Geht ja nicht mehr.»

«Ach ja?»

«Wie meinst du denn das jetzt?»

«Trau dich mal wieder ran.»

• • •

Ein Café in St. Georg an einem schönen Oktobertag. Es ist noch so warm, dass man draußen sitzen kann. Fast alle Plätze sind belegt. Ich trinke einen Latte macchiato. Fußgänger ziehen vorbei, auf der Straße Radfahrer, Autos, Busse. An einem der Tische lautes Gelächter von bärtigen Kerlen, an einem anderen zwei verliebte Frauen. Dahinter ein Mann mit schönen Augen. Ich schaue immer wieder rüber. Ein ausgesprochen nettes Lächeln. Jetzt winkt er der Bedienung. Kramt sein Portemonnaie hervor, will zahlen. Mist! Jetzt sollte ich mal in die Hufe kommen …

Sanftes Herbstlicht über Hamburg. Diesige Luft, von Sonnenstrahlen hellorange eingefärbt. Der Spazierweg führt an der Alster entlang. Eine leichte Brise weht Blätter aus den Kronen der alten Eichen und Kastanien. Rote, braune, gelbe Blätter trudeln auf den Boden, auf das Wasser, schaukeln auf kleinen Wellen. Das andere Alsterufer liegt im Dunst. Im Sommer, an einem klaren Abend, sähe das Ufer aus, als würde es im Nichts schweben, vom spiegelnden Wasser gedoppelt, scharf getrennt von allem anderen. Jetzt, an diesem Herbstnachmittag, scheint alles ineinander überzugehen, der Weg, die Alster, das gegenüberliegende Ufer. Boden, Wasser, Himmel im diffusen Licht.

Internationale Literatur bei Männerschwarm

Richard Amory
Die Lied des Sterntauchers

Amorys «Rote Männer auf grünen Matten» sind ein früher Ausdruck schwulen Selbstbewusstseins und atmen die Freiheit der amerikanischen Hippie-Bewegung.

Jossi Avni
Der Garten der toten Bäume

Avni vermittelt ein Gefühl für den Alltag der jungen Generation im heutigen Israel, erzählt von melancholischen Liebesgeschichten und verträumten Kindheitserinnerungen.

Herman Bang
Hoffnungslose Geschlechter

Bangs Held William ist der literarische Ahnherr von Thomas Manns Hanno Buddenbrook und auch von Heinrich Manns Professor «Unrath». Hier in der unzensierten Fassung.

Sami Hilvo
Die Schnapskarte

Die Tagebücher des Großvaters erzählen von einer romantischen Liebe im Zweiten Weltkrieg. Der Enkel lebt in einer Gegenwart, in der er so große Gefühle noch nicht erlebt hat.